INHALT

ANDREA WEIDLICH

WIE DU MENSCHEN LOSWIRST, DIE DIR NICHT GUTTUN

OHNE SIE UMZUBRINGEN

ÜBER DIE KUNST DES LOSLASSENS
VON TOXISCHEN MENSCHEN UND SELBSTZWEIFELN

mvgverlag

Bibliografische Information der Deutschen Nationalbibliothek
Die Deutsche Nationalbibliothek verzeichnet diese Publikation in der Deutschen Nationalbibliografie. Detaillierte bibliografische Daten sind im Internet über https://dnb.de abrufbar.

Für Fragen und Anregungen
info@m-vg.de

Originalausgabe
20. Auflage 2025

Türkenstraße 89
80799 München
Tel.: 089 651285-0

Redaktion: Diana Napolitano
Umschlaggestaltung: Marc-Torben Fischer
Umschlagabbildung: Shutterstock.com/EugeniaSh
Layout und Satz: inpunkt[w]o, Haiger (www.inpunktwo.de)
Druck: CPI books GmbH
Printed in EU

ISBN Print 978-3-7474-0344-0
ISBN E-Book (EPUB, Mobi) 978-3-96121-756-4

Wir produzieren nachhaltig
www.m-vg.de

Weitere Informationen zum Verlag finden Sie unter

www.mvg-verlag.de

Beachten Sie auch unsere weiteren Verlage unter www.m-vg.de

Wie viele zweite Chancen möchtest du anderen geben, bevor du dir selbst eine gibst?

NÄCHSTER HALT: SCHEISS DRAUF

Ich möchte vorausschicken: Ich bin ein sehr friedliebender Mensch. Ich halte Frieden für eine wichtige Sache. Nicht nur ganz generell, sondern auch den eigenen. Und genau darauf möchte ich hinaus. Wie oft im Leben nehmen wir uns und unsere Bedürfnisse, aber auch ganz häufig unsere eigenen Wünsche zurück, weil wir denken, es anderen recht machen zu müssen? Ich greife hier schon mal vorweg – das ist nicht der allerbeste Weg, um dich und paradoxerweise auch niemand anderen glücklich zu machen. Es hilft am Ende schlicht niemandem.

Wenn du das hier gerade liest, hast du jedenfalls aus einem bewussten oder vom Leben zugespielten Grund zu diesem Buch gegriffen und kennst vermutlich mindestens einen Menschen (mit großer Wahrscheinlichkeit auch mehrere), der dir schon mal das Leben schwer gemacht hat, und weshalb du an dir selbst gezweifelt hast oder es immer noch tust. Das können Fremde oder Vertraute sein, jemand aus deiner Familie oder eine andere Person, von der du denkst, sie aus irgendwelchen Gründen in deinem Leben haben zu müssen. Toxische Menschen verhalten sich wie eckige Kieselsteine auf Schotterstraßen, die einem plötzlich unerwartet von der Seite in den Schuh hüpfen. Niemand tritt sie sich freiwillig ein, weil das sehr schmerzhaft ist. Natürlich willst du diesen einen oder auch mehrere verletzende Menschen zwar loswerden, aber nicht wirklich um die Ecke bringen. Abgesehen davon, dass das selbstverständlich keine gute Lösung wäre und ich auch explizit davon abraten möchte, kann es aber passieren, dass wir uns – manchmal freiwillig, aber auch unfreiwillig – in ein inneres Gefängnis mit Menschen setzen, die uns nicht guttun, und denken, da für immer hocken bleiben zu müssen. Zumindest fühlt es sich dann an, als säßen wir eingesperrt mit ihnen in diesem eiskalten Raum auf einem Stuhl mit nur einem Stuhlbein und wundern uns, warum wir die Balance verlieren. Das Problem ist, dass wir andere oft viel wichtiger nehmen als uns und den Fokus so stark auf sie richten, dass wir uns selbst dabei verlieren. Das Gute ist, die Entscheidung, das zu ändern, liegt aber ganz in deiner Hand und darum geht es in diesem Buch.

Wer meine vorherigen Bücher *Der geile Scheiß vom Glücklichsein* und *Liebesgedöns* kennt (und nein, es ist nicht notwendig, sie für dieses Buch gelesen zu haben, auch wenn ich das natürlich sehr schön fände), weiß, dass es mir wichtig ist, das echte Leben zu beschreiben, damit du dich, und manchmal auch andere, in den einzelnen Geschichten der Charaktere wiederfindest. Ich habe auch dieses Mal viel recherchiert, zugehört und über wahre Begebenheiten geschrieben und wünsche mir, dass sie dich wieder zu all den Punkten führen, die dich tief im Inneren berühren und von da aus deine eigene, ganz neue Geschichte entstehen lassen.

Im Folgenden geht es um acht Menschen. Aber in Wahrheit geht es um dich und woran dich diese Menschen in deinem Leben erinnern. Eventuell befindet sich sogar ein Arschloch in der Runde. Aber ob das wirklich der Fall ist oder wir am Ende alle nur unsere Geschichte haben und wie wir mit diesem toxischen Verhalten letztlich umgehen können, wirst du auf den kommenden Seiten erfahren.

Irgendwann in diesem Buch wird sich voraussichtlich eine Stimme in dir melden und rufen: »Nächster Halt: Scheiß drauf!« Du wirst weiterlesen, aber plötzlich diesen Ort in dir entdecken, an dem alles viel leichter ist. Du bist dann in »Scheiß drauf« angelangt und fühlst dich augenblicklich freier, weil du losgelassen hast und bei dir selbst angekommen bist.

Ab da ist alles möglich für dich.

Wenn sich etwas
in dir verändert,
verändert sich
etwas um dich.

GESALZENES KARMA

Rache, Bestrafung ... Vergeltung?! Wie würdest du es genau nennen?«, fragte mich Lukas, während er meine Sporttasche in den Kofferraum hob und mir dabei einen durchdringenden, gleichzeitig aber zutiefst gelangweilten Blick zuwarf.

»Ich sehe weit und breit keine Pferde. Also nein, keine Retourkutsche. Und krieg dich bitte wieder ein, wir fahren schließlich an einen See!«

»Im November ...«

Ich konnte es zwar nicht sehen, weil er schon im nächsten Moment die Fahrertür aufzog und ins Auto einstieg, aber nichts war vorhersehbarer, als dass er dabei mit hoher Wahrscheinlichkeit wild mit den Augen rollte und dabei vielleicht sogar den Frontallappen seines Gehirns massierte. Jener Teil, der für die Aufmerksamkeit zuständig ist. Ich war also sicher, er würde mir folgen können.

»Ach komm, es ist wunderschön da. Hast du dir das Hotel überhaupt angesehen?« Ich blieb unbeeindruckt von seinem Gehabe, als ich meine Jacke auf die Rückbank schmiss und es mir anschließend auf dem Beifahrersitz bequem machte.

»Nein, wozu? Wir sind in etwa viereinhalb Stunden dort. Dann werde ich es ohnehin sehen. Und das, obwohl ich extra nach Wien gekommen bin, um Zeit in meiner Heimat zu verbringen. Erinnerst du dich?«

»An deine Heimat? Ja – du meinst wohl Österreich – und genau da bleiben wir auch. Eine kurze Frage hätte ich noch: Soll ich schnell noch mal zum Kofferraum zurückgehen und meine Kopfhörer holen? Solltest du nämlich vorhaben, dich die nächsten viereinhalb Stunden darüber aufzuregen, das kommende Wochenende an einem wunderschönen See mit mir zu verbringen, würde ich genau jetzt einen kleinen Podcastmarathon starten und eventuell noch ein Hörbuch hinterherwerfen. Es wäre mir eine Freude, dich von der Seite zu beobachten, während du dich weiterhin erfolgreich selbst aus der Fassung bringst. Selbstverständlich würde ich dabei lächeln, weil ich dich nämlich nicht hören könnte. Oder aber ... du probierst stattdessen etwas ganz anderes! Was hältst du beispielsweise von: chauffieren statt echauffieren! Das bringt uns nämlich tatsächlich weiter.«

Lukas musste lachen. Er hätte es lieber nicht getan, da er doch eigentlich böse auf mich sein wollte. Aber im Grunde wollte er auch das nicht wirklich. Dazu waren ihm die Dinge zu egal. So gut kannte ich meinen besten Freund inzwischen. Und er mich. Wir waren mittlerweile ein eingespieltes Team, uns gegenseitig abzuholen. Nervlich und in diesem Fall sogar buchstäblich – mit dem Auto. Während er also versteckt in den Kragen seines Pullovers lachte, um mir keinesfalls recht zu geben, startete er den Wagen. Ich war sicher, dass er sich insgeheim ebenfalls darauf freute, ein Wochenende mit mir am See zu verbringen. Und falls er doch noch nicht so weit war, würde ich ihn schon noch davon überzeugen.

»Aber gib zu, ein wenig Genugtuung bereitet es dir schon, weil ich dich damals zu diesem *Liebesgedöns*-Seminar mit Paul Goldbach gezwungen habe, das du letztendlich so geliebt hast.« Er sah mich dabei erwartungsvoll an.

»Na gut, ja. Ein bisschen vielleicht. Aber genau so wird es dir auch gehen. Du wirst es lieben, vertrau mir.« Ich griff in die andere Tasche zu meinen Füßen, ließ es darin zischen und reichte Lukas eine geöffnete Flasche eiskalt prickelnden Mate-Tee, von dem ich wusste, wie sehr er ihn liebte. Es war meine Art eines kleinen Bestechungsversuches, damit er sich endlich darauf einließ, den Beginn eines außergewöhnlichen Wochenendes mit mir zu zelebrieren. Um es so richtig krachen zu lassen, öffnete ich noch eine Packung Pom-Bären und hielt sie ihm verführerisch unter die Nase. »Karma, gesalzen, der Herr?«

Lukas griff zu und machte das Beste daraus. Zu Recht. Denn um ehrlich zu sein, halte ich kaum etwas für einen erfreulicheren Vorteil des Erwachsenseins, als die selbst erteilte Legitimierung völlig übertriebener Mengen Snacks auf Roadtrips. Wenn man schon jeden Tag im Leben frisch geduscht in den Tag startet, zusammenpassende Sockenfarben wählt, seine Rechnungen bezahlt und all seinen Verpflichtungen nachkommt, sollte es dabei doch wenigstens einen kleinen Vorteil geben. Deshalb konnte so ein kleines, nach außen hin harmlos wirkendes Gepäckstück schon mal zu einem ganzen Vorratslager ausarten, das locker eine mehrköpfige Großfamilie hätte versorgen können. Und das, obwohl wir nur zu zweit waren. Da wir erwachsen waren, durften wir das. Weil, wer sollte es uns auch verbieten? Die Snackpolizei? Wäre man das selbst, müsste man dringend ein ernstes Wörtchen mit sich reden. Man sollte überhaupt viel öfter streng mit sich sein, wenn es darum geht, das Leben zu genießen, dachte ich, während ich dem Pom-Bären genüsslich den Kopf abbiss. Der musste sich nun keine Gedanken mehr machen. Über rein gar nichts. Ich für meinen Teil fühlte mich bereit für das bevorstehende Abenteuer.

Süß, wie du dir vielleicht
gar keine *Gedanken*
über deine *Taten* machst.
Aber denk daran:

Dein *Karma*
könnte jederzeit gesalzen
zurückschlagen.

BIS BALDRIAN

Sie will also Menschen umbringen?«, fragte Lukas, als wäre es das Normalste der Welt.

»Das ist alles, was bei dir hängen geblieben ist?«

»Ja, was sonst? Schließlich ist es eine verlockende Idee. Offensichtlich weiß sie Bescheid. Ich meine, wer wollte nicht schon mal – zumindest gedanklich – den einen oder anderen Menschen aus seinem Leben beseitigen? Elegant und manchmal eben auch radikal, weil manche Menschen einfach nerven. Jedenfalls wäre es hin und wieder doch ganz befreiend, jemanden loszuwerden, und zwar so, dass es sich endgültig erledigt hat und dieser Mensch für einen gestorben ist. Gepflegtes Eliminieren würde ich es nennen!«

»Und wen wolltest du schon mal gepflegt eliminieren?«

»Das verrate ich noch nicht. Wenn ich alles richtig verstanden habe, was du mir bisher erzählt hast, geht es doch darum, uns zu überlegen, wen wir aus unserem Leben beseitigen wollen. Also metaphorisch gesehen, vermute ich. Ich nehme an, wir sollen weiterhin die Guten bleiben und jetzt nicht wirklich die Axt schwingen.«

»Danke, jetzt hab ich ein richtig gutes Gefühl, mit dir in einem Wagen zu sitzen!«

»Gut so. Wir sollten alle achtsam sein, mit wem wir unsere Zeit verbringen.« Lukas grinste wie Chucky die Mörderpuppe und gäbe es nicht kaum einen Menschen, den ich besser kenne als ihn, hätte ich Angst bekommen.

»Du denkst also, du kennst mich. Aber wie gut kennen wir die Menschen in unserem Leben denn wirklich? Das ist doch die Frage. Oder glaubst du, die beste Freundin vom Campus-Killer hätte ihn nicht für einen guten Menschen gehalten? Natürlich hat sie das, sonst wären sie nicht befreundet gewesen.«

»Ich glaube nicht, dass Ted Bundy eine beste Freundin hatte.«

»Zumindest hatte er eine feste Freundin, das habe ich letztens gelesen. Die hat vermutlich anfangs auch nichts geahnt.«

»Bevor du mir jetzt richtig Angst machst, lass mich ein wenig Licht ins Dunkel bringen. Ich habe nämlich extra Charlys Brief eingepackt. Möchtest du hören, was genau drinnen steht?«, fragte ich, während ich zwischen all den Snacks danach kramte und ihn etwas verknittert aus dem tiefschwarzen Kuvert hervorzog. Da hatte es wohl jemand sehr ernst gemeint, der geheimnisvollen dunklen Seite gehörig Ausdruck zu verleihen.

»Ich schätze eher, *du* möchtest ihn gerne vorlesen. Also leg los! Noch sind wir nicht auf der Autobahn. Wir haben jederzeit die Chance umzukehren.«

»Du wirst dich doch jetzt nicht aus der Sache herauswinden?« Ich grinste Lukas von der Seite an. »Genau das hast du damals zu mir gesagt, erinnerst du dich?«

»Ja, ich erinnere mich. Siehst du, du rächst dich doch!«

»›Rache‹ ist ein böses Wort. Ich würde es eher ›Karma‹ nennen. Also hör zu. Du weißt noch, wer Charly ist, oder?«

»Ja, diese neue Freundin von dir ... ich erinnere mich. Die mit dem unsympathischen Typen, der sie ständig wie Scheiße behandelt, und sie ist trotzdem immer noch unfassbar verliebt in ihn.«

»Na ja ... leider. So in etwa war das wirklich. Aber ... Konstantin gibt es nicht mehr!«

»Halleluja, hat sie ihn endlich stehen lassen?! Oder, komm, hör auf, hat sie ihn etwa ... umgebracht?!«

»Ja genau, und wir werfen jetzt alle gemeinsam seine Leiche in den See …« Ich konnte mein Kopfschütteln nicht unterdrücken.

»Schade … das wäre wenigstens spannend gewesen. Liest du mir jetzt irgendein Liebesgeplänkel vor?«

»Also wenn du mich fragst, ist es das Gegenteil davon. Und was Konstantin anbelangt, war es leider genau umgekehrt: *Er* hat sie abgeschossen. Ebenfalls im metaphorischen Sinn. Und natürlich ist es gut, dass er nicht mehr in ihrem Leben ist, aber leider hat nicht sie den Schritt gemacht, sondern er hat sich von ihr getrennt. Also wenn man überhaupt von Trennung sprechen kann. Er hat sie nämlich von einem Tag auf den anderen geghostet. Weg war er! Und bis heute hat er sich auf kein Gespräch eingelassen. Da du ja schon ein wenig über Charly weißt, kannst du dir ausmalen, dass sie es nicht besonders gut aufgenommen hat. Überhaupt war das bisher nicht Charlys Jahr. Nach allem, was passiert ist, hat sie eine Therapie bei Paul begonnen, und es lief eher so mittel – manchmal besser, manchmal schlechter, bis sich ihre Wut gemeldet hat.«

»Und sie jetzt Menschen umbringen will?«

»Lukas, bitte! Es kam jedenfalls der Zeitpunkt, an dem sie richtig wütend wurde. Paul meinte, das wäre eine gute Sache. Wut sei wichtig und der erste Schritt, um loszulassen. Etwa zu dieser Zeit lernte sie sogar jemand Neuen kennen.«

»Sie hat wütend jemand Neuen kennengelernt? Das sind ja gute Voraussetzungen!«

»Ja, eben. So optimal ist das nicht. Jedenfalls scheint ihr alles zu viel geworden zu sein und da hat sie einen Brief an ihre engsten Freunde verfasst. Anscheinend haben alle denselben bekommen, es sieht nämlich so aus, als hätte sie die Namen nachträglich eingefügt. Sie schreibt da von *uns*, aber wenn man genau hinsieht, erkennt man, dass der Brief kopiert wurde.« Ich hielt ihn etwas geneigt gegen das Tageslicht. Danach begann ich zu lesen.

Liebe Andrea,

Alle Menschen, die mir wirklich nahestehen (und herzliche Gratulation, du zählst offensichtlich zu ihnen) haben es bereits mitbekommen. Das letzte Jahr war alles andere als leicht für mich. Um ehrlich zu sein, war es genau das Gegenteil. Es war beschissen. Manchmal frage ich mich, ob das Leben sich eine Zigarette anzündet, nachdem es mich gefickt hat. Es war jedenfalls so beschissen, dass ich letztens zu meinem Therapeuten gesagt habe, er soll doch bitte endlich etwas unternehmen, sonst bringe ich noch jemanden um! Auf jeden Fall will ich ausmisten. So richtig! Was Marie Kondo mit Kleidungsstücken in Schränken anstellt, habe ich mit einigen Menschen in meinem Leben vor. Aufräumen mit Methode! Ich möchte alle beseitigen, die mir nicht guttun, und mich freimachen. Ich persönlich hätte weder vor Müllsäcken noch vor irgendwelchen Tonnen zurückgeschreckt. Aber Paul meinte, das wäre karmatechnisch keine so gute Idee, und er würde sich etwas überlegen. Für alle, die nicht wissen, wer Paul ist: Das ist mein Therapeut. Aber ich glaube, ich habe ohnehin schon der ganzen Welt von ihm erzählt. Jedenfalls hat er mir in der darauffolgenden Sitzung unterbreitet, dass ich offenbar nicht die einzige Person in diesem Universum bin, der es guttäte, von dem einen oder anderen toxischen Menschen Abstand zu nehmen. Er hätte deshalb schon länger vorgehabt, ein Konzept dazu zu entwickeln. Während wir also gemeinsam über mögliche Orte sprachen, an denen er anderen seine Ideen an einem Wochenende näherbringen könnte, ist mir der Freund meines Vaters eingefallen, der dieses wunderschöne Hotel am Weissensee besitzt, das jetzt für längere Zeit geschlossen hatte. Diese verdammte Pandemie kam ja letztes Jahr auch noch dazu. Aber reden wir am besten nicht drüber. Ich möchte einen fetten Strich unter dieses Jahr ziehen und all den Mist aus meinem Kopf und aus dem Herzen streichen … und ein paar anstrengende Menschen gleich dazu! Jedenfalls fand Paul die Idee mit dem Hotel am See richtig gut. Er konnte wohl einen sehr guten Deal aushandeln und hat mir im Gegenzug angeboten, alles vorab mit meinen engsten Freunden auszuprobieren. Als Experiment sozusagen! Und alles völlig kostenlos! Die Übernachtungen im Hotel und ein Wochenende für uns alle, an dem ihr euch überlegen könnt, wen ihr loswerden wollt. Ciao Kakao und bis Baldrian! Also selbst wenn ihr nicht die allergrößte Lust darauf habt, dann möchte ich euch gerne dazu zwingen, mir dieses Geschenk zu machen. Ich brauche das. Dringend! Und vielleicht wisst ihr es nur noch nicht, aber ihr könnt es auch gebrauchen! Paul meint nämlich, es zahle sich aus, immer mal wieder Inventur zu machen, das Lebenslager aufzuräumen und zu entscheiden, was – oder in dem Fall wer – fliegt. Glaubt mir, es wird uns allen guttun! Davon bin ich überzeugt. Und solltet ihr euch jetzt denken: Nein, in meinem Leben gibt es absolut niemanden, den ich aussortieren möchte, dann kommt schon! Grabt tiefer! Irgendwo unter der Oberfläche versteckt sich bestimmt der eine oder andere Energievampir, der euch immer wieder das ganze Blut aus dem Körper saugt und euch dabei ziemlich blass aussehen lässt und ohne die oder den euer Leben viel leichter wäre! Und genau dahin möchte ich mit euch. In Leichtigkeit passieren nämlich die guten Dinge, und man kommt seinen Träumen viel schneller näher, meint Paul. Diese Leichtigkeit, die gab es doch mal in meinem Leben? In eurem auch? Könnt ihr euch noch daran erinnern? Ich mich nur noch verschwommen. Also lasst uns Klarheit hineinbringen und sie finden! Und bringt feste Schuhe und eine Regenjacke mit.

Eure Charly

PS: Ach ja, Freitag, den 26. November geht's los. Am Sonntagabend darauf fahren wir wieder zurück. Auf der Rückseite findet ihr die Adresse und alle Details. Ausreden werden keine angenommen.

»Da musste sie sich also unbedingt das Wochenende aussuchen, an dem ich nach Wien komme?«, meinte Lukas, und sein Blick erklärte den Rest.

»Ja, das kann kein Zufall sein! Das Leben scheint es äußerst gut mit dir zu meinen und unbedingt wollen, dass du dabei bist. Als Charly erfuhr, dass ich dich auf keinen Fall nach Wien reisen lassen möchte, ohne dich zu sehen, meinte sie sofort, du solltest einfach mitkommen. Du hättest sie hören sollen! Sie war begeistert! Sie kennt dich ja bereits aus meinen Erzählungen.«

»Und da möchte sie immer noch, dass ich dabei bin? Eigenartig. Glaubst du übrigens, dass sich einige darüber gewundert haben, warum sie ihren Therapeuten mit dem Vornamen anspricht? Man könnte beinahe denken, sie schläft mit ihm.«

»Lukas, bitte! Wer sollte so etwas denken?! Schließlich ist sie bei ihm in Therapie, und da wäre das aus ganz vielen Gründen höchst unprofessionell. Außerdem wissen doch alle Bescheid, das schreibt sie sogar im Brief. Und dass wir uns damals im Seminar mit ihm geduzt haben, ist natürlich im Nachhinein wieder schwer rückgängig zu machen. Selbst du weißt davon, und du warst auch nicht dabei!«

»Ja, okay. Aber Paul muss doch wissen, dass du bestimmt wieder ein Buch darüber schreibst, oder genießt er den Star-Status?«

Ich musste lachen. »Ja, vielleicht tut er das. Sollte er jedenfalls. Ist doch eine gute Sache! Es wird sicher wieder spannend mit ihm. Schließlich können wir alle viel von ihm lernen.«

»Wenn man das möchte?«

»Wollen ist auch eine Entscheidung.«

»Und schon wieder tauchen wir ein … in die unendlichen Tiefen der Erkenntnis.«

»Klar. An der Oberfläche geht's schließlich nicht zum Kern.«

**Wer in die Tiefe vordringt,
schafft Raum für unentdeckte Höhen.**

Ob sich
das Leben
eine Zigarette
anzündet,
nachdem
es uns
*gef*ckt* hat?

DRAMA PANORAMA

Und sonst?«, fragte mich Lukas, und wir vergaßen für ein paar Stunden alles, was sich irgendwann einmal schwer angefühlt hatte oder noch so anfühlen könnte. Wir hörten nicht auf, uns zu erzählen, was wir die letzten Monate alles erlebt hatten, was uns gerade beschäftigte und uns bewegte. All unsere Gedanken, sie rasten in hoher Geschwindigkeit, als hätten sie nur auf diesen einen Moment gewartet, auf der Südstrecke zum Weissensee endlich in Worte zu finden und mit uns mitzureisen.

Es war wie damals, als wir noch Kinder waren und sich unsere Mütter immer fragten, wie um Himmels willen wir einander nur verstehen konnten, weil doch alles fast gleichzeitig aus uns heraussprudelte. Aber wir verstanden uns und noch vielmehr: Wir genossen es. So lange hatten wir uns aufgrund der Pandemie nicht mehr gesehen. Und endlich holten wir alles nach, was wir uns vielleicht noch nicht oder bereits tausendmal über das Telefon erzählt hatten. Es fühlte sich anders, so viel besser an, als wir wieder Seite an Seite, so dicht nebeneinandersaßen. Als hätte uns nichts jemals voneinander getrennt. Weder das Virus noch die Zeit, und rein gar nichts, das zwischen uns lag.

Als wir ganze viereinhalb Stunden und gefühlte vierzehn Snacks weiter lachend durch das Drautal Richtung Neusach fuhren, schob sich zu unserer rechten Seite plötzlich der majestätisch im Sonnenlicht funkelnde See hervor, der sich wie ein ständig knipsendes Radar in wahnwitzig schnellen Bildern zeigte und uns dabei seine unfassbare Schönheit offenbarte. Beeindruckt von seiner Vollkommenheit, sprachen wir bis zur Einfahrt des Hotels kein Wort mehr. Ich spürte plötzlich eine unendliche Ruhe, obwohl doch gleichzeitig so viel Spannendes vor uns lag.

Als wir auf den Parkplatz des Hotels einbogen und dort anhielten, konnte ich Lukas' Staunen in seinen Augen hervorblitzen sehen. Ich hätte ihn daran erinnern können, dass ich ihm bereits im Vorhinein versucht hatte zu erklären, wie sehr es ihm hier gefallen würde. Stattdessen schwieg ich und genoss den Blick auf das traumhafte Hotel, den Zauber des dahinterliegenden Sees – und das Staunen meines besten Freundes, von dem ich wusste, dass er nicht leicht zu beeindrucken war, es aber in dem Moment passierte.

»Ahhhhh, da seid ihr ja!«, durchbrach Charly die Stille und startete aufgeregt vom Eingang auf uns zu. Sie fiel mir in die Arme und drückte mich fest, ließ mich dann aber gleich wieder los und umarmte im nächsten Moment auch schon Lukas.

Für einen kurzen Augenblick hatte ich große Sorge, er würde bereits alles bereuen und auf der Stelle umkehren wollen, schließlich wusste ich, wie wenig er Umarmungen mochte. Noch weniger, wenn es sich um die fremder Menschen handelte. Genau das war Charly nämlich für ihn, obwohl sie so tat, als kannten sie sich bereits ewig. Das war aber schon deshalb nicht möglich, da Lukas kaum jemandem die Ehre einer Freundschaft erweist, weil er die meisten Menschen schlicht und ergreifend nicht leiden kann. Selbst dann nicht, wenn er sie gar nicht kannte. Manchmal aber auch gerade deshalb nicht. Das machte kaum einen Unterschied.

»Ich kann es gar nicht erwarten! Das wird so toll!«, rief sie völlig aus dem Häuschen. »Kommt schnell, schnappt euch euer Gepäck, ich muss euch alles zeigen ...«

Lukas sah mich verstört an, als Charly bereits Richtung Eingang lief. Ich wusste, was er sagen wollte, und blickte ermutigend zurück. Dabei schüttelte ich zweimal leicht den Kopf, was in etwa so viel bedeutete wie: Du brauchst keine Angst haben, es wird nicht so anstrengend, wie du gerade denkst und ... Nein, wir fahren jetzt nicht wieder zurück! Er zog beide Augenbrauen hoch, als hätte er mich verstanden, und folgte Charly wortlos.

»Sucht euch irgendein Zimmer aus! Jeder eines! Das Hotel hat noch geschlossen, ihr könnt also frei wählen. Nur das Panorama-Apartment im Dachgeschoss nicht, da treffen wir uns alle gleich heute Abend zu kleinen Häppchen und Wein mit Blick auf den See. Ansonsten empfehle ich euch, eines von den höheren Zimmerzahlen auszuwählen, vielleicht 204 und 206, die haben einen wunderschönen Seeblick!« Sie zeigte dabei auf die Wandleiste mit den Zimmerschlüsseln. Charly tat so, als gehörte ihr das Hotel. Sie machte sich gar nicht so schlecht als Hotelbesitzerin. »Adelina, die Geschäftsführerin und gute Seele des Hauses, hat mir eine kleine Hotelführung bei der Schlüsselübergabe gegeben. Sie hat außerdem dafür gesorgt, dass sogar die Küche immer wieder besetzt ist – für Frühstück, Mittag- und Abendessen ist daher gesorgt.«

»Wow, einfach unglaublich!«, sagte ich und sah dabei Lukas an. Gleich darauf griff ich nach dem Schlüssel 204 und drückte ihn Lukas in die Hand, während ich mir die Nummer 206 schnappte, weil ich die Sechs irgendwie stimmiger fand. Über die Logik dahinter könnte man natürlich diskutieren, aber es machte trotzdem sehr viel Sinn für mich.

»Wir treffen uns alle um 18 Uhr im Panorama-Apartment im dritten Stock ... Ich bin schon so gespannt, was ihr sagt! Der Seeblick ist einfach der Hammer! Aber ich will nicht zu viel verraten, ihr werdet es selbst sehen ... bis später!«, rief sie und verschwand irgendwo im Nirgendwo, als sie um die Ecke des Treppenhauses bog. So war Charly. Irgendwie nie ganz greifbar. Schnell da, aber auch genauso rasch wieder fort.

»Häppchen? Und was gibt es zu essen?« Lukas sah mich skeptisch an.

»Du wirst schon nicht verhungern! Und falls doch, bestellen wir uns später von irgendwo eine Pizza aufs Zimmer. Einverstanden?«

»Ja, okay. Auch wenn ich das Gefühl habe, ohnehin keine Wahl zu haben.«

»Du hast immer die Wahl. Wie du dich fühlst, kann dir niemand vorschreiben.«

»Hungrig?«

»Wie wär's mit neugierig? Voller Vorfreude! Und später zufrieden, weil gerade das, was derzeit gar nicht deiner Vorstellung entspricht, am Ende vielleicht das Beste für dich ist. Wenn du die Kontrolle abgibst und dem Leben vertraust, könnte es nämlich ganz ohne Erwartung eine richtig gute Erfahrung werden.«

»Ganz schön viel hineininterpretiert in so ein winziges Hors-d'œuvre.«

Egal, was dir das Leben anbietet,
du hast *immer die Wahl,*
wofür du dich entscheidest,
wie du dich dabei fühlst und
was du daraus machst.

REALISMUS IN HÄPPCHEN

Bereit?«, fragte ich Lukas, während ich die Klinke zum Panorama-Apartment hinunterdrückte und die Tür dramatisch aufzog, um … keine einzige Menschenseele darin vorzufinden. Dafür brachte ich für den Moment kein Wort mehr heraus, weil sich über die riesige Panoramafront direkt vor uns der gesamte Weissensee in atemberaubender Eleganz ausbreitete.

»Deshalb nennt es sich also Panorama-Apartment! Da haben sie nicht übertrieben.«

Ich war zuvor in meinem Zimmer bereits von dem hellen Holz und dem satten Türkisgrün der Inneneinrichtung beeindruckt gewesen, die zusammen die perfekte Harmonie von Wald und See widerspiegelten, aber das hier übertraf tatsächlich alles. Obwohl es schon fast dunkel war, durchflutete das verbleibende Licht den hohen Raum bis in die höchste Spitze des Dachgiebels. Über die nicht enden wollende Glasfront blieb das Gefühl, als stünden wir mitten am See, dessen grenzenlose Weite von den umliegenden Wäldern beeindruckend umspielt wurde.

»Das ist einfach unglaublich!«, platzte es aus mir heraus.

»Ja, schon. Aber kurze Zwischenfrage … was ist mit den anderen? Hatten sie keinen Bock?!«, fragte Lukas und sah dabei auf die Uhr. Der Ausblick schien ihn nicht satt zu machen.

»Ach, die werden schon noch kommen. Und bis dahin haben wir das alles ganz für uns alleine! Wie schön kann ein Raum eigentlich sein?!« Ich kam immer noch nicht aus dem Staunen heraus.

»Sehr schön?« Lukas war sichtlich noch etwas irritiert. »Nein, ehrlich. Es ist wirklich schön hier. Aber auch Häppchen sehe ich keine weit und breit ...«

»Ach, daaaa seid ihr!«, rief Charly, nachdem sie scheinbar unbemerkt den Raum betreten hatte und plötzlich hinter uns stand. »Ihr seid im falschen Apartment! Das hier ist das *Panorama-Apartment Morgenrot*, wir sind im *Bergspitz*. Kommt!«, rief sie und winkte uns weiter in den Flur und von da aus zur nächsten Eingangstür, die ich davor gar nicht gesehen hatte.

»Ach es gibt zwei davon?«, fragte ich immer noch beeindruckt, »... mit derselben Aussicht?!«

»Ja, keine Sorge! Es ist genauso traumhaft dort. Nur gibt es auch Essen und Wein!«

»Gott sei Dank!«, hörte ich Lukas erleichtert hinter mir murmeln, und wir folgten Charly in das andere Apartment. Es sah tatsächlich sehr ähnlich aus, und der Ausblick war ebenso atemberaubend, nur mit dem Unterschied, dass ein Raunen den Raum ausfüllte, da sich alle anderen bereits eingefunden hatten und angeregt unterhielten. Das war auch nicht weiter überraschend. Schließlich hatten sie alle eine Gemeinsamkeit: Sie kannten Charly und waren miteinander befreundet. Nur Paul stand etwas weiter vorne am Panoramafenster und fügte sich optisch ganz gelungen in das Gesamtbild ein.

»Immer noch eine Schnitte«, haute mich Lukas zwinkernd von der Seite an. »Wie frisch in Photoshop bearbeitet – als hätte man ihn nachträglich in die Aussicht hineinretuschiert! Ich meine, sieh dir nur seine Augen an – sie haben exakt dieselbe Farbe wie der See! Das ist schon fast unangenehm. Auf Instagram würden wir uns jetzt alle fragen, welchen Filter er benutzt!«

Als Paul uns sah, startete er direkt auf uns zu, und ich war froh, dass er nichts von dem hören konnte, was Lukas von sich gab.

»Andrea! Ich freu mich sehr, dass ihr da seid! Charly hat schon erzählt, dass du in Begleitung kommst«, sagte er und sah wohlwollend zu Lukas.

»Oh ja, ich freue mich auch sehr, es ist so unfassbar schön hier!«, meinte ich noch schnell, bevor Lukas etwas Unangebrachtes sagen konnte. »Das ist Lukas, mein bester Freund! Er ist für das Wochenende in Österreich und wollte gerne mitkommen.«

»Oh, das wollte ich unbedingt, ja …«, erwiderte Lukas und streckte Paul auch schon seine Hand entgegen. Niemand außer mir verstand den Sarkasmus in seinen Worten, das beruhigte mich ein wenig.

»Kennen wir uns nicht von irgendwoher?«, fragte Paul nach und überlegte.

»Ach, nein!«, unterbrach ihn Lukas mitten im Gedankengang. »Ich habe einfach ein Allerweltsgesicht. Sie wissen gar nicht, wie oft ich das höre! Da dürften wohl ein paar sehr ähnlich aussehende Gene auf dieser Welt im Umlauf sein. Auch wenn ich mich natürlich trotzdem selbst für einzigartig halte.«

Paul lachte. Ich für meinen Teil war gewohnt, dass Lukas die Wahrheit gerne blumig umschrieb. Offensichtlich wollte er nicht verraten, dass er ihm schon mal begegnet war.

»Wollen wir uns der Einfachheit halber auch duzen?«, fragte Paul. »Ich habe es den anderen bereits angeboten. Da wir hier ja noch jede Menge Zeit miteinander verbringen werden, ist das doch irgendwie sympathischer.«

»Sympathisch, ja!«, meinte Lukas, und ich konnte wieder Chucky die Mörderpuppe in seinem Lächeln erkennen. Ich wollte lieber nicht hinterfragen, was sich in seinem Hirn gerade so zutrug.

»Wir werden die kommenden Tage sicher noch viel Zeit zum Plaudern haben«, erklärte Paul und drehte sich im nächsten

Moment auch schon wieder weg. »Dann wollen wir mal, würde ich sagen!«, rief er mit etwas lauterer Stimme in den Raum. »Was meint ihr, sollen wir uns alle an den Tisch setzen und langsam starten?!« Er deutete auf den großen Holztisch, der direkt vor der gigantischen Aussicht zum Panoramafenster positioniert war und auf dem bereits einige Gläser, zwei Wasserkaraffen und vier Flaschen Wein in Kühlern bereitstanden. Es sah alles sehr einladend aus. »Holt euch doch noch etwas zu essen und macht es euch gemütlich. Danach würde ich gerne ein paar Worte sagen.« Er sah wieder zu uns hinüber, und ich fand seine Attraktivität zugegebenermaßen immer noch etwas irritierend. Daran hatte sich im Vergleich zum letzten Mal rein gar nichts geändert. Lukas hingegen blieb auf das Wesentliche konzentriert und startete bereits auf die Kücheninsel mit den Häppchen zu. Es schien, als wären sie allein der Grund, warum er überhaupt hier war.

Ein paar hatten sich bereits etwas von dem wunderschön angerichteten Essen geholt und stellten ihre Teller am Tisch ab, und auch Lukas kam mir bereits mit seinem entgegen.

»Spoiler! Da sind nicht nur Häppchen, es gibt auch Quiche und Flammkuchen!« Er grinste dabei, als hätte er den Jackpot geknackt.

»Aber Hauptsache, schon im Vorhinein meckern! Kann es sein, dass sich hier jemand gelegentlich selbst im Weg steht, indem er immer vom Schlechtesten ausgeht?«

»Dem möchte ich entschieden widersprechen. Wenn ich negativ denken würde, wäre ich ein Pessimist. Ich bin aber Realist. Und realistisch gesehen, hätten mich Häppchen nicht glücklich gemacht.«

»Aber realistisch gesehen gibt es ja nicht nur Häppchen!«, hielt ich entgegen, und obwohl ich noch pappsatt von den unzähligen Snacks der Autofahrt war, lud ich selbstverständlich trotzdem ein paar Spinatteigtaschen auf meinen Teller und drapierte dazu einige gesunde Karottenstreifen für den positiven Gesamteindruck an der Seite. »Du bist also falschgelegen mit deinem negativen Häppchen-Realismus«, fügte ich noch hinzu.

»Ich wurde falsch informiert!«

»Oder du gehst in deiner Welt einfach nie davon aus, dass sich alles zu deinem Besten entwickeln könnte. Möchtest du jetzt recht haben oder dich einfach darüber freuen, dass alles viel besser gekommen ist, als du dachtest?«

»Von mir aus. Dann bin ich eben froh, dass das Glück nicht in kleinen Häppchen serviert wurde, sondern dass ich mir ein großes Stück reinschaufeln kann.«

»Satt wärst du aber so oder so geworden.«

Bevor Lukas wieder etwas erwidern konnte und wir uns vermutlich ewig im Perspektivenkreis gedreht hätten, unterbrach Paul unsere kleine Häppchen-Philosophie.

»Nehmt doch gerne auf den hinteren beiden Stühlen Platz«, deutete er uns und zeigte ans andere Ende des Tisches. Da sich alle anderen bereits hingesetzt hatten, blieb nur noch für einen von uns der Tischvorsitz direkt gegenüber von Paul, der als Einziger mit dem Rücken zum See saß.

Lukas sah mich an und blickte auf den leeren Platz am Tischende. »Da hast du die bessere Aussicht«, meinte er und schob den Sessel für mich nach hinten. »Auf den *See*, meine ich!«, ergänzte er noch und grinste.

»Falls du nicht möchtest, dass ich dich in Häppchen loswerde und an die Schwäne im See verfüttere, solltest du weniger frech sein und mich hier ein wenig unterstützen«, flüsterte ich ihm zu. »Alles zu deinem Besten! Du musst einfach lernen, dir nicht nur Häppchen, sondern das große Stück vom Glück zu gönnen«, flüsterte er zurück, setzte sich rechts an die Ecke neben mich und nahm einen extragroßen Bissen von seiner Quiche.

Ich fragte mich, ob Lukas recht behielt und wir im Leben immer nach dem Großen Ausschau halten sollten? Oder übersehen wir auf der Suche danach die vielen kleinen Stücke, die sich zusammen am Ende mindestens genauso groß anfühlen, wenn wir es nur zulassen? Vielleicht verlernen wir durch die Jagd nach den großen Stücken, die kleinen Häppchen zu schätzen, die längst vor uns liegen und nur darauf warten, von uns genossen zu werden. Oder war es tatsächlich so, dass es uns so viel schwerer fällt, nach dem Großen zu greifen, weil das Kleine uns bekömmlicher erscheint?

Die Wahrheit ist
reine Fiktion.
Erst durch unsere
Gedanken wird etwas
gut oder schlecht,
unmöglich oder möglich.

OHNE SIE UMZUBRINGEN

Schön, dass ihr alle gekommen seid ....«, erklärte Paul, der wie bei einer Hochzeitsrede am vorderen Ende des Tisches aufstand. Es fehlte nur noch, dass er mit einem Löffel an ein Glas schlug, um uns zuzuprosten.

»Na ja, nicht alle ... aber dazu komme ich noch«, meinte Charly etwas genervt.

»Ahh ... verstehe.« Paul schien ein wenig irritiert, fuhr aber dann weiter fort. »Jedenfalls freue ich mich über alle, die nun hier sind. Ich denke, wir haben ein wirklich spannendes – und wer das Ambiente und die Landschaft schon auf sich wirken lassen konnte – auch ein wunderschönes Wochenende vor uns. Charly hat mir von ihrem Brief an euch erzählt. Darin hat sie euch bereits erklärt, was sie die letzten Wochen beschäftigt hat. Und genau dazu möchte ich mit euch ein Experiment wagen.«

»Keine Menschen umzubringen?«, flüsterte Lukas mir zu, aber vermutlich eine Spur zu laut, da alle plötzlich lachten.

»Ja, so könnte man es auch beschreiben. Aber vielleicht möchtest du mal kurz erklären, was du in einer unserer letzten Sitzungen zu mir gemeint hast, Charly?«, antwortete Paul, den nichts so leicht aus der Fassung brachte.

»Okay, ja ... ich würde sagen, etwa dasselbe, was ich auch in dem Brief geschrieben habe. Es läuft einfach ziemlich beschissen bei mir! Ich habe seit geraumer Zeit das Gefühl, dass mich etwas zurückhält. Als würde ich ständig losrennen und mich wirklich anstrengen voranzukommen, aber trotzdem immer wieder auf derselben Stelle treten! Nichts ändert sich, eher das Gegenteil ist der Fall. Es ist alles so fürchterlich schwer und anstrengend! Ob im Job mit meinem mühsamen Chef oder privat die Geschichte mit Konstantin, die eigentlich hinter mir liegen sollte, aber irgendwo mitten in meinem Herzen festhängt ... oder dieser neue Mensch, der jetzt an meiner Seite ist, den ich aber die meiste Zeit gar nicht um mich haben möchte. Und dann wäre da noch Joanna, meine sogenannte beste Freundin, auf die ich mich nie wirklich verlassen kann! Genau das ist auch der Grund, warum sie hier wieder mal nicht mitgekommen ist! Es war ihr anscheinend nicht wichtig genug. *Ich* war es nicht! Ich könnte noch so viele Menschen aufzählen, die mich in den Wahnsinn treiben. Ich meine, wie viele anstrengende Menschen laufen da draußen eigentlich herum und vergiften die Welt mit ihren Einstellungen, ihrem Benehmen und einem Horizont, der nicht mal über ihren durchsichtigen Einwegbecher hinausreicht?! Und trotzdem stellen sie ihre Meinung überall einfach so ab und verdrecken die Welt damit. Ich habe das Gefühl, sie alle halten mich davon ab, glücklich zu sein. Also so richtig! Dabei möchte ich endlich wieder das Gefühl haben, mich leicht zu fühlen, das Leben zu genießen und Freude zu empfinden! Aber ich fühle nichts mehr. Und wenn doch, dann nur Wut und manchmal sogar Hass, weil jeder so egoistisch ist und keiner sich mehr Mühe gibt, diese Welt zu einem freundlicheren Ort zu machen. Oder aber sie kriechen einem in den Arsch, nur um geliebt zu werden, was mindestens genauso erbärmlich ist. Wenn ich es zusammenfasse, dann nerven mich gefühlt alle Menschen auf diesem Planeten. Anwesende hier ausgenommen. Die nur manchmal!« Sie lachte, aber es war ihr anzumerken, wie sehr sie das alles mitnahm.

»Bist du denn dieser freundliche Mensch?«, fragte Paul nach.

»Bitte?«

»Ob du dieser freundliche Mensch bist? Vor allem zu dir selbst? Für das eigene Wohlbefinden ist es nämlich empfehlenswert, freundlicher zu sich selbst zu sein, wenn es die Welt da draußen schon nicht ist. Oder wir es so empfinden. Wir alle kennen diese Phasen, in denen wir denken, die Welt oder mindestens der Großteil davon hätte sich erfolgreich gegen uns verschworen. Böse Vorgesetzte, eine anstrengende Schwiegermutter, unfreundliche Nachbarn, die eigenen Eltern, Freundinnen oder Freunde, von denen wir uns im Stich gelassen fühlen, Menschen, die uns irgendwann verlassen haben ... vielleicht aber auch andere, die unsere Liebe nicht erwidern und uns einfach nicht zu schätzen wissen, unsere Bedürfnisse ignorieren, sich mit Ellenbogen durchkämpfen, sich schlicht furchtbar verhalten und keine Rücksicht nehmen ... es gibt unzählige Varianten. Wer auch immer das sein mag, es kommt uns vor, als hätten sie es auf uns abgesehen. Und ganz ehrlich, manchmal ist es auch so. Nicht alle Menschen meinen es gut mit uns. Meistens deshalb, weil sie es auch nicht gut mit sich meinen. Tatsache ist, dass es einige Menschen gibt, die uns nicht guttun. Und genau deshalb möchte ich mit euch ein Experiment wagen, in dem wir herausfinden, welche Menschen das sind, warum sie euch zu schaffen machen und wie ihr dem Ganzen ein Ende setzt. Es geht also darum, was ihr tun könnt, um Menschen loszuwerden, die euch nicht guttun – ohne sie umzubringen. Erst dann könnt ihr nämlich euer bestes Leben führen und habt die Kraft, eure Wünsche zu verwirklichen. Und das solltet ihr euch wert sein! Jetzt könntet ihr natürlich denken, dass da gar nichts zu machen ist und ihr ohnehin nichts tun könnt, weil manche Menschen sich eben nie ändern. Aber das ist nicht ganz richtig. Vielleicht ist es Zeit, etwas für euch selbst zu ändern, denn dann ändert sich alles. Charly hat recht damit: Wenn ihr das Gefühl habt, dass euch etwas im Leben davon abhält, wirklich glücklich zu sein und eure Träume zu verwirklichen, dann *könnt* ihr nicht nur etwas ändern. Ihr *solltet* es auch!«

Ich sah zu Lukas und war mir sicher, dass er bereits neugierig geworden war, es aber natürlich niemals zugeben würde.

»Also werfen wir keine Leichen in den See?«, meinte er stattdessen trocken und setzte wie immer seinen Humor als Waffe gegen aufkeimende Emotionen ein. »Falls doch, bitte nicht meine. Ich bin übrigens Lukas, für alle, die mich noch nicht kennen.«

»Doch, das werden wir! Vielleicht jetzt nicht deine, aber wir werden Leichen über Bord werfen«, erwiderte Paul ganz ernst, und auch wenn ihn vermutlich keiner für einen kaltblütigen Auftragsmörder hielt, der mir dabei unweigerlich in den Sinn kam, hatte er trotzdem plötzlich unsere ganze Aufmerksamkeit.

»Nachdem mir Lukas schon während der Fahrt erklärt hatte, dass wir sogar Menschen, von denen wir denken, sie richtig zu kennen, nie wirklich ganz kennen, bin ich mal gespannt! Ach ja, und um das Kennenlernen zu vereinfachen: Ich bin Andrea. Eventuell auch Annie Wilkes aus Stephen Kings *Misery*, und mein bester Freund hier zu meiner Rechten könnte der Zwillingsbruder von Hannibal Lecter aus *Das Schweigen der Männer* ... äh ... *Lämmer* sein!« Ich versuchte, eine anstrengende Vorstellungsrunde geschickt zu umgehen.

Alle lachten. Ich war zwar nicht sicher, ob das der allerbeste Einstieg für ein Kennenlernen war und mich damit alle für verrückt oder zumindest für verrückt mit Humor hielten. Letztendlich stimmte das aber ja auch irgendwie.

»Zwillingsbruder? Wirklich?!!«, brummte Lukas mit ironischem Unterton und lachte als Einziger nicht. »Also ganz ehrlich, du brauchst dringend eine Brille«, fügte er noch hinzu.

»Zweieiig natürlich und der Gewinner bei der Verteilung der optischen Pluspunkte im Genpool. Zufrieden?«

»Komm schon. Er könnte mein Vater sein! Wenn er früh begonnen hat, auch mein Großvater. Also bitte …«

»Ein Bild! Es ist doch nur ein Bild dafür, dass alles möglich ist. Ich sehe hoffentlich auch nicht aus wie Annie Wilkes ….« Ich kam mir vor wie in der Schulzeit, in der wir uns gegenseitig aufzogen, um auf keinen Fall aufzupassen und später keinem mehr folgen zu können. Und das, obwohl wir nie an derselben Schule gewesen waren.

»Warum denkt ihr, dass Horrorfilme und Thriller so beliebt sind?«, stellte Paul plötzlich die Frage in den Raum, um sie im nächsten Moment gleich selbst zu beantworten, denn er sah in ahnungslose Gesichter. »In der Psychologie sprechen wir von der sogenannten Angstlust, und begegnen darüber hinaus der unheimlichen Faszination des eigenen Schattens, wie Carl Gustav Jung ihn bezeichnete. Dabei handelt es sich um alle von uns selbst abgelehnten Gefühle wie Angst, Wut oder Rache, die wir durch die Beobachtung bei anderen auf gewisse Weise genießen, aber gleichzeitig auch verabscheuen, weil wir sie uns selbst nicht gestatten. Diese Filme spielen daher mit unseren innersten Urphobien. Wenn wir beispielsweise Angst fühlen, allerdings gleichzeitig die Sicherheit haben, dass uns nichts passieren kann, weil wir mit Popcorn auf der Couch sitzen, und unser Gehirn weiß, dass wir da natürlich wieder lebend rauskommen, kann es uns sogar einen gewissen Lustgewinn bescheren, die Aggression anderer zu beobachten. Manchmal befriedigen wir damit sogar eine gewisse Wunschvorstellung, weil ein Teil von uns die eigene Aggression nicht leben kann, vielleicht aber leben möchte und wir sie über die Fiktion zumindest ein wenig miterleben können. In der Wahrnehmungspsychologie geht es in der sogenannten Katharsis-Hypothese im weitesten Sinne daher um die Befreiung von Aggressionen über die Beobachtung aggressiver Handlungen anderer. Das heißt jetzt natürlich nicht, dass wir dem Chef auch brutal den Kopf abhacken wollen. Aber vielleicht wünschen wir uns insgeheim, uns weniger gefallen zu lassen, und konnten diese Aggression bisher nicht zulassen, weil wir uns für besonders verständnisvolle Menschen halten, die nur das machen, was man ihnen sagt, oder weil eine gewisse Harmoniesucht dahintersteckt.«

»Das ist ja eine interessante Theorie … Das würde bedeuten, dass dann vielleicht in uns allen ein gewisser Anteil von Hannibal Lecter steckt?«, meldete sich der blonde Sunnyboy gegenüber von Charly zu Wort und grinste. »Adrian übrigens.« Er hob die Hand. »Und ich muss sagen, ich hab *Das Schweigen der Lämmer* sehr geliebt. Sagt wohl einiges über mich …«

»Ganz so ist es nicht, Gott sei Dank.«, antwortete Paul. »Vielleicht genießt du einfach den Kick aus Spannung und Entspannung im sicheren Raum. Es kann eben auch sein, dass die Freude daran, Aggression zu beobachten, aus einem ungelebten Schatten kommt. Gemeint ist immer all das, was wir auch sind, aber auf keinen Fall sein möchten. Es sind also jene Anteile, die wir über eine gewisse Selbstentfremdung abgespalten haben, weil wir uns vielleicht eine Scheinidentität eines Gutmenschen oder eine Harmoniesucht aufgebaut haben, über die wir uns selbst verboten haben, unsere eigene Aggression zu leben, weil sie mit dem Gefühl der Scham besetzt ist. Andere dabei zu beobachten, kann dann eine gewisse Befriedigung und sogar eine Art der Euphorie auslösen, aber auch Erleichterung schaffen, weil uns unser eigenes Leben in dem Moment so viel besser vorkommt. Vor allem dann, wenn uns gerade selbst jemand qualvoll beschäftigt, wir uns dem eigentlichen Problem aber nicht stellen wollen. Am Ende der meisten Filme kommt es häufig zu einer Bestrafung des Bösen, und das wiederum kann uns das Gefühl geben, dass die Gerechtigkeit siegt. Das fühlt sich natürlich gut an, weil sich die meisten Gerechtigkeit in ihrem Leben wünschen. Man könnte aber auch überlegen, ob es nicht besser wäre, selbst für Gerechtigkeit im eigenen Leben zu sorgen und die eigene Wut zuzulassen. Selbstverständlich, ohne Menschen dabei wortwörtlich zum Frühstück zu verspeisen.«

»Keine Sorge«, warf Charly ein. »Der Wunsch, ein Gutmensch zu sein, trifft wohl am wenigsten auf Adrian zu. Der schämt sich nie, vielleicht sollte er das sogar lieber mal! Er sorgt eher ganz harmonisch dafür, dass alles gut für ihn ausgeht. Der Rest lässt ihn kalt.« Charly grinste Richtung Adrian, den das aber nicht weiter zu berühren schien.

»Auch dahinter könnte eine Art von ungelebter Aggression oder Wut stecken. Aber selbstverständlich maße ich mir hier kein Urteil an«, meinte Paul etwas kryptisch, aber weckte schon mal meine Neugierde damit. »In Filmen wird natürlich alles sehr überspitzt dargestellt, der Horror geht viel weiter als in der alltäglichen Realität. Aber sich seine Schatten genau anzusehen und zu integrieren, kann nicht nur sehr spannend, sondern auch durchaus hilfreich sein, um sich dieses erfüllte Leben zu gestatten, von dem Charly spricht und nach dem sich so viele Menschen sehnen. Da, wo unsere größte Angst liegt, steckt gleichzeitig auch unsere größte Chance und ein Potenzial, das uns ganz neue Möglichkeiten eröffnet. Gerade wenn wir gewisse Anteile in uns stark vermeiden, ist es im Umkehrschluss auch die Chance, etwas in uns zu befreien und damit den Weg frei für mehr Potenzial in unserem Leben zu machen. Aber keine Sorge, ich werde euch hier jetzt nicht analysieren. Es wird sich von ganz allein zeigen, was zu dieser Befreiung notwendig ist. Aber dazu bald mehr.«

Müssen wir
erst unsere
Schatten beleuchten,
damit wir wirklich
strahlen können?

WER FLIEGT?

Ich sah zum ersten Mal bewusst in die Runde. Da saßen wir also. Acht Menschen, fünf davon mit Charly befreundet, einer mit mir – deshalb zwangsbeglückt und mitgefangen – ebenfalls in diesem Freundeskreis vereint. Und Paul natürlich, der dieses Experiment mit uns startete und dem es in kürzester Zeit gelungen war, eine derartige Spannung aufzubauen, dass ihm alle gebannt lauschten und keiner mehr aß oder mit den Gläsern oder dem Besteck klimperte. Es war mucksmäuschenstill im Raum.

Ich sah hinüber zu Adrian, der zu Pauls Linken saß. Er hatte sich ja bereits vorgestellt, war mir aber auch schon aus Charlys Erzählungen als ihr bester Freund bekannt. Ich fragte mich, wo er sein Surfboard gelassen hatte, weil er mit seiner Ausstrahlung durch und durch das Klischee des Surferboys bediente. Die blonden Strähnen, die er sich immer wieder mit einer lässigen Handbewegung aus dem Gesicht strich, erzählten förmlich eine Geschichte. Vermutlich eine über sorglose Freiheit, während er mit seinem perfekten Haircut stets auf der perfekten Welle surfte. Seine gesamte Erscheinung wirkte wie ein Werbespot für Freeride-Segel, bei dem er ein paar Mädels aus der Weite ein strahlendes Lächeln zuwarf, die reihenweise aus ihren Strandlatschen kippten, weil sie auf ein lockeres Date mit dem Sunnyboy hofften, obwohl sie doch eigentlich etwas Festes wollten. Er aber zog wie das Segel im Wind und frei wie ein Reiter auf der nächsten Welle wieder hinaus aufs offene Meer.

Adrian war ein Womanizer, das war deutlich zu erkennen. Einer jener Sorte, der einem wie Sand durch die Finger glitt, weil er sich nie wirklich binden wollte. Das wusste ich nicht nur aus meinen Gesprächen mit Charly, man sah es ihm auch an seinem schelmischen Lächeln an, mit dem er in charmanter Leichtigkeit vor sich hin grinste und dabei ganz genau um seine Wirkung wusste. Sie war nicht etwa zufällig, sie war gewollt. Man nahm es ihm aber gleichzeitig gar nicht übel. Im Gegenteil, er wirkte locker, aber doch nahbar, und genau das war das Gefährliche daran.

Als ich meinen Blick etwas weiterschweifen ließ, entdeckte ich ihm gegenüber die optisch geklonte Version von Charly. Es war verblüffend – ich konnte noch nicht einmal sagen, ob sie älter oder jünger war, so ähnlich sahen sich die beiden. Letztendlich schätzte ich aber, dass sie die Jüngere war, weil Charly immer wieder beschützend zu ihr hinüberblickte. Was sie auf den ersten Blick zu unterscheiden schien, waren nur zwei Dinge: Zum einen trug Charly ihre Haare etwas länger über die Schultern, und zum anderen wirkte ihre Schwester um einiges stiller und auch ein wenig schüchterner als sie. Die herzliche und liebevolle Ausstrahlung hatte sich aber bei beiden Geschwistern erfolgreich durchgesetzt.

Direkt neben mir saß noch ein Paar, zumindest vermutete ich, dass sie eines waren, da seine Hand auf ihrem Schenkel lag, was doch etwas über Freundschaft hinausschoss. Bei genauerer Betrachtung entdeckte ich einen Ehering an seinem Finger und gleich darauf auch einen an ihrem. Wenn sie also nicht beide eine außereheliche Affäre miteinander führten, war somit alles geklärt. Sie wirkten jedenfalls beide sehr sympathisch: Mit seinen zerzausten hellbraunen Locken machte er einen sehr geerdeten Eindruck und brachte ein unglaublich warmes Lächeln an den Tisch. Sie wirkte eher zurückhaltend, strahlte aber im Gegensatz zu Adrian eine gewisse Beständigkeit aus und schien der perfekte Gegenpol zu Charlys aufgeweckter Art zu sein. Auch optisch war sie das komplette Gegenteil von ihr. Mit ihren schnurglatten, blonden Haaren und dem Porzellanteint wirkte sie nicht nur in sich gekehrt, sondern auch irgendwie zerbrechlich, obwohl ihre stahlblauen Augen eine unglaubliche Klarheit ausstrahlten. Und doch schien es, als würde sich dahinter eine gewisse Nachdenklichkeit verbergen. Ich konnte natürlich noch nicht viel über sie oder den Mann an ihrer Seite sagen, gemeinsam wirkten sie aber sehr harmonisch und verliehen dem bunten Haufen schon jetzt ein wenig Ruhe und Stabilität. Vielleicht täuschte das aber auch.

Ich für meinen Teil war ganz gespannt, auf welche innere Reise uns Paul entführen würde, und fragte mich, welche Schatten er vom Kern an die Oberfläche bringen und welche wunden Punkte er dort noch berühren würde. Vermutlich würde Paul es mit seiner besonnenen Art schaffen, die Regie für den spannendsten Thriller aller Zeiten zu übernehmen und uns in die hintersten Winkel unserer Gedanken schlüpfen zu lassen, wo wir zwischen Fiktion und Realität über uns selbst hinauswuchsen. So stellte ich es mir zumindest vor. Und ich war sicher, dass ihm ein Meisterwerk gelingen würde. Als er im nächsten Moment einen zerknitterten schwarzen Müllsack mit Utensilien auf den Tisch leerte, war ich zugegebenermaßen etwas überrascht, aber zugleich auch bestätigt. Was die Spannung anbelangte, enttäuschte uns Paul wieder mal nicht. Im Gegenteil. Als er sich wenig später mit seinem Oberkörper vorlehnte und sich den Weg durch ein paar Flaschen und Gläser bahnte, um die Gegenstände gut sichtbar für uns alle auf der Mitte des Tisches zu platzieren, erkannte ich flüchtig ein paar Objekte. Womit er damit hinauswollte, konnte zu dem Zeitpunkt aber noch niemand erahnen.

»Wie ihr seht«, sagte er etwas angestrengt, als er sich vorbeugte, »habe ich eine Reihe von Figuren und Symbolen mitgebracht.«

»Interessant ...«, meinte Adrian und es schien sein Lieblingswort zu sein. Diesmal musste ich ihm aber recht geben. Was Paul da vor uns ausbreitete, war tatsächlich interessant, und ich hatte keinen blassen Schimmer, was wir damit anfangen sollten. Als ich genauer hinblickte, zählte ich sieben verschiedene Gegenstände, die noch keinen richtigen Sinn ergaben.

»Wie Charly in ihrem Brief bereits angekündigt hat, möchte ich euch bitten zu überlegen, wer euch in eurem Leben schon einmal oder immer wieder belastet oder schlechte Gefühle bereitet hat und ohne wen ihr eures Erachtens nach vielleicht sogar besser dran wärt. Ganz nach dem Motto: *Bevor du denkst, dass etwas mit dir oder deinem Leben nicht stimmt, stelle erst mal sicher, dass du nicht von Arschlöchern umgeben bist.«* Einstimmiges Gelächter brach im Raum aus. »Etwas Ähnliches hat Freud angeblich formuliert. Niemand ist sich zwar so richtig einig, ob diese Aussage tatsächlich von ihm stammt, und es gibt auch keine Belege dafür, aber inhaltlich steckt auf jeden Fall viel Wahres darin. Oft denken wir, dass etwas mit *uns* nicht stimmt. Dabei stimmt vielleicht einfach unser Umfeld nicht. Oder aber unsere Reaktion darauf stimmt nicht. Aber dazu kommen wir später. Vermutlich kennt ihr alle jemanden, der euch schon mal aus dem Gefühlsgleichgewicht gebracht hat und damit innerlich so richtig zum Wanken, vielleicht sogar umgeworfen hat. Vielleicht wolltet ihr hoch hinausfliegen und hattet das Gefühl, jemand zieht euch hinunter, stutzt euch die Flügel und hält euch davon ab, glücklich zu sein. Das können natürlich auch mehrere Menschen sein. Versucht, nicht zu sehr mit dem Kopf zu entscheiden, sondern spürt in euch hinein, wer euch dabei in den Sinn kommt. Wegen wem habt ihr euch schon einmal gekränkt, verletzt, wütend, traurig oder einfach nur schlecht gefühlt? Ein Warum brauchen wir momentan noch keines. Stellt euch eher die Frage, wer das sein könnte und ob es da jemanden gibt, der oder die euch immer wieder beschäftigt. Wer lässt euch gedanklich einfach nicht los und zieht euch runter? Ich möchte, dass ihr uns für den Moment gar nicht verratet, wer das ist, sondern es noch für euch behaltet. Danach wählt ihr einen Gegenstand aus, der für dieses Gefühl steht, das ihr mit diesem Menschen verbindet. Bitte streitet euch nicht um die Symbole. Sollten sich zwei oder mehrere für ein und denselben Gegenstand entscheiden, ist das auch nicht weiter schlimm. Entweder ihr teilt euch dann einen, oder es spricht euch ohnehin etwas anderes an.« Paul blickte in die Runde, bevor er weitersprach: »Ich bitte euch jetzt, für einen Moment die Augen zu schließen und euch eine Situation vor euer geistiges Auge zu holen, in der euch jemand schlechte Gefühle bereitet hat und ihr euch klein, verletzt, traurig, wütend, beschämt oder vielleicht auch gar nicht mehr gefühlt habt. Das kann gestern passiert sein oder auch schon lange zurückliegen. Vielleicht passiert es auch immer wieder, dass jemand, bewusst oder unbewusst, ein belastendes Gefühl in euch hervorruft. An wen denkt ihr als Erstes? Ich gebe euch jetzt ein paar Minuten. Danach bitte ich euch, die Augen zu öffnen und intuitiv zu einem Symbol zu greifen.«

Als die für immer neugierigste Person der Welt blinzelte ich kurz, um zu sehen, ob tatsächlich alle die Augen geschlossen hatten und ob schon jemand nach einem Gegenstand griff. Das setzte mich aber gleichzeitig gehörig unter Druck, da ich zuvor nur einen kurzen Blick auf die Symbole geworfen hatte und mir dummerweise nicht alle gemerkt hatte. Ich wusste daher nicht, womit ich mich mehr beeilen musste: damit, dass mir rasch jemand einfiel, den ich loswerden wollte, oder dass ich mich blitzschnell für ein Symbol entschied, um mir das richtige aussuchen zu können. Ich stand mir also wieder mal ein klitzekleines bisschen selbst im Weg, da ich mich in diesem Gedankengang natürlich erfolglos im Kreis drehte. Im Augenwinkel sah ich Adrian, wie er auf den Tisch starrte, wohlgemerkt ohne die Augen geschlossen zu haben, da starren bekanntlich nur mit geöffneten Augen möglich ist. Als ich mich schon innerlich darüber aufregen wollte, wanderte mein eigenes, halb geöffnetes Auge zu Paul, der mich direkt mahnend dabei ertappte, die Augen selbst nicht geschlossen zu haben. So interpretierte ich seinen Blick jedenfalls und schloss ganz schnell wieder beide Lider. Leider kam ich dabei nun kein bisschen weiter. Im Gegenteil, die Zeit arbeitete gegen mich, und wenn ich so weitermachte, würde mir vermutlich nie jemand einfallen, und ich konnte mir am Ende nur das übrig gebliebene Symbol schnappen, das ohnehin keiner haben wollte. Ob es so eines überhaupt gab? Ich atmete. Atmen half, das hatte ich gelernt. Nicht nur als Notwendigkeit, um ganz generell am Leben zu bleiben, ich atmete auch etwas tiefer, um meine innere Ruhe irgendwo da zu finden, wo ich sie in dem geerdeten Kerl neben mir zuvor erkannt hatte.

Apropos Kerl, dachte ich, dann weiter an Adrian und als Nächstes bereits an eine ganze andere Gruppe. Das alles erinnerte mich plötzlich an eine alte Szene, als … mit einem Mal spulte sich ein Film vor meinen Augen ab, mit dem sich gleichzeitig ein Gefühl in mir ausbreitete und gleich darauf noch jemand in mir auftauchte. Da ich rasch wieder aus der Szene rauswollte, öffnete ich ganz schnell meine Augen. Es hatte allerdings auch etwas Gutes, denn ich wusste plötzlich sehr genau, wen ich loswerden wollte, und sah dabei wie ferngesteuert auf den Tisch. Darauf erblickte ich ein kleines, weißes Keramikkaninchen. Das war gewissermaßen überraschend, weil es genau zu der Szene in meinem Kopf passte und ich nicht glauben konnte, wie viel Sinn das alles auf einmal ergab. Gezwungenermaßen drängte sich mir also die Frage auf, ob Paul etwa übersinnliche Kräfte besaß und alles bereits im Voraus so festgelegt war. Vielleicht auch nicht von ihm, sondern vom Leben. Ich unterbrach meinen Gedankengang, griff schnell nach dem kleinen weißen Keramikkaninchen am Tisch und fühlte mich augenblicklich wie Alice im Wunderland. Erst danach merkte ich, dass Adrian bereits mit einem Paar schwarzer Lederhandschuhe spielte, was ihn wie einen Serienmörder wirken ließ, der als Surfer getarnt mit uns am Tisch saß. Es würde spannend bleiben. So viel war schon mal klar.

Im nächsten Moment fing ich an, mich zu fragen, wer uns tatsächlich davon abhielt zu fliegen, wenn sich unsere Flügel anfühlten, als wären sie gebrochen, und ob uns das weiße Kaninchen und ein Paar schwarze Handschuhe tatsächlich die richtigen Hinweise liefern würden. Es kam mir vor wie ein ungeklärter Fall, den wir noch entschlüsseln mussten. Hatten wir uns das Fliegen am Ende vielleicht selbst verboten – und wer musste fliegen, damit wir selbst wieder fliegen können?

Wer fliegt,
damit *du*
wieder fliegst?

Lass dir
deine Flügel
nicht stutzen.
Du wirst fliegen,
wenn du beschließt
zu fliegen.
Und *loslassen,*
wer auch immer
dich davon abhält.

DAS RÄTSEL

Das Keramikkaninchen war mittlerweile ganz warm in meiner Hand geworden. Es fühlte sich so unglaublich glatt, irgendwie sanft und angenehm beruhigend an. Da auch Alice einem sehr ähnlichen, aber nicht ganz realen weißen Tier über ein Kaninchenloch ins Wunderland gefolgt war, vermutete ich, dass der Zugang zur Erkenntnis nicht weit sein konnte.

Lukas neben mir schien ein wenig überfordert mit der Situation. Er sah mich fragend an, zuckte mit den Schultern und griff dann nach einem Playmobil-Ritter in Rüstung und Schild in seiner Plastikhand. Hätte ich ein Symbol für ihn auswählen müssen, wäre es exakt dieses gewesen. Warum, würde uns Paul aber bestimmt noch genauer erklären.

Charly warf kurz darauf ein lautes »Ha!« in die Stille und schnappte sich anschließend eine pinkfarbene, kleine Voodoopuppe mit ein paar Nadeln im Stoffkörper. Auch das schien mir stimmig, obwohl ich die Geschichte dazu noch nicht kannte und ich anhand ihres Briefes noch nicht eruieren konnte, welchem der vielen Menschen, die sie vorhatte loszuwerden, sie diese Stecknadeln in die Brust jagen wollte. Da kamen schließlich einige infrage.

Ihre Schwester blickte fragend in die Mitte und entschied sich dann für eine Lupe. Dazu konnte ich zwar noch gar nichts sagen – aber wir würden es wohl später noch gemeinsam unter die Lupe nehmen, sprach ich innerlich mit mir selbst und erschrak ein wenig über meinen eigenen schlechten Wortwitz.

»Isa?«, hörte ich die Stimme des sympathischen Kerls neben mir, der seiner Freundin offensichtlich den Vortritt lassen wollte, was exakt dem Bild entsprach, das ich mir von ihm gemacht hatte. Abgesehen davon, dass er ein echter Gentleman zu sein schien, hatte er nun außerdem auch ihren Namen verraten. Stück für Stück lernten wir uns also besser kennen.

»Ja ...«, erwiderte sie gedankenversunken, beugte sich gleich danach vor zum Tisch und griff nach einem dicken Strick, der gänzlich ineinander verknotet war. *Fesselnd,* dachte ich wieder, und es schien ganz so, als hätte ich ein inneres Tourette der schlechten Wortwitze entwickelt.

Jetzt lag nur noch ein Gegenstand in der Mitte des Tisches. Es handelte sich um ein kleines Ruder, das vermutlich ebenfalls zu einer Playmobil-Figur gehörte. Der Ritter konnte es aber schlecht gewesen sein, denn der trug ja bereits ein Schild, und beides schien mir als Aktivitätsprogramm dann doch etwas übertrieben. Nachdem Isa mit dem verknoteten Strick vor sich saß, griff ihr Mann nach dem Ruder. Ich fragte mich, ob die beiden Symbole gemeinsam, sozusagen als Paar, ebenfalls einen Sinn ergaben. Es kam mir jedenfalls alles wie ein großes, ungelöstes Rätsel vor, das hier vor uns ausgebreitet auf dem Tisch lag. Vielleicht gab es ja auch noch weitere Zusammenhänge. Da ich aber schon absolut kein Talent beim Lösen von Kreuzworträtseln hatte, entschied ich, das Paul zu überlassen. Schließlich hatte er das alles ja geplant und würde sich vermutlich etwas dabei gedacht haben. Vielleicht wollte er uns aber auch einfach nur verwirren. Dann funktionierte es bei mir schon mal hervorragend.

Fehlt nur noch ein Schlüssel für Paul, dachte ich. Jedenfalls war ich mehr als gespannt was sich hinter all dem verbarg.

»Ich möchte lösen!«, meinte Adrian gleich im nächsten Moment, und alle schauten gebannt in seine Richtung. »Kleiner Scherz ...«, fügte er hinzu und lachte. »Das ist richtig schräg!«, meinte er noch und strich mit den Handflächen über beide Lederhandschuhe. »Ich bin gespannt, wo uns das alles hinführt.« Zumindest hatte er nicht schon wieder *interessant* gesagt. Obwohl es genau das war – und spannend –, da stimmte ich Adrian zu.

»Sehr gut«, sprach Paul weiter, ohne auf Adrians kleinen Scherz einzugehen. »Das hat ja hervorragend geklappt. Schön, dass jeder ein Symbol für sich finden konnte.« Alle lächelten zufrieden, als hätten wir etwas geschafft, obwohl wir noch nicht einmal wussten, was es zu schaffen galt. »Morgen werden wir noch genauer darauf eingehen. Da wir heute erst alle angereist sind und so eine Anreise ja immer auch ein wenig anstrengend ist, schlage ich vor, dass wir es zunächst gut sein lassen mit den Symbolen. Lasst uns jetzt mal richtig ankommen, und alle, die sich noch nicht kennen, haben jetzt die Möglichkeit, sich in Ruhe kennenzulernen. Morgen nehmt ihr dann bitte eure Symbole nach dem Frühstück mit ans Wasser. Unten am Steg findet ihr den *Raum am See*, da treffen wir uns um 10 Uhr und starten das Experiment. Einverstanden?«

»Das Experiment! Da sind wir wieder mitten im Horrorstreifen. Liebe ich!«, rief Charly begeistert.

»Du hast mit deinem Brief jedenfalls schon den perfekten Startschuss gesetzt. Es scheint, als wären wir mitten im *Blair Witch Project*«, antwortete Adrian.

»Nur, dass niemand verschwindet ... oder eben doch!« Charly schien die Idee zu mögen. »In dem Film ging es jedenfalls auch um ein verschachteltes, vielschichtiges Rätsel und ein paar okkulte Symbole in einem Wald. Also, ich sehe hier Symbole liegen, und den Wald hätten wir auch direkt vor der Tür.«

»Allerdings haben sie alle in einem Zelt gewohnt. Nicht ganz so luxuriös wie wir ... in einem Boutiquehotel!«

»Aber ging es da nicht auch um ein Haus, in dem sie Schreie aus dem oberen Geschoss hörten?«, fragte ich.

»Ja, stimmt. Okay … also sollte irgendwann ein Bündel mit abgetrennten Fingern vor unserer Tür liegen, fange ich an, mir Sorgen zu machen.« Adrian blickte düster in die Runde.

»Keine abgetrennten Finger, versprochen«, beruhigte Paul. »Loslösen ja, das hätte dann auch etwas mit Trennen zu tun. Aber die Finger bleiben dran!«

Ehrenmann Paul ließ uns also in dem Glauben, vollkommen sicher zu sein. Ob wir das tatsächlich waren und wen und was wir an diesem Wochenende hinter uns ließen, würde sich erst später herausstellen.

Mit dem Nebel, der draußen in der dunklen Nacht um den See zog, fühlte es sich jedenfalls tatsächlich so an, als befänden wir uns mitten im *Blair Witch Project*. Nur eben mit köstlichem Essen und Wein, in einem warmen Apartment eines Boutiquehotels. Das machte es dann doch um einiges gemütlicher. Spannend blieb es aber trotzdem, welche Rätsel es hier aufzulösen gab.

Die *Lösung* ist
immer da.
Du musst
sie nur *finden*.

IM VISIER

Ich schlief wie ein Baby in dieser Nacht. Ob es an dem netten Gespräch mit Isa und Daniel lag, bei dem ich nun endlich seinen Namen und wenig später auch den von Charlys Schwester erfahren hatte, oder an den vielen Lachkrämpfen über mögliche Ausgänge des Experiments, die Lukas in seiner sarkastischen Art sehr anschaulich für uns konstruierte, kann ich nicht sagen. Eigentlich hätten sie mir Angst machen müssen, weil in seiner Vorstellung gar niemand überlebte, was allerdings recht bedauerlich gewesen wäre, wo wir doch gerade erst alle anfingen herauszufinden, wen wir loswerden wollten. Trotzdem – oder gerade deswegen – amüsierte ich mich prächtig und genoss den Abend. Am Rande bekam ich eine kleine Unstimmigkeit mit, bei der sich Charly lautstark bei ihrer Schwester Marie beschwerte, dass die sich lieber mit ihrem Handy als mit allen anderen unterhielt. Adrian wiederum zog Charly damit auf, dass sie nichts anderes getan hatte, als Konstantin noch in ihrem Leben gewesen war. Irgendetwas regte sie allerdings weiterhin am Verhalten ihrer Schwester auf, die – obwohl sie eine innige Beziehung mit ihrem Smartphone zu führen schien – dabei nicht besonders glücklich wirkte. Es konnte sich daher um keine allzu harmonische Beziehung handeln. Vielleicht auch nicht mit der Person, die sich hinter dem Handy verbarg. Marie wirkte jedenfalls sehr unruhig. So, als wartete sie auf eine Antwort, die sie anscheinend nicht bekam.

Ich für meinen Teil war ruhiger denn je, und sowohl der Abend als auch die Nacht entspannten mich ungemein, was einerseits an der beruhigenden Wirkung des Sees direkt vor meinem Zimmer liegen konnte, andererseits vielleicht auch an der herrlich frischen Bettwäsche, in die ich mich nach diesem Abend fallen ließ und förmlich darin versank. Morgens nahm ich nach dem Zähneputzen noch ein paar tiefe Atemzüge auf meiner zum See gelegenen Terrasse, bevor ich an Lukas' Zimmertür klopfte. Als wir danach noch ein gemütliches Frühstück in der idyllischen Seestube serviert bekamen, schien die Welt völlig in Ordnung zu sein. Ich hatte schon ganz vergessen, dass wir doch eigentlich hier waren, um dringend jemanden loszuwerden. Allerdings verspürte ich gar keine Dringlichkeit mehr. Als ich das weiße Keramikkaninchen aus meiner Tasche zog, erinnerte ich mich aber wieder daran. Und kurz darauf auch an den Ritter neben mir.

»Sir Lancelot, also ...«, meinte ich grinsend, als Lukas und ich über die Terrasse des Hotels zum dazugehörigen Holzhaus schlenderten und direkt zum *Raum am See* gelangten. Von dort aus führte ein Steg weiter zur Mitte des Sees. Schon der Anblick machte mich glücklich.

»Gut aussehend, mutig, tugendhaft ... Hättest du etwa was anderes erwartet?«

»Du weißt schon, dass es eigentlich nicht um dich, sondern um den Menschen geht, den du loswerden möchtest?«

Lukas blieb mitten vor der Salzgrotte stehen, sah mich an und meinte: »Selbstverständlich weiß ich das! Schließlich bin ich ein gewissenhafter Ritter und hab gut aufgepasst. Du weißt doch noch gar nicht, worum es bei mir geht, und kannst es als neugierigste Nase dieser Welt wieder einmal nicht erwarten, stimmt's?«

»Stimmt«, antwortete ich und betrachtete das glänzend weiße Kaninchen in meiner Hand. »Aber vielleicht hat das Symbol ja auch immer etwas mit uns selbst zu tun.«

»Siehst du. Und hab ich dich gefragt, was du mit dem weißen Hasen da möchtest?! Nein, hab ich nicht. Alles nur, um diese unermessliche Spannung aufrechtzuerhalten!«

»Kaninchen … es ist ein Kaninchen. Und ja, schon verstanden, es ist dir egal.«

»Nein, es ist furchtbar aufregend! Ich kann es kaum erwarten zu erfahren, warum ich in meiner wohlverdienten Freizeit mit einem Playmobil-Ritter in der Hand zu einem Seehaus mit wildfremden Menschen latsche. Nichts könnte mich gerade glücklicher machen«, erwiderte er und neigte den Kopf schräg zur Seite.

Ich warf ihm noch einen strafenden Blick zu, der ihn selbstverständlich völlig kaltließ. Danach hatte ich keine Zeit mehr, mich darüber aufzuregen, weil wir im nächsten Moment auch schon den *Raum am See* betraten, der ausschließlich aus Holz, riesigen Glasfenstern mit Blick auf den See und einem Holztisch in der Mitte bestand. »Diese Schönheit … Öffne dich mal dafür«, flüsterte ich Lukas zu.

»Natürlich! Ich bin offen wie das Visier meines Playmobil-Ritters«, antwortete er und brachte mich damit herzhaft zum Lachen.

Paul saß bereits mit einer schwarzen Ledermappe am Tisch, und auch Isa und Daniel hatten neben ihm Platz genommen – die halbe Meute war also schon eingetroffen, und ich war ein wenig stolz, dass wir um drei Minuten zu früh dran und damit überpünktlich waren, als Lukas und ich unsere Jacken am Ständer im Eck aufhängten. Gleich darauf tauchten auch Charly und Marie auf. Charly rief dabei die ganze Zeit lautstark »Adriaaaan! Hiiiiieeer!« von der Tür über die gesamte Holzhütte nach draußen, obwohl es doch nur diese eine gab und man sie schon deshalb schwer verfehlen konnte.

Wenig später bequemte sich auch Adrian gemütlich herein, warf sich auf den Stuhl neben Daniel und schmiss anschließend noch schnell seine Jacke über die Lehne. Als ich genauer hinsah, bemerkte ich, dass er die schwarzen Lederhandschuhe trug und auch weiterhin anbehielt. Dabei faltete er bedächtig seine Hände langsam vor sich am Tisch, damit es auch wirklich alle mitbekamen. Das schien mir typisch für ihn, da er damit alle Blicke auf sich zog und natürlich automatisch im Mittelpunkt stand. Dort, wo er sich augenscheinlich am wohlsten fühlte.

»Ist dir kalt?«, fragte Charly ironisch.

»Nein. Aber falls wir jemanden kaltmachen, bin ich vorbereitet.«

»Natürlich«, antwortete sie, und es war nicht klar, ob sie ihm überhaupt zugehört hatte. »Marie, möchtest du neben ...« fuhr sie fort und stoppte mitten im Satz. Marie wollte ganz offensichtlich *nicht* neben Paul sitzen, da sie Charly dabei ganz panisch anstarrte, als wollte sie ihre Schwester hypnotisieren. Ich konnte sie gut verstehen und fand es beruhigend, dass seine Erscheinung offensichtlich nicht nur mich verunsicherte. Paul blickte der Höflichkeit halber auf seine schwarze Ledermappe und tat so, als hätte er rein gar nichts mitbekommen.

»Ähm, ja ... Also ich werde dann neben dir Platz nehmen, Paul«, stammelte Charly. »Das ist doch eine hervorragende Idee. Die Konstellation sind wir ja bereits gewohnt.«, sprach sie weiter und machte damit anscheinend eine Anspielung auf die vergangenen Monate ihrer gemeinsamen Sitzungen.

Lukas grinste, weil er erneut mehr hineininterpretierte, und nahm daraufhin neben Marie Platz. Für mich blieb demnach der Stuhl gegenüber von Lukas und direkt neben Adrian. Das fand ich typisch, da ich wieder einmal zu langsam gewesen war und nun genau neben der Person saß, die mir am allerwenigsten sympathisch war. Ich kann nicht sagen, woran es lag, aber bisher sorgten weder die schwarzen Lederhandschuhe noch sein Sunnyboygehabe dafür, dass wir warm miteinander wurden. Vielleicht lag es aber auch gerade daran. Die Tischkonstellation entsprach also schon mal dem Thema des Wochenendes. Vielleicht gab es ja noch eine Möglichkeit, ihn loszuwerden. Die Stimmung zwischen Adrian und mir blieb daher zunächst eher kühl. Zumindest von meiner Seite. Jedenfalls sagte ich kein Wort.

»Einen wunderschönen guten Morgen!«, meinte Paul in seiner gewohnt sonnigen Art und das, obwohl draußen wieder tiefe Nebelschwaden über den See zogen und wir gerade noch die Umrisse des dahinterliegenden Waldes erkennen konnten. Mystisch war es allemal und daher auch irgendwie passend. »Ich hoffe, ihr habt alle gut geschlafen und euch ausreichend gestärkt, damit wir nun unser ›Experiment‹ starten können.« Die Gänsefüßchen, die er beim Wort »Experiment« mit jeweils zwei Fingern andeutete, beruhigten mich ein wenig. »Adrian, ich sehe, du bist schon voll und ganz in die Materie eingetaucht.« Paul spielte auf die Handschuhe an.

Adrian nickte gelangweilt, als spräche ein Lehrer zu ihm, von dem er sich nichts sagen lassen wollte. »Tja, wenn der Hand*schuh* passt«, erwiderte er und wollte witzig sein. Im Mittelpunkt zu stehen war ihm jedenfalls gelungen – bis Paul wieder übernahm: »Ich schlage trotzdem vor, zunächst Charly beginnen zu lassen. In erster Linie deshalb, weil sie schließlich die Initiatorin dieses Wochenendes war, und wir es auch ihr zu verdanken haben, dass wir alle hier sind. Vielen Dank noch mal dafür, Charly.«

»Vielen, vielen Dank«, wiederholte Lukas leise von der gegenüberliegenden Seite. Schön, nun war ich von den zwei zynischsten Menschen im Raum umzingelt. Grund genug, beide für den Moment zu ignorieren.

Wir sollten darauf achten,
wen oder was wir im Visier haben.
Denn genau *dorthin* lenken
wir unsere Aufmerksamkeit.

NADELN IM HANDSCHUH

Du hast bereits angedeutet, dass es ein paar Menschen in deinem Leben gibt, deren Verhalten dich belastet, und du dich deswegen für die Voodoopuppe als Symbol entschieden hast«, meinte Paul zusammenfassend und sah Charly dabei an. Danach drehte er sich zu uns allen. »Und … das möchte ich an dieser Stelle noch betonen … keine Sorge, wir werden hier jetzt keine schwarze Magie praktizieren und dafür sorgen, dass irgendjemand an einem anderen Fleck dieser Erde umfällt oder geläutert wird. Darum geht es auch in der ursprünglichen Bedeutung von Voodoo gar nicht.«

»Schade eigentlich …«, murmelte Charly.

Paul lächelte und erklärte ruhig weiter: »Voodoo steht vielmehr für den Geist und beschäftigt sich damit, sich mit der Kraft der eigenen Gedanken zu verbinden.«

»911 … können Sie mich bitte rasch mit mir selbst verbinden und einen Rettungswagen mit Gedanken schicken? Den guten bitte!«, flüsterte Lukas von gegenüber und konnte es einfach nicht lassen.

»Was meinst du?«, hakte Paul nach, der ihn glücklicherweise nicht genau verstanden hatte.

»Ich wollte die Verbindung herstellen«, antwortete Lukas.

So langsam nervten die beiden Herren. Es war Zeit, mein imaginäres Visier herunterzuklappen.

»Ja, gar kein schlechter Ansatz!«, antwortete Paul, den wieder mal rein gar nichts aus der Ruhe zu bringen schien. »Wie bereits erwähnt, braucht ihr dazu natürlich keine Beschwörungsrituale durchführen oder euch zu rhythmischen Sängen und Tänzen im Kreis bewegen und dabei irgendwelche anderen Menschen verfluchen. Diese Voodoopuppe ist lediglich ein Symbol. Das bedeutet nicht, dass wir nicht etwas Magisches damit bewirken können. Vielleicht um eben genau diese Verbindung herzustellen.« Paul blickte in die Runde. Seine Worte hatten etwas Geheimnisvolles an sich, und sie weckten das Gefühl in mir, dass er längst mit unseren Gedanken spielte. Es schien, als wüsste er genau, wohin er uns führen wollte, auch wenn es noch keinem von uns klar war.

»Erzähl uns doch bitte ein wenig mehr«, sprach er weiter und wandte sich wieder Charly zu. »An wen hast du gedacht, als du deine Augen geschlossen hast, und welche Bilder sind dabei gekommen? Vielleicht kannst du uns ein wenig erklären, was dich dazu veranlasst hat, zu der Voodoopuppe zu greifen, und welche Bedeutung sie für dich haben könnte. Übrigens – und das gilt für alle – falls gar keine Bilder aufgetaucht sind, macht das auch nichts. Vielleicht hat sich auch einfach ein Gefühl gemeldet oder ein besonderer Wunsch. Vielleicht wolltet ihr auch nur schleunigst aus der Situation aussteigen. Was auch immer ihr empfunden habt, ist völlig in Ordnung. Genau wie ihr auch. Ich sage das bewusst dazu, weil wir uns alle viel zu oft infrage stellen und an uns zweifeln oder denken, dass wir Dinge nicht richtig machen oder etwa selbst nicht richtig sind. Dabei ist alles richtig, wie es ist. Und ihr seid es auch.« Paul hätte auch Motivationsredner werden können.

»Richtig«, fuhr Charly fort. »Aber ich möchte bitte trotzdem ein paar Menschen verfluchen, wenn ich darf. Gut, ich muss sie dazu vielleicht nicht unbedingt mit einem Fluch belegen – möglicherweise auch weil ich das gar nicht kann –, aber verfluchen möchte ich sie unbedingt! Also dahingehend, dass ich ihr Verhalten einfach nicht gutheiße und sie aus meinem Leben verdammen will, aber nicht weiß, wie! Schließlich ist es doch so, dass mir diese Menschen schaden! Und das nicht nur für einen kurzen Moment. Sondern immer wieder. Diese ganze verdammte Zeit. Es wiederholt sich! Und dann kommen sie alle an und tun so, als wäre alles wieder gut. Als könnte man es einfach wiedergutmachen! Aber das funktioniert nicht! Man fährt ja auch nicht immer wieder mit dem Rasenmäher über eine Blume, kehrt dann zu ihr zurück und wundert sich, warum sie nicht mehr blüht! Sie ist verletzt! Und ja, vielleicht blutet sie nicht. Weil Blumen nun mal nicht bluten. Und Herzen vielleicht auch nicht. Zumindest nicht sichtbar. Aber genau so fühlt es sich doch an! Ich fühle mich überfahren. Als würde ich bluten. Immer noch! Und ich habe es einfach satt, irgendwelche leichtfertigen Entschuldigungen entgegenzunehmen wie *›Tut mir leid ... so sorry!‹* und *›Ach komm, so war das doch überhaupt nicht gemeint!‹* oder *›Stell dich nicht so an ... du bist so sensibel!‹* Denn wisst ihr was? Doch! Ich stelle mich an! Ich stelle mich vor mich und möchte mich schützen, damit mich niemand mehr überfahren kann und ich danach wieder am Boden liege und mein Herz nicht mehr spüre, weil jemand drübergefahren ist. Da liegt es nämlich jetzt. Und Philipp hat versucht, es aufzuklauben, genau wie ich. Aber es funktioniert nicht. Wir kriegen es nicht hin, es wieder heil zu machen ... weil ich es nicht mehr spüre! Es fühlt sich tot an. Vielleicht ist es ja auch einfach kaputt ... oder *ich* bin es! Also wie, verdammt noch mal, repariere ich mein Herz jetzt ... oder meine Welt?! Wie repariere ich mich? Es ist nämlich so, dass ihr vermutlich denkt, ich hätte die Voodoopuppe ausgewählt, damit ich irgendjemandem ein paar Nadeln in den Körper stechen kann, um mich zu rächen. Aber das Traurige ist: Ich habe sie gewählt, weil ich *sie* bin. Diese zerstochene Voodoopuppe hat mich an *mich* erinnert, wie ich daliege und nicht mehr aufstehen kann, weil es sich anfühlt, als hätten sich all diese Menschen durch mein Herz gebohrt. Jede einzelne Nadel steht für die Verletzung, die sie mir zugeführt haben

– und da liege ich jetzt.« Charlys Augen wässerten sich. Sie schien nicht nur wütend, sondern auch unglaublich traurig zu sein.

»Siehst du, deshalb trage ich Handschuhe, um mich zu schützen ...« Adrian glänzte wieder mit seinem Einfühlungsvermögen. Sein Scherz war völlig unangebracht, und das schien nicht nur ich so zu sehen.

»Was redest du denn da?!«, fuhr ihn Charly an. »Du hast doch längst Nadeln in deinen Handschuhen und spürst sie nur nicht! Dabei hast du die Handschuhe bloß übergezogen, um nur ja keine Spuren zu hinterlassen, wenn du anderen die Kehle zuschnürst. Genau das machst du nämlich mit Frauen! Du killst sie. Eiskalt! Du bringst sie vielleicht nicht um. Aber du bist doch genau wie Konstantin oder mein egoistischer Chef – die es beide völlig kaltlässt, ob sie dabei ein paar Leichen hinterlassen. Frauen wie mich ... die verletzt sind! Verstehst du das, Adrian?! Es ist nicht alles so locker, wie du es immer siehst! Du könntest auch einfach mal locker den Arschloch-Modus verlassen und lernen, dich zu benehmen – oder vielleicht auch auf die Gefühle anderer Menschen zu achten! Vor allem die aller Frauen, die du benutzt, um dein Ego zu polieren, und die dabei ihren eigenen Glanz verlieren. Aber dir?! Dir ist das egal. Völlig egal!« Wie es schien, nahm Charly einen Rundumschlag, bei dem es Adrian als Ersten traf.

»Egal ... egaaaaaal?!«, fuhr Adrian sie an. »Was soll das bitte schön heißen? Ich lebe eben einfach mein Leben und lass mich nicht in irgendein Schema pressen, wie ich mich zu verhalten habe! Glaub mir, meine Eltern haben es immer wieder probiert. Und die Gesellschaft erwartet dasselbe. Oder ihr Frauen! Der Unterschied zwischen uns beiden ist einfach, dass ich die Dinge nicht so nah an mich herankommen lasse. Und damit fahre ich sehr gut. Ich genieße einfach mein Leben! Was soll daran bitte falsch sein?« Adrian ließ sich anscheinend nicht so leicht vom Gegenteil überzeugen.

»Du beeinflusst doch mit deinem Verhalten auch ihr Leben! Ich bekomme es ja mit. Jeden Monat geht es um irgendeine andere Frau. Manchmal laufen sie parallel, und zwischendurch – wenn es dir zu langweilig wird – greifst du auf altbewährte Begleiterinnen zurück. Das kann doch nicht alles im Leben sein!«

»Begleiterinnen ... sehr schön.« Adrian grinste. »Ja, warum denn auch nicht? Wenn sie mich begleiten wollen? Ich zwinge sie doch nicht dazu! Und nur, weil es für dich um mehr geht im Leben, muss das nicht auch für mich gelten. Mir reicht das – besser noch – ich will es genau so! Die Frage ist, wem es besser dabei geht: mir, weil ich mein Leben genau so lebe, wie ich möchte, oder dir, die hier kurz vor dem Nervenzusammenbruch steht, weil sich niemand so verhält, wie du es willst!«

»Das heißt, es ist dir egal, dass du dich wie ein Arschloch verhältst? Denn das ist doch so, oder etwa nicht?!«

»Die Frage ist, wie man Arschloch definiert. Ist man automatisch ein Arschloch, wenn man sich nicht verhält, wie es andere erwarten? Vielleicht ist man ja selbst das Arschloch, wenn man von anderen erwartet, wie sie sich zu verhalten haben? Nämlich nur so, wie man es selbst für richtig hält!«

»Willst du damit sagen, dass *ich* jetzt das Arschloch bin, Adrian? Sehr gut. Großartig! Wie immer hast du den Spieß perfekt umgedreht, damit du dir deine Themen nicht ansehen musst! Lauf nur. Weit, weit weg von dir! Und sag Bescheid, wenn du angekommen bist!« Charly war wütend, doch wie wir bereits erfahren hatten, hielt Paul Wut für eine gute Sache. Für wen oder warum genau, galt es noch zu klären. Aber da war sie schon mal: eine große Portion kochende Wut mit ein paar gehackten Vorwürfen an der Seite. Allerdings schien Charly die Einzige zu sein, die servierte. Adrian war nämlich ganz ruhig und rührte das brodelnde Gericht erst gar nicht an, was ihn gleichzeitig auch etwas überheblich wirken ließ. Vermutlich hätte er sich dabei aber ohnehin nur die Lippen verbrannt.

»*Du* hast doch die Arschloch-Karte gespielt«, meinte er stattdessen. »Ich würde dich eher als Queen bezeichnen. Manchmal aber eben auch als Drama-Queen. Also nimm einfach das Drama raus, Charly, und genieß dein Leben!«

»Ach ja? Ich schiebe Drama, meinst du?! Ich möchte nicht wissen, was all deine Frauen schieben, nachdem du ihnen das Blaue vom Himmel erzählt hast, um sie ... Ach, lassen wir das! Ich möchte gar nicht zu sehr ins Detail gehen. Aber ich sag dir, was sie schieben: Panik! Unfassbare Angst, je wieder so verletzt zu werden! Bei dir geht es allerdings nur darum, irgendwelche Nummern zu schieben. Das liegt dir, Adrian! Und nein, es ist nicht in Ordnung, wenn du sie dabei absichtlich verletzt.«

»Tu ich das?« Er sah sie ungläubig an. »Oder tun sie das selbst, weil sie die Wahrheit gar nicht hören wollen?«

Der Schlagabtausch zwischen Charly und Adrian traf uns alle, das konnte ich an den Gesichtern in der Runde erkennen. Charlys Worte gingen mitten ins Herz. Hatten wir uns nicht alle schon mal so gefühlt, als hätte uns jemand ein paar Nadeln ins Herz gerammt? Ich für meinen Teil kannte jedenfalls das Gefühl, sich hilflos ausgeliefert am Boden zerstört zu fühlen und nicht weiterzuwissen. Ich konnte Charly nur allzu gut verstehen. Aber so unangenehm Adrians Spitze war, die er wie einen Pfeil hinterherschoss – es schien mir tatsächlich etwas dran zu sein, was er sagte. Unabhängig davon, ob es sich um Nadelstiche oder Pfeilspitzen handelte: War es nicht so, dass wir aus Angst vor der Wahrheit manchmal einfach am Boden der Lüge liegen blieben und nichts dagegen unternahmen, wenn uns jemand immer wieder verletzt? Wäre es da nicht besser aufzustehen und aus dem Weg zu gehen?

Ob uns die Spitze
eines Pfeils trifft,
hängt maßgeblich
davon ab, wo wir stehen
und wohin wir uns
bewegen.

SCHWERE BROCKEN

Im Endeffekt geht es nie darum, wer recht hat», meinte Paul, der die beiden schon eine ganze Weile sprechen gelassen hatte und sich nun doch auch zu Wort meldete. »Recht haben zu wollen kostet viel Kraft, und wen wollen wir denn überzeugen? Etwa uns selbst, dass wir richtigliegen? Ist es da nicht viel sinnvoller, seinen eigenen Standpunkt zu kennen und zu entscheiden, ob wir von anderen lernen können oder am Ende doch lieber Abstand nehmen? All das liegt in unserer Hand. Was andere denken oder wie sie sich verhalten, jedoch nicht. Darauf haben wir keinen Einfluss. Wir sollten also weder versuchen, andere in ein Schema zu pressen, noch schaffen es andere, uns irgendwo hineinzupressen, wenn wir uns nicht hineinpressen lassen«, sagte er und sah Adrian dabei an. »Die Frage ist allerdings, tust du vielleicht immer das Gegenteil von dem, was andere sagen oder gut finden, weil es tatsächlich das Beste für dich ist, oder machst du es nur, um dich aufzulehnen und einfach dagegen zu sein, weil du dir und dem Rest der Welt beweisen möchtest, dass niemand es schafft, dich kleinzumachen? Das wäre nämlich auch sehr anstrengend und vor allem gar nicht notwendig, da dich vielleicht gar niemand kleinmachen möchte – und selbst wenn es jemand versuchen würde, es ohnehin niemandem gelingen würde, wenn du selbst deine Größe kennst. Dasselbe gilt übrigens auch für dich, Charly«, sagte er, während er den Blick auf sie richtete. »Das Leben besteht aus einer Reihe von Entscheidungen, die immer Erfahrungen nach sich ziehen.

Du kennst meine Sicht mittlerweile, ich urteile nicht darüber, ob etwas gut oder schlecht ist – weil es ohnehin keine absolute Wahrheit gibt. Die sieht für jeden anders aus. Die Frage, die ich für viel wichtiger halte, ist, wie wir uns dabei fühlen. Wie fühlt es sich denn für dich an, immer wieder zu diesen Nadelstichen zurückzukehren, Charly? Und was könntest du tun, damit sie gut verheilen? Nehmen wir deinen Ex-Freund als Beispiel, denn läuft es in etwa auf dasselbe hinaus, ob du zulässt, dass er dich immer wieder verletzt, indem du ihn erneut in dein Leben lässt, oder ob du immer wieder in die Vergangenheit zurückkehrst und dich damit selbst verletzt. Diese Beziehung wird erst dann zu Ende sein, wenn du aufhörst, sie zu führen. Du steckst nämlich noch immer drinnen. Egal ob in der Realität oder in deinen Gedanken – denn sie fühlen sich genauso real an. Solange du ständig an ihn denkst, führst du weiter eine Beziehung mit ihm, und es ist eine, die dir offensichtlich nicht guttut. Statt dich also weiterhin schlecht zu fühlen, könntest du überlegen, wie du dich stattdessen fühlen möchtest. Und dann triffst du Entscheidungen, die dich dahin bringen. Solange du aber nicht weißt, was du willst, kannst du nicht sagen, was du brauchst. Bevor wir jedoch näher darauf eingehen, habe ich noch etwas für euch alle.« Er stand auf und ging zur Ecke, wo er zwei große schwarze Jutetaschen vom Boden hob. Sie waren offensichtlich sehr schwer, da er sich richtig anstrengen musste, als er sie auf dem Tisch absetzte und von da aus zur Mitte schob. »Hier drinnen befinden sich einige Ziegelsteine, und ich habe noch ein paar Lackstifte für euch«, sagte er und legte die Marker daneben.

»Ahhh, Geschenke!«, rief Adrian. »Was machen wir damit? Bauen wir eine Mauer?«

»Ach, das schaffen viele Menschen auch ganz ohne Ziegelsteine. Vor allem dann, wenn sie Angst haben, es könnte ihnen jemand zu nahe kommen oder sie den eigenen Schmerz nicht fühlen wollen«, sagte Paul so beiläufig, als hätte es keine Bedeutung – aber so klar, dass Adrian der Mund offen blieb. »Nein, wir werden etwas anderes damit machen. Aber dazu komme ich auch später. Ich möchte euch zunächst bitten, euch jeweils einen Stein zu nehmen. Erinnert euch daran, wer euch in den Sinn gekommen ist, als ich euch gebeten habe, an einen oder mehrere Menschen zu denken, die euch bisher in eurem Leben nicht gutgetan haben. Schreibt dann bitte ihre Namen auf eure Ziegelsteine. Es gibt sechs Seiten und damit ist genügend Platz für alle.« Er grinste. Mich erinnerte es an Monty Pythons Satire *Das Leben des Brian: »Zur Kreuzigung? Gut. Durch die Tür hinaus, zur linken Reihe ... jeder nur ein Kreuz!«* In dem Fall waren es Ziegelsteine, mit denen wir uns selbst steinigten.

»Und wenn mir niemand einfällt?«, fragte Adrian.

»Dann überleg noch mal! Falls dich noch nie jemand genervt hat, möchte ich dir herzlich gratulieren. Allerdings wärst du dann vermutlich der erste Mensch auf dieser Welt.« Paul sah ihn ungläubig an.

»Na, hoffentlich ist der Ziegelstein groß genug«, scherzte Charly und griff als Erste in eine der beiden Taschen in der Mitte. »Okaaay, das sind ja ganz schöne Brocken ...«, meinte sie, während sie einen davon ächzend vor sich auf den Tisch legte.

»Wenn du das Gefühl hast, dass einer zu wenig ist, kannst du auch noch einen dazunehmen, Charly. Es sind genügend da«, antwortete Paul ernst.

Ich hatte das Gefühl, verstanden zu haben, was er damit meinte. Schließlich gab es ja auch im Leben genügend schwere Brocken, an denen wir uns stießen. Die Frage war allerdings, ob wir nicht auch an ihnen vorbeispazieren konnten, ohne sie aufzuklauben und ein Leben lang mit uns mitzuschleppen.

»Das gilt auch für alle anderen. Ihr könnt selbst entscheiden, wie viele Ziegelsteine ihr beschriften wollt«, warf Paul noch in die Runde.

Charly schnappte sich daraufhin gleich noch einen, und ich beugte mich ebenfalls vor zur Mitte. Als ich versuchte, den nächstgelegenen Stein mit einer Hand aufzuheben, war ich überrascht, dass ich auch die zweite dafür benötigte, um ihn überhaupt greifen zu können. Das Teil wog locker drei, vielleicht sogar vier Kilo. Es benötigte ganz schön viel Kraft, und ich entschied mich dafür, es bei einem zu belassen.

Ich fragte mich außerdem, ob Paul etwa mit all diesen Ziegelsteinen im Kofferraum an den Weissensee gereist war. Solange es sich dabei um keine Leiche handelte, war zumindest nichts Verbotenes daran, aber eine witzige Vorstellung war es trotzdem. Es erinnerte mich an einen Moment, als ich nach einer langen Backpackreise durch Asien kurz vor dem Rückflug einen schwarzen Überwurf über meinen riesigen Rucksack stülpte und ihn anschließend zum Abwiegen auf die Waage hievte. Ein grinsender Kambodschaner sah mir geduldig dabei zu und fragte mich nach einer Weile: »Somebody in there?« Damals musste ich richtig laut lachen. Heute stelle ich mir die Frage, mit welchen Leichen wir tagtäglich durch unser Leben reisten und wie schwer ihr Gewicht wohl sein musste, wenn wir sie immer mit uns trugen.

Nachdem sich alle ihre Ziegelsteine und Stifte geschnappt hatten, saßen wir plötzlich ganz still vor ihnen. Ein paar überlegten noch, andere markierten schon. Ich fing an, darüber nachzudenken, wen ich auf meinen Stein schreiben wollte, ob diese Menschen sich verändert hatten und warum mir mittlerweile völlig Fremde innerlich näher waren, als es mir guttat. Ging es dabei vielleicht gar nicht um diese Gruppe, sondern auch um eine Zeit und ein Gefühl? Es fiel mir schwer, die Dinge ganz simpel zu betrachten, und ich verstrickte mich in ein Gedankenwirrwarr, das sich zu einem Knoten entwickelte, der mindestens so schwer daherkam wie der ziegelrote Stein vor mir. Als ich sah, dass Lukas bereits drei Seiten beschriftet hatte und den Stift zufrieden beiseitelegte, musste ich mich daran erinnern, dass es sich hier um keinen Wettbewerb handelte, wer mehr Menschen kannte, die er loswerden wollte. Die Übung diente lediglich dazu herauszufinden, was sie auf dem Stein verloren hatten – und das, bevor ich sie überhaupt daraufgeschrieben hatte. Mir wurde mit einem Mal klar, dass sie längst da waren. Schwer in mir.

Paul schien zu bemerken, dass ich mit mir und meinen Gedankensprüngen um die Wette hopste, und er versuchte, die anstrengende geistige Turnübung zu unterbrechen.

»Nehmt euch ruhig Zeit und macht euch keine Gedanken, wer oder was da stehen oder vielleicht auch nicht stehen sollte. Es muss weder für euch noch für andere Sinn ergeben. Wir versuchen so oft, Menschen und Erfahrungen in Schubladen zu stecken und sie zu etikettieren, um sie so schnell wie möglich zu vergessen und weit wegzuschieben. Aber nur weil wir eine Lade zugemacht haben, heißt das nicht, dass sie uns nicht weiterhin blockiert. Erst wenn wir aufräumen und beginnen, den Inhalt zu sortieren, kommen wir damit ins Reine. Momentan geht es nur darum, etwas zu benennen. Achtet dabei auf Impulse. Ihr habt euch vorher an ein Ereignis erinnert, bei dem ihr euch nicht wohl mit jemandem gefühlt habt. Wer ist euch dabei in den Sinn gekommen? Egal, wer und was das ist, es ist völlig in Ordnung und darf sein. Unterbrecht euch nicht dadurch, eine Erklärung dafür finden zu wollen, oder weil ihr denkt, ihr dürftet niemand anderen verurteilen. Schon gar nicht, jemanden, der euch vielleicht nahesteht. Ihr verurteilt niemanden, wenn ihr einen Namen aufschreibt. Weder den Menschen noch euch selbst. Ihr macht euch lediglich bewusst, dass etwas passiert ist, das euch beschäftigt.«

Das half mir tatsächlich weiter. Ich nickte und fing an zu schreiben.

Nur weil wir eine Lade zugemacht haben, heißt das nicht, dass sie uns nicht weiterhin blockiert.

Hör auf,
Beziehungen
mit *Menschen*
zu führen,
mit denen du
gar *keine Beziehung*
mehr führst.

BLUTGRUPPE NULL-SYMPATHISCH

Als ich meinen Kopf hob, schien ich die Letzte zu sein, die etwas auf ihren Stein geschrieben hatte. Zwischenzeitlich hatte ich nur ein »Na meinetwegen« von Adrian vernommen, der sich trotz seines rebellischen Gehabens letztendlich anscheinend doch dazu hatte überwinden können, an dem Experiment teilzunehmen. Als ich meinen Marker zur Seite legte, fuhr Paul auch schon fort, um uns die Zusammenhänge näher zu erklären.

»Nun habt ihr also einen oder mehrere Menschen auf euren Steine notiert. Etwas zu formulieren und niederzuschreiben, kann sich manchmal schon befreiend anfühlen. Selbstverständlich konntet ihr jetzt nicht ganze Aufsätze auf die Ziegelsteine kritzeln und euch den Ballast von der Seele schreiben – etwas, das ich übrigens nur sehr empfehlen kann, es immer wieder mal zu tun. Aber selbst in dieser komprimierten Form ist es eine Hilfe. Allein dass ihr eure Gedanken gesammelt und jemanden für euch bestimmt habt, bewegt etwas in euch. Wie ein Stein, der sprichwörtlich ins Rollen kommt, und das sogar trotz seiner eckigen Kanten. Solange wir uns nämlich nicht damit befassen, wer oder was uns belastet, können wir uns auch nicht davon befreien. Also liegt er zunächst nur schwer da, aber wir werden noch einen guten Weg für ihn finden«, meinte er ermutigend.

Paul war wie einer dieser Geschichtenerzähler. Seine Stimme war so angenehm beruhigend, dass es eine reine Wohltat war – nur dass man ihm darüber hinaus auch noch gerne dabei zusah. Wann immer er zu erzählen begann, fühlte es sich an, als legten sich seine Weisheiten wie die Wollfäden einer flauschig warmen Decke um den Körper, berührten von da aus jede Pore und drangen vor bis tief ins Herz, das sie von innen an jeder noch so entlegenen Stelle erwärmten. Gut, manchmal wurde es vielleicht auch ein wenig heiß, wenn man sich ertappt fühlte, aber selbst dann verwandelte sich die Hitze nach Abklingen des inneren Gefechts irgendwann zu einer wohlig warmen Erkenntnis, die einer sanften Umarmung glich. Nach Zeiten einer weltweiten Pandemie hatte das noch einen größeren Wert bekommen, den wir wohl alle sehr zu schätzen wussten. Außer Adrian und Lukas vielleicht. Von Letzterem wusste ich, dass er sehr sparsam mit Umarmungen umging, und ich schätzte mal, dass es bei Adrian ähnlich war, wenn es nicht den Austausch von Körperflüssigkeiten mit einschloss. Natürlich war das nur eine Anmaßung und auf keinerlei fundiertem Wissen begründet. Gott sei Dank.

»Wie soll man sich aber von jemandem befreien, den man nicht einfach so loslassen kann, weil sie DIE EIGENE MUTTER IST?!«, platzte es plötzlich aus Isa heraus. »Das ist doch nicht so leicht! Schließlich ist sie nicht *irgendeine* Person! Ich kann nicht einfach den Job wechseln, mich irgendwann neu verlieben oder aufstehen, mich umdrehen und gehen. Sie ist schließlich meine Mutter! Die traurige Wahrheit ist: Ich bin im Bauch einer Frau zur Welt gekommen, die vielleicht gar niemanden lieben kann, außer sich selbst. Als hätte ich mir das freiwillig ausgesucht. Aber das habe ich nicht! Und trotzdem sitze ich fest und bin lebenslänglich mit ihr verstrickt. Erst über die Nabelschnur und dann über ihre Fänge, weil sie ihre Macht schamlos ausnutzt und wie ein Netz um mich gesponnen hat und es gar nicht möglich ist, mich zu befreien! ›*Du sollst nicht lügen*‹ steht schon in den Zehn Geboten geschrieben – und auch ›*Du sollst nicht töten*‹. Sollte es darüber hinaus nicht noch heißen: ›*Du sollst keine Kinder gebären, wenn du sie nicht lieben kannst*‹?! Wenn es nach ihr gegangen wäre, hätte ich nie erwachsen werden dürfen, weil sie Angst hatte, ich könnte ihr überlegen sein. Deshalb hat sie mich kleingehalten und ich konnte sie immer spüren. Selbst dann, wenn sie nicht im Raum war. Und obwohl wir uns schon lange kein Zuhause mehr teilen, ist sie immer geblieben. In mir. Ein Leben lang! Vermutlich noch darüber hinaus, weil das eigene Blut eben dicker als Wasser ist – das sagt man doch so. Und ich könnte kotzen bei dem Spruch! Er beweist, dass sich nichts davon einfach wegspülen lässt. Ihr böses Blut klebt an mir, bei allem, was ich anfasse. Es verstopft mein Leben. Mich. Den Fluss! Ich habe das Gefühl, alles stockt, weil sie mich daran hindert, frei zu fließen. Als pumpe sie mir seit meiner Geburt verklumptes Blut durch meine Adern, das mich mit jedem Herzschlag daran erinnert, dass sie darauf pocht, besser zu sein. Größer. Wichtiger. Allmächtig.«

Blutgruppe null-sympathisch, dachte ich bei all dem, was Isa von ihrer Mutter erzählte. Und sie hatte recht, es ist bestimmt nicht leicht, einen toxischen Menschen aus dem eigenen Familienkreis zu verbannen und einfach so aus dem Leben zu werfen. Etwas, das einem schon bei unverwandten Personen nicht leichtfällt. Bei der eigenen Familie ist das noch eine weitaus kompliziertere Geschichte. Die sucht man sich nicht aus. Da wird man einfach hineingeboren, und es kann sich wie ein Sechser im Lotto anfühlen oder in manchen Fällen auch wie eine Strafe, die einem wie ein Ticket an der Scheibe klebt, obwohl man gar keine andere Wahl hatte, als genau dort zu parken. Und das für längere Zeit, da man als Kind schließlich noch keinen Führerschein besitzt und sich nicht mal eben so aus dem Staub machen kann.

»Die eigene Mutter wird man nicht so einfach los! Schließlich ist und bleibt sie die Mutter, ob man es will oder nicht«, bestätigte Isa meinen Gedanken. »Aber da frage ich mich – wenn ich sie schon nicht loswerde, wie werde ich dann zumindest das Gefühl los? Dieses verdammte Gefühl, nie gut genug zu sein?!«, platzte es wie im Schwall aus einer klaffenden Wunde aus ihr heraus, als sie im nächsten Moment den Ziegelstein nach vorne kippte.

Die selbstsüchtige Mutter stand da mit schwarzem Marker und hinterließ ein schweres Gefühl in der Magengrube. Nicht nur in Isas. Was sie da sagte, berührte mich tief. Ich verspürte so viel Mitgefühl mit dem kleinen Mädchen in ihr, das nicht verstehen konnte, was sie da alles hatte durchmachen müssen. Weil es eben auch nicht zu verstehen war. Der Schmerz kroch ihr förmlich über die Lider, die halb geschlossen waren und dabei zitterten, während sie immer noch auf den Ziegel starrte. Allein die Tatsache, dass sie nicht *meine,* sondern *die Mutter* geschrieben hatte, war bezeichnend. Im wahrsten Sinne des Wortes. Isa war gezeichnet von ihrer Mutter – das war nicht nur durch ihre Worte, sondern an ihrer ganzen Körperhaltung zu erkennen. Der gekrümmte Rücken, die vorgezogenen Schultern und die Traurigkeit in ihrer ganzen Haltung verrieten, dass sie die Last kaum noch ertragen konnte.

Daniel legte seine Hand schützend über ihre als Isa ihre Tränen nicht mehr zurückhalten konnte. Ohne den Ziegel zu berühren, tropften sie bereits vor ihr auf den Tisch.

»Ein einziger Ziegelstein ist zu wenig, um auch nur annähernd zu beschreiben, wie sie mein Leben beschwert!« Ihre Lippen bebten, als sie nach einer Weile mit gepresster Stimme weitersprach. »Es ist wohl eher ein ganzer Sack, den ich mit ihr ans Bein gebunden bekommen habe. Jetzt treibe ich irgendwo da draußen am See herum und kann mich kaum über Wasser halten, weil sie mich ständig hinunterzieht! Sie zerrt an mir wie ein gewaltiges Bündel schwerer Ziegel, und zwischendurch wirft sie mir noch ein paar davon an den Schädel und fragt, warum ich mich so anstelle und nicht schneller schwimme! Dazu meint sie bestimmt, dass ich im Grunde gar nichts könne! Vielleicht sagt sie aber auch gar nichts, doch ihr Blick verrät es. Immer!« Isas Stimme brach. Noch mehr Tränen liefen ihre Wangen hinunter, und es schien, als hätte ihre Mutter längst die Stimme in ihr übernommen und sie würde all das nun auch über sich selbst denken. Kein Wunder, dass sie so traurig war. Abgesehen von dem Schmerz, den sie offensichtlich durchleben musste und der sie immer noch begleitete, nahm sie ihre Mutter anscheinend beim Wort. Plötzlich wurde mir klar, woher das Traurige in ihren Augen kam. Die Worte ihrer Mutter spiegelten sich darin wider und Isa hielt sie für die Wahrheit.

»Das muss sich für die kleine Isa schlimm angefühlt haben«, meinte Paul sanft.

Isa nickte. Sie sah aus, als säße sie gar nicht bei uns, sondern irgendwo in der Vergangenheit in ihrem Kinderzimmer. Als wäre sie immer noch das Mädchen in den Fängen ihrer Mutter.

»Aber bist du sicher?«

Isa hob den Kopf und blickte Paul fragend an.

»Ich meine, bist du sicher, dass du heute nicht aufstehen, dich umdrehen und gehen kannst? Ich spreche hier im übertragenen Sinn. Dazu musst du gar nicht bei deiner Mutter sein oder sie bei dir. Aber wie du schon erwähnt hast, trägst du sie immer noch in dir. Sie lässt dich also auch in deinen Gedanken nicht los und beeinflusst somit dein ganzes Leben. Wäre es da nicht an der Zeit aufzustehen, dich zu dir zu drehen und auf dich zuzugehen? Momentan zieht dich ihr Gewicht nämlich zu Boden. Du hast beschrieben, dass du dich fühlst, als hätte dir jemand eine schwere Last ans Bein gehängt – als könntest du dich nur mit großer Anstrengung über Wasser halten, und müsstest jeden Moment ertrinken. Was könntest du tun, um dich aus diesem Strudel zu befreien und wieder Auftrieb zu bekommen?« Paul blickte in die Runde. »Das gilt übrigens für das Gewicht jedes Menschen, den wir mit uns mittragen und denken, wir müssten das ein Leben lang tun.«

»Mich davon lösen? Aber wie ...?«

»Das Gewicht wird nicht von selbst weggehen. Aus irgendeinem Grund scheint es sich gerne an dich zu heften und dich von da aus zu beschweren. Es behält regelrecht die Kontrolle über dich und dein Leben. So fühlt sich der Sack Ziegel vielleicht wertvoll. Aber im Grunde ist es auch egal, wie es dem Ziegel damit geht, wenn du ihn loslässt. Wichtig ist, die Aufmerksamkeit auf *dich* zu richten. Denn nur da kannst du etwas für dich verändern. Vermutlich lag dein Fokus schon viel zu lange auf dem Gewicht – in dem Fall deiner Mutter. Du hast dich wahrscheinlich immer wieder gefragt, was sie sagt, warum sie es sagt und wie du es ihr recht machen kannst. Aber so konzentrierst du dich lediglich auf die Last, und sie zieht dich nur noch mehr hinunter. Die Leichtigkeit, von der Charly gesprochen hat und die unser Leben lebenswert macht, liegt aber immer nur bei uns. Wir erleben sie weder durch andere noch können sie uns andere nehmen, wenn wir begreifen, dass sie einzig und allein in unserer Hand liegt.«

»Ich weiß nicht, wann ich mich das letzte Mal leicht gefühlt habe. Und falls doch, hat sie wieder etwas rausgehauen und alles zerstört. Sie wird sich einfach nie ändern!«

»Was ist, wenn ich behaupte, dass das auch gar nicht wichtig ist? Natürlich wäre das schön. Aber an diesem Wunsch festzuhalten, macht dich nur unglücklich, weil es vielleicht – oder möglicherweise auch nie – passieren wird. Es gibt ein altes Sprichwort, das sinngemäß besagt, dass es vergebene Mühe wäre, einen Ziegel oder einen anderen Menschen reinwaschen zu wollen. Wortwörtlich lautet es: ›*Den Ziegel und den bösen Mann, niemand reinwaschen kann*‹.

Natürlich wollen wir hier nichts auf ein Geschlecht reduzieren. Was uns diese Redewendung aber vermitteln möchte, ist, dass es sich dabei um ein sinnloses Unterfangen handelt. Es ist tatsächlich nicht nur unmöglich, sondern auch reine Zeitverschwendung, andere verändern oder ›reinwaschen‹ zu wollen, genau wie wir auch die Beschaffenheit des Ziegelsteins nicht ändern können. Beim Waschen des Ziegels wird nur dein eigenes Wasser trüber. Der Stein aber behält die Farbe und seine Struktur. Ähnlich sieht es mit der vergeblichen Mühe aus, den Charakter oder das Tun anderer Menschen verändern zu wollen. Selbst dann, wenn uns jemand mit seinem Handeln schadet, ist es oft zwecklos, die Person davon überzeugen zu wollen, dass es nicht richtig war, oder zu versuchen, sie daran zu hindern, es wieder zu tun. Es gibt zahlreiche Gründe, die sie vielleicht wieder dazu veranlasst. Und keiner dieser Gründe hat mit uns zu tun. Der Ziegelstein bleibt nun mal rot und behält seine Flecken, auch wenn wir uns noch so sehr bemühen. Hören wir also auf, andere verändern zu wollen, und konzentrieren wir uns auf uns und das, was wir tun können, damit uns niemand anderer an unserem Glück hindert. Beschweren wir uns nicht mit der Last, die sie uns möglicherweise umhängen wollen, die aber eigentlich gar nicht zu uns gehört, und entscheiden uns, endlich loszulassen. Das schwere Gewicht zieht dich nur hinunter. Und, weil du gefragt hast, wie das gehen soll? Du lässt los, indem du loslässt. So simpel und absurd das klingen mag. Genau das liegt in deiner Hand. Sobald dir die Verbindung zu dir wichtiger ist als zu jemandem, der dir nicht guttut, wirst du aufhören, daran festzuhalten.

Du *lässt los,*
indem du *loslässt.*

In dem Moment,

in dem du erkennst,
dass du niemanden ändern kannst,
wirst du aufhören,
um ihre Anerkennung zu kämpfen.
Du wirst dich
von dem *Gewicht befreien,*
so sein zu müssen,
wie dich andere haben möchten.
Du wirst niemand anderen mehr
von dir überzeugen wollen,
nicht auf ihre Zustimmung
oder ihre Liebe warten,
denn du erkennst, dass
du nicht weniger als
alle Liebe dieser Welt
verdienst und du der
Mensch bist, der
sie dir geben
kann.

Selbstliebe ist
der größte Mittelfinger aller Zeiten.

GORDISCHER KNOTEN

Sie tut mir definitiv nicht gut und dass sie sich nicht ändern wird, ist mir auch schon lange klar. Das Loslassen sagt sich aber trotzdem leichter, als es ist. Überhaupt ist Loslassen so ein Modewort geworden. Lassen Sie hier los, lassen Sie da los, und schon sind Sie frei. Aber wie sieht das denn konkret aus?«, fragte Isa, die wieder etwas ruhiger wirkte, aber immer noch keine Lösung sah, obwohl sie den Schlüssel dazu bereits erwähnt hatte und daher bereits in ihren Händen trug. Sie musste ihn vielleicht nur noch umdrehen.

»Das ist wie bei Marie Kondo – nur mit Menschen! Ausmisten mit System: Wer für keine guten Gefühle sorgt, fliegt!«, rief Charly und lächelte Isa ermutigend zu. »Also werfen wir am besten alle aus unserem Leben, die uns nicht glücklich machen, und schon ist es leichter! Wie wir das genau anstellen, weiß ich zwar auch noch nicht. Aber dazu sind wir schließlich hier!«

»Ja, schon klar. Aber es ist ja nicht so, als könnte ich sie wie eine Packung abgelaufene Milch einfach in eine Mülltonne werfen und entsorgen!«

»Ich wette, selbst da fände sie einen Weg, um noch irgendeine Sauerei anzurichten«, warf Daniel dazwischen.

Ich fragte mich, ob Isas Milchbeispiel im Zusammenhang mit ihrer Mutter absichtlich gewählt war. Sollte diese denn nicht eigentlich nährend für ihre Sprösslinge sein? Was aber, wenn sie mehr Schaden zufügte, als sie vitaminreich war und sozusagen nur aus Vitamin-S für schädlich bestand.

»Vielleicht hat aber auch jeder Schmerz ein Ablaufdatum«, schaltete sich Paul dazu. »Immer dann, wenn wir ihm eines verpassen und eines Tages beschließen, unseren eigenen Weg zu gehen, ohne uns von anderen aufhalten zu lassen. Ich kann natürlich nur daraus Rückschlüsse ziehen, was du erzählt hast, aber es hört sich für mich an, als würde sich deine Mutter sehr dominant verhalten und gerne die Kontrolle behalten, ohne dabei deine Grenzen zu respektieren, ist das richtig?«

»Oh ja, und wie! Grenzen kennt meine Mutter nicht! Sie mischt sich überall ein, weiß alles besser und niemand kann es ihr recht machen. Auch ich konnte das nie. Wenn sie anderen von mir erzählt, dann bin ich ihre Bella – die schöne Bella – schon beim Namen wollte sie, dass ich etwas Besonderes bin! Aber dem konnte ich nie gerecht werden. Nie konnte ich so perfekt sein, wie sie mich haben wollte, und auch nur annähernd an sie herankommen. Zu Hause hat sie mich das spüren lassen. Ich konnte nichts richtig machen und wusste nie, wie sie gerade drauf ist. Wenn es ein guter Tag war, dann prahlte sie vor Bekannten mit mir, kaufte mir teure Kleider und spielte mit mir, als wäre ich ihre Puppe. Ihr müsst wissen – sie konnte auch unglaublich überschwänglich sein. Total euphorisch und voller Liebe! So, als wüsste sie gar nicht, wohin damit. Dann überschüttete sie mich förmlich damit. Das dauerte allerdings nie lang. Ich frage mich heute: Ist es denn überhaupt Liebe, wenn sie immer nur für einen kurzen Moment anhält? Oder war sie nur verliebt in den Moment und die Vorstellung, was sie für Liebe hält? Denn die meiste Zeit war sie gereizt und mies gelaunt. Da war es besser, gar nichts zu sagen und ihr aus dem Weg zu gehen. Ich fühlte mich wie eine Belastung, weil ich überhaupt am Leben oder gerade in ihrer Nähe war. Und diese Nähe konnte sie nicht ertragen. Sie kritisierte mich ständig und tut es immer noch!

Aber wehe, jemand anderer hat eine andere Meinung und widerspricht ihr. Im Austeilen ist sie Königin … aber einstecken? Das kann sie nicht! Meine Mutter gewinnt immer – sie kann alles, sie weiß alles, und selbstverständlich liegt sie immer richtig!«

»Klingt wie mein narzisstischer Chef – nur dass der nie mit Liebe um sich wirft. Das fände ich allerdings auch irritierend …«, meinte Charly und lachte.

»Ja, sie ist ja auch die Chefin! Das war sie immer und wäre sie heute noch gerne. Deswegen konnte ich auch nie das tun, was ich wollte. Sie hat alles vorgegeben. Wenn ich es einmal anders machen wollte, hat sie mich von oben herab angesehen und gemeint: ›Was du nicht sagst?! Du musst es ja wissen! Aber komm mir anschließend ja nicht daher und behaupte, dass ich es dir nicht bereits gesagt hätte.‹ Sie hat mir schon im Vorhinein eingeredet, dass ich es ohne sie nie schaffen würde!«

»Und wie geht es dir heute mit Vertrauen?«, fragte Paul. »Fällt es dir schwer, anderen zu vertrauen – dem Leben im Allgemeinen und vielleicht sogar dir selbst?«

Daniel sah zuerst ihn und dann Isa mit großen Augen an. Anscheinend hatte Paul ins Schwarze getroffen. Die beiden wirkten völlig fassungslos.

»Ja, ich glaube, das kann ich wirklich nicht«, sagte Isa schließlich, und Daniel nickte verhalten. Zumindest waren sie sich einig, was auch ein gewisses Maß an Vertrauen mit sich brachte.

»Kein Wunder. Du durftest schließlich zu Hause nie vertrauen und musstest wahrscheinlich immer abwägen, wie du dich zu verhalten hast«, sprach Paul weiter. »Das kann sich anfühlen, als würdest du auf einem Minenfeld laufen und wüsstest nicht, wann die nächste Sprengfalle explodiert. Da konntest du dich auf niemanden verlassen, mitunter nicht mal auf dich selbst, weil es unmöglich war, es richtig zu machen. Wie soll man denn auch *richtig* auf einem Minenfeld laufen?

Das ist gar nicht möglich, weil das Minenfeld ein sehr ungesunder Ort ist – und der denkbar ungünstigste, um Vertrauen zu lernen. Dein Grundvertrauen, immer geliebt zu werden, egal, was kommt und wie du dich verhältst, wurde letztlich immer wieder aufs Neue erschüttert. Es ist aber wichtig, um später sich und anderen Menschen vertrauen zu können. Dir wurde es damit allerdings schon sehr früh genommen. Vermutlich ging es mehr darum, die Bedürfnisse deiner Mutter zwischen all den lauernden Minen zu erahnen. Ich schätze mal, du hast dich die meiste Zeit deines Lebens damit beschäftigt, was deine Mutter möchte. Aber weißt du denn auch, was *du* willst?«

Isa schluckte. »Nein. Ich glaube, ich habe verlernt zu spüren, was ich möchte.«

»Und hast du das Gefühl, dass andere auf deine Bedürfnisse Rücksicht nehmen?«, fragte Paul nach.

Sie überlegte. »Außer Daniel ...? Nicht wirklich. Wenn ich an die Schlangengrube in meiner Firma denke, dann wohl kaum! Da ist sich jede selbst die Nächste, und sobald ich mich umdrehe, habe ich metaphorisch irgendein Messer im Rücken. Vertrauen kann ich da niemandem. Aber das Thema begleitet mich eigentlich schon mein ganzes Leben ... Mein Vertrauen wurde immer wieder enttäuscht.«

»Zumindest kannst du Daniel vertrauen! Ich hätte auch gerne einen Mann, auf den ich mich verlassen kann«, murmelte Marie vor sich hin.

»Ja, oder vielleicht hat man endlich einen und will ihn nicht!«, ergänzte Charly und klang dabei genauso unglücklich wie ihre Schwester.

»Kann es sein, dass du dein ganzes Leben lang Rücksicht auf andere genommen hast und dabei ganz dich selbst vergessen hast?«, fragte Paul weiter und sah immer noch Isa dabei an.

Ich hatte aber das Gefühl, dass sich gerade mehrere Menschen am Tisch angesprochen fühlten. Und bis auf Lukas – der den Dreh mit der

Bedürfnisverteilung zwischen sich und anderen anscheinend ganz gut raushatte, ohne dabei übertrieben egoistisch zu sein – fielen mir spontan eine ganze Reihe Menschen ein, die ständig andere vorließen, wenn es um die Erfüllung von Bedürfnissen ging. Warum stellen wir uns denn nur so gerne hinten an? Sollten wir nicht an allererster Stelle stehen und aufhören, anderen den Vortritt zu lassen, wenn es um die Verteilung des Glücks geht? Wenn wir immerzu alle anderen zuerst versorgen, geht uns doch irgendwann die Kraft für uns selbst aus.

»Wenn du selbst leer bist, bleibt am Ende nichts mehr zu geben«, setzte Paul meine Gedanken fort, und ich stimmte ihm innerlich zu. Auf Dauer ist es einfach nicht klug, sich aus der Gleichung rauszunehmen. Es wäre ein Nullsummenspiel. Wie sollen wir denn für andere da sein, wenn wir irgendwann leer und ausgebrannt sind, weil wir uns selbst vergessen haben?

»Genau so fühlt es sich an. Leer. Und zugleich unglaublich anstrengend, weil ich es immer wieder versuche, aber mich nicht von ihr lösen kann!« Isa griff nach dem Seil, das zu einem riesigen Knoten verstrickt war, und warf es neben den Ziegel. »Und so sieht das aus! Wie ein großer, ungelöster Knoten, in den ich mich verheddert habe und aus dem ich mich nicht befreien kann! Weder von ihr noch meinen Arbeitskolleginnen oder meiner boshaften Chefin, und egal, wie sehr ich mich auch anstrenge, ich habe immer das Gefühl, dass ich es gar niemandem recht machen kann! Ich habe ständig diese Schuldgefühle, Selbstzweifel und die Angst, ohnehin immer alles falsch zu machen. Wie gerne würde ich das alles lösen. Diese ganze Verstrickung einfach auflösen …«

»Wie einen gordischen Knoten?«, fragte Paul. »Wirf ihn mal zu mir rüber.«

Isa warf und Paul fing. »Kennt ihr die Sage des gordischen Knotens und seine Bedeutung?«, fragte er weiter, während er das dicke, verknotete Seil in seinen Händen drehte.

»Der gordische Knoten steht doch für eine Aufgabe, die unlösbar erscheint«, brachte sich Lukas wie ein Einserschüler ein, der nach langer Stille plötzlich seine Antikekenntnisse auf den Tisch packte.

»Ganz genau. Und das trifft es doch ganz gut, Isa, findest du nicht?«

»Oh ja, das kann man so sagen ... Diese ganze Verstrickung in sämtliche Dramen in meinem Leben scheint mir oft völlig unlösbar, und genau daran hat mich dieses verworrene Seil erinnert. Und an sie natürlich ... wegen ihr ist der ganze Knoten ja überhaupt erst entstanden! Wenn ihr also eine Lösung habt, immer her damit!

»Wie bei so vielen Aufgaben im Leben, gibt es glücklicherweise trotzdem eine Lösung«, beruhigte sie Paul. »Wenn uns die Dinge auch noch so verworren vorkommen, hängt es oft vor allem von unserer Betrachtung ab. Und manchmal liegt es auch an dem Knoten in uns, der uns daran hindert, die Lösung zu sehen. In der griechischen Sage vom gordischen Knoten geht es jedenfalls um solche kunstvoll verknoteten Seile, die an einem Streitwagen des phrygischen Königs Gordios befestigt waren und deren Entwirrung es als Aufgabe zu lösen galt. Damals dachte vor allem der König selbst, dass die Lösung gar nicht möglich wäre.«

»Streitwagen ... sehr schön, das passt ja sehr gut!«, warf Isa dazwischen.

Paul nickte. »Das Zugjoch – oder, anders ausgedrückt – das Geschirr der Pferde war untrennbar mit der Deichsel, also der Lenkung des Wagens, verbunden. Ein Orakel versprach demjenigen, der den Knoten entfesseln könnte, die Herrschaft über das Reich von Asien. König Gordios blieb vorerst überzeugt, dass es niemandem gelingen würde, den Knoten zu lösen. Fast tausend Jahre lang versuchten sich viele kluge Köpfe an der Aufgabe, den Knoten des Königs zu entwirren, bis Alexander dem Großen das scheinbar Unmögliche gelang. In zwei verschiedenen Übertragungsvarianten heißt es einmal, dass er ihn letztlich mit einem einzigen Schwerthieb durchtrennte. In der zweiten Variante habe er den Knoten mit seiner Klugheit gelöst, indem er einfach den Deichselnagel herauszog. Wenn wir uns beide Szenen hernehmen, dann haben sie eine Gemeinsamkeit: Durch eine bedachte Handlung gelang es, die Last des Wagens von der Lenkung des Zugwesens zu trennen. Wenn wir die Zügel des Lebens also in der Hand behalten möchten, dann ist es durchaus möglich, uns von dem Gewicht zu trennen, das wir vielleicht schon mehrere Jahre hinter uns herziehen – selbst dann, wenn wir denken, es wäre unmöglich, den Knoten zu lösen. Ob ihr dazu lieber einen radikalen Schnitt vornehmen wollt und euch damit wieder ganz auf euch selbst besinnt oder euch für eine sanfte Loslösung entscheidet, indem ihr den Nagel aus der Verbindungsfläche zieht, bleibt jedem von euch selbst überlassen. Das alles wurde in der griechischen Sage selbstverständlich nicht thematisiert, aber ich fand es ein schönes Bild. Außerdem würde ich euch gerne dazu anhalten, darüber nachzudenken, was die Lösung eines gordischen Knotens noch für positive Auswirkungen auf euer Leben haben könnte. Wenn wir nämlich den Wagen mit der Fracht Ziegel hinter uns lassen, heißt das nicht, dass wir nicht mit dem nötigen Abstand auch wieder Kontakt aufnehmen können oder dass es dem Karren schlecht damit geht, weil er nicht mehr gezogen wird. Ganz im Gegenteil: Mit der Loslösung wird die Unabhängigkeit beider gefördert, und erst dann ist auch wieder eine gesunde Bindung möglich. Der Wagen kann sich um sein eigenes Lenkrad kümmern, den Ausbau der Bereifung vornehmen und sich zu einem Gefährt entwickeln, das sich nicht erst mit seinem ganzen Gewicht an andere hängen muss, um gezogen zu werden und sich ganz zu fühlen. Und das Pferd vor dem Wagen kann endlich in Freiheit losgaloppieren und seine eigene Kraft und Stärke entdecken, weil es sich endlich von der Last befreit hat. In manchen Fällen kann es auch von Vorteil sein, den Wagen komplett ziehen zu lassen, weil er sich sonst immer wieder anhängen würde und damit der Leichtigkeit im eigenen Leben gehörig im Weg stehen würde.«

»Sollte der Wagen Konstantin heißen, wäre das übrigens sehr zu empfehlen«, merkte Adrian an.

»Sehr witzig«, schoss Charly zurück. »Ob sich das auch manche Frauen denken, die versuchen, sich aus der toxischen Verbindung mit dir zu befreien?«

»Dann nur, weil sie sich an mich dranhängen und niemals umgekehrt. Ich laufe mit Freude alleine durchs Leben und brauche niemanden dazu.«

»Aber hast du nicht Angst davor, in die falsche Richtung zu laufen?«, warf Marie ein.

Maries Frage löste etwas in mir aus. Ich fragte mich, ob es so etwas wie die richtige Richtung überhaupt gab. War es nicht egal, wohin wir liefen, wenn wir jeden Schritt genossen, und war es umgekehrt überhaupt möglich weiterzukommen, wenn uns eine riesige Last mit ihrem Gewicht zurückhielt? Vielleicht ist dieses Gewicht aber letztlich unser eigenes, weil wir noch nicht die Kraft haben, jemanden loszulassen, der uns das Leben erschwert. Beschweren wir uns damit aber nicht selbst? Im Grunde sind wir immer wieder mit anderen verstrickt: Das kann eine schöne Verbindung sein, aber auch eine verknotete Schlinge, die uns den Atem raubt. Womöglich müssen wir die Seile nur etwas lockern, um wieder Luft zu bekommen. Denn der Knoten löst sich nicht, wenn wir fester daran ziehen. Vielleicht ist es manchmal aber auch notwendig, erst einen sauberen Schnitt zu machen, um uns in dem ganzen Wirrwarr wiederzufinden, in dem wir uns die längste Zeit verloren haben. Eines ist sicher: Vor dem Knoten davonzulaufen wäre nicht die Lösung, denn dadurch schnürte er sich nur noch fester zu. Daran zu verzweifeln, dass es ihn überhaupt gibt, auch nicht. Schließlich kann man so einen Knoten nicht einfach wegleugnen. Sobald wir den Knoten aber annehmen und uns selbst in dem Haufen verstrickter Gefühle finden, ist es möglich, uns Stück für Stück aus der Verstrickung zu nehmen.

»Das heißt, ich soll die Verbindung mit meiner Mutter kappen?«, fragte Isa.

»Das Wichtigste ist, dich erst mal selbst in dem Knoten zu finden«, antwortete Paul, als hätte er meine Gedanken mitgelesen. Vielleicht war er aber auch schon in meinem Kopf, und ich hatte Pauls Stimme immer dabei, die mir half zu übersetzen, wenn das Leben wieder nur Chinesisch sprach.

»Das verstehe ich nicht«, meinte Isa. »Wie soll ich mich in dem ganzen Durcheinander noch finden?«

»Indem du anfängst herauszufinden, wer du in dem Ganzen bist. Was du willst und brauchst und welche Bedürfnisse *du* hast. Du warst die ganze Zeit so auf den Knoten und die Verbindung fokussiert – also darauf, was andere wollen, und hast dabei vollkommen dich selbst vergessen – wer du bist und was du möchtest.«

»Und wie finde ich das heraus ...?«

»Indem du ab jetzt darauf achtest, wie sich die Dinge für *dich* anfühlen, und du dann entscheidest, was *du* willst. So hörst du auf, ständig zu tun, was andere von dir erwarten, und fängst an, der Mensch zu werden, der du eigentlich bist. Und das, ohne ständig Rücksicht auf alle anderen zu nehmen, sondern endlich das Leben zu führen, das dir Freude bereitet.«

Isa sah Paul sprachlos an. Es schien, als wäre ihr in dem Moment klar geworden, dass ihr ein völlig anderes Leben zustand. Eines, das sie sich tief im Herzen wünschte und so viel mehr für sie bereithielt als das Leben, das sie bis dahin gelebt hatte, weil ihre Mutter es von ihr erwartete. Und obwohl Pauls Worte an Isa gerichtet waren, schossen auch Marie plötzlich die Tränen ein. Sich selbst in anderen verloren zu haben, schien ein verbreitetes Thema zu sein.

DER
KNOTEN
löst SICH
NICHT,
WENN DU
fester
DARAN
ZIEHST.

SPIONAGE UND PRALINEN

»Genau so geht es mir auch! Ich glaube, ich habe mich völlig verloren in meiner Beziehung …«, sagte Marie mit gebrochener Stimme.

»Du glaubst …?!« Charly rollte demonstrativ mit den Augen.

Kaum etwas war wohl brutaler als Geschwister, die sich die Wahrheit wie spitze Gegenstände an den Kopf warfen. Marie blickte kurz verstört zu Charly hinüber und dann wieder zurück zu Paul. »Ich rede mir immer ein, dass ich glücklich bin. So unglaublich glücklich! Und manchmal glaube ich es sogar selbst. Dabei habe ich mich längst verloren. Ich wollte doch unbedingt die Liebe meines Lebens finden, und dann … ja, dann kam Julius! Ich war überglücklich … irgendwie. Doch wirklich, am Anfang war alles wunderschön! Er ist eben mein absoluter Traummann, und ich habe es sofort gespürt! Bei einem Brunch bei einer gemeinsamen Freundin saß er mir plötzlich gegenüber, und ich konnte es kaum fassen. Er sah so unglaublich gut aus, und das tut er immer noch! Ich meine, wie kann man denn nur so aussehen …?!«

»Oh bitte … wie denn? Du tust, als wäre er der griechische Gott Adonis höchstpersönlich oder irgendein anderes übernatürliches Wesen! Für alle, die nicht so verblendet sind wie du und ihn vielleicht nicht kennen, möchte ich es gerne erklären: Ja, okay, er sieht jetzt nicht schlecht aus, vielleicht sogar ganz gut ... aber er ist auch nur ein Mensch – und vielleicht ist er auch ein ganz gut aussehender, aber leider kein besonders guter!«

»Charly, bitte! Lass mich doch mal fertig erzählen! Also ... dieser unfassbar gut aussehende *Mensch* saß mir wie bereits erwähnt direkt gegenüber. Ich konnte mich kaum konzentrieren und brachte fast keinen Bissen herunter. Er raubte mir gänzlich den ...«

»... Verstand?« Adrian grinste.

»... Appetit«, ergänzte Marie.

Charly warf Adrian einen bösen Blick zu. Sie durfte ihrer Schwester anscheinend die Leviten lesen, aber sonst wohl niemand.

»... ja, vielleicht auch den Verstand«, fügte Marie nachdenklich hinzu. »Aber am Anfang war alles einfach nur perfekt. Er fragte nach meiner Nummer und bemühte sich um mich, machte mir Komplimente ... Er war so klug, witzig und richtig aufmerksam! Und er wollte mit mir zusammen sein, das war von Anfang an klar! Das dachte ich zumindest. Danach ging alles recht schnell, wir trafen uns immer wieder und genossen die Zeit. Kurz darauf zogen wir zusammen, und ab da wurde es ihm irgendwie zu eng. Nicht gleich. Aber bald darauf. Anfangs war schließlich alles noch aufregend: die ersten gemeinsamen Filmabende auf der Couch, romantische Abendessen, wenn ich ihn bekochte ... Er schien meine Nähe richtig zu genießen und wollte mich ständig um sich haben. Es gab einfach nur uns beide! Ich war so unglaublich verliebt ... und bin es immer noch! Aber nach ein paar Monaten geschah es irgendwie schleichend und er verlor das Interesse an mir. Er kam abends später nach Hause, war immer öfter mit seinen Freunden aus oder ›beruflich‹ unterwegs, wie er es nannte. Ich frage mich bis heute, auf wie vielen beruflichen Veranstaltungen man denn eingeladen sein kann?! Das kam mir irgendwie eigenartig vor. Bei gemeinsamen Abenden mit

Freunden fing er plötzlich an, sich abwertend über mich zu äußern und sich über mich lustig zu machen. Bei allem, was ich sagte, verdrehte er die Augen. Und das ist auch jetzt noch so. Wenn er betrunken ist, beschimpft er mich sogar, und es ist ihm völlig egal, ob ich dann heule oder wie sehr es mich trifft. Er meint danach, ich bilde mir das alles nur ein. Er rückt sich die Dinge eben immer so zurecht, wie er sie gerade braucht. Und wenn ihm etwas nicht passt, bestraft er mich tagelang mit Liebesentzug und ignoriert mich einfach. Er behandelt mich dann, als wäre ich Luft! Dabei löst er sich selbst in Luft auf, wenn mir mal etwas wichtig ist. Zu Familientreffen geht er beispielsweise schon lange nur noch mit, wenn es ihm in seinen straffen Zeitplan passt, und das ist äußerst selten. Meistens ist er zu müde vom Vorabend, weil er mit seinen Freunden feiern war. Wenn ich dann wissen will, wie es war und wo sie den Abend verbracht haben, rollt er mit den Augen und meint, ich wäre wie die Stasi und würde ihn ständig kontrollieren. Er vergleicht mich tatsächlich mit der Geheimpolizei! Und das Schlimme ist: Er hat am Ende sogar recht damit. Dabei wollte ich damals doch einfach nur wissen, wo er war und wann er wieder heimkommt. Das fragt man doch, wenn man in einer Beziehung ist, oder etwa nicht?«

»Ja, er redet dir ja auch nur ein, dass etwas nicht stimmt mit dir«, antwortete Charly. Mittlerweile war klar, dass sich ihre Sympathiepunkte für Julius wohl eher im Minusbereich befanden.

Marie nickte. »Ich hab ihm nie davon erzählt«, sprach sie weiter, »aber an solchen Abenden, wenn er sich köstlich amüsiert, sitze ich stundenlang am Fenster, starre auf die Laterne in der Gasse und male mir die schlimmsten Dinge aus. Ich stelle mir vor, wie er erst gar nicht auf dieses Firmenevent gegangen ist, sondern sich heimlich mit einer anderen Frau trifft und womöglich die halbe Nacht mit ihr verbringt. Dabei überkommt mich diese unendlich große Unsicherheit, die mich wie eine Lawine förmlich überrollt, und ich am Boden der eiskalten Vorstellung liege, dass er mich ohnehin längst betrügt. Ich frage mich manchmal, warum es mir überhaupt noch Sorgen bereitet, wenn ich es doch bereits fühle. Letztendlich verliere ich mich völlig in dieser Vorstellung und leide still vor mich hin. Trotzdem weiß ich, dass ich ihn nicht damit konfrontieren kann, weil er immer völlig gereizt reagiert, wenn ich irgendwelche Fragen stelle. Ihr erinnert euch: Für ihn fühlt sich alles an wie ein Verhör! Als lebte er im diktatorischen Regime! Mit mir! Er wirft mir schon seit so langer Zeit vor, ich hätte Verfolgungswahn, bis ich es irgendwann selbst geglaubt habe. Und trotzdem macht es mich wahnsinnig.«

»Als wäre er völlig unschuldig! Das glaubt ihm doch kein Mensch!«, warf Charly aufgebracht dazwischen.

»Eben. Genau deshalb bin ich dann eines Abends förmlich durchgedreht zu Hause. In einem schwachen Moment begann ich – und nein, ich bin alles andere als stolz darauf –, seine Sachen zu durchforsten. Nicht sein Handy, weil das bewacht er wie seinen Augapfel, und schon allein das kam mir verdächtig vor – aber ich fing an, mir jeden einzelnen Kontakt seines Instagram-Accounts durchzusehen. Jede Frau, die ihm folgte oder er ihr! Das müsst ihr euch mal vorstellen! Das sind Hunderte Frauen, deren Profile ich mir da reinzog und überlegte, woher sie sich wohl kennen konnten. Auf der Suche nach einer Antwort entwickelte ich beinahe schon Spionagefähigkeiten in meinem eigenen kleinen Geheimdienst, den er mir ja ohnehin immer unterstellt hatte. Zu jenem Zeitpunkt erschuf ich ihn tatsächlich. Gerade weil er so ein Geheimnis aus allem macht, war ich sicher, dass es eines gab. Es war wie eine Mischung aus Besessenheit, endlich etwas zu finden, und Angst, dass es tatsächlich so sein konnte. Dazu kam diese unendliche Scham, die mich ständig überkam, weil ich nur noch mehr an mir selbst zweifelte. Aufhören konnte ich aber nicht. Ich fragte mich bei jedem einzelnen Foto, ob diese Frau sein Typ sein könnte und ob sie in die engere Wahl kam. In meinem Kopf startete ein ganzer Horrorstreifen schrecklicher Szenen, in denen er mich längst betrog. Und glaubt mir, von Lustgewinn war hier keine Rede! Erst wenn ich irgendwelche anderen Männer auf den Instagram-Bildern entdeckte und sämtliche Hashtags durchforstet hatte, die Hinweise darauf geben konnten, dass diese Frau gar nicht Single, sondern in einer Beziehung war, konnte ich davon ablassen. Ich weiß, das klingt krank, und genauso fühlt es sich auch an! Ich befinde mich in einem kranken Teufelskreis, der mich immer erst durchatmen lässt, wenn Julius wieder einen Abend mit mir zu Hause auf der Couch verbringt oder friedlich neben mir im Bett liegt. Und selbst dann überlege ich, ob irgendwas an ihm anders riecht und wo er wohl die Stunden davor gewesen ist. Es macht mich völlig irre. Irgendwann schnappte ich mir sein iPad und schaffte es in seine Inbox ...«

»Nein, das hast du nicht ...?!« Es war nicht ganz klar, ob Charly entsetzt oder begeistert war. Überrascht war sie allemal.

»Doch. Und auch hier könnt ihr euch vorstellen, wie sehr ich mich dafür schäme. Also falls ihr mich jetzt verurteilt, solltet ihr wissen: Ich verachte mich selbst dafür mehr, als es irgendjemand anderer je tun könnte!«

»Niemand verurteilt dich hier, Marie ...« Charly nickte ihrer Schwester liebevoll zu.

»Aber ich weiß doch, wie falsch das alles war und dass ich mir selbst nur noch mehr damit geschadet habe! Ich konnte nur nicht anders. Dieses bitter quälende Gefühl zerfraß mich förmlich von innen, und ich wollte endlich wissen, ob es stimmte oder ob ich mir das alles nur einbildete. Und auch wenn ich wusste, dass ich mich nur selbst damit zerstörte, konnte ich mich einfach nicht stoppen. Ich fand zwar nichts Stichfestes, aber trotzdem ein paar Nachrichten mit Frauen, die ich nicht kannte, und ich frage mich, warum er überhaupt mit ihnen schrieb, wenn er doch mit mir zusammen ist.

Es ging immer um dasselbe: Er glänzte mit seinem Humor, und sie schrieben ihm, wie toll er war. Zwischen all den Nachrichten war ich nicht mehr sicher, wer hier die toxische Person war. Er für mich. Er für sie. Oder ich für mich. Es fühlt sich einfach nur ungesund und nicht richtig an! Das tut man doch nicht, wenn man in einer Beziehung ist! Irgendwann stieß ich dann auf Konversationen, die zwar lange vor unserer Zeit lagen, aber es kam mir beim Durchlesen regelrecht das Kotzen! Da stand alles: dieselbe Masche, beinahe exakt dieselben Worte, die er mir damals bei unserem Kennenlernen nach dem Brunch geschrieben hatte. Als hätte er die Worte einfach kopiert und die Namen getauscht! Es war alles nur ein Spiel für ihn. Ein völlig verdrehtes, falsches Spiel, das er ganz offensichtlich nicht zum ersten Mal spielte und auch bestimmt nicht zum letzten Mal spielen würde. Und es war verlogen. Denn so einzigartig, wie er unseren Anfang immer darstellt, war er ganz und gar nicht. Es kam mir plötzlich alles wie eine riesige Lüge vor – rein gar nichts schien mir mehr echt zu sein. Aber ich konnte ihn auch nicht darauf ansprechen, weil ich wusste, wie wichtig Julius sein Freiraum ist. Obwohl ich mich belogen fühle, musste ich ihn selbst belügen und so tun, als wüsste ich es nicht. Dazu möchte ich erwähnen, dass es Julius selbst nicht ganz so genau mit der Ehrlichkeit nimmt. Wie oft habe ich ihn schon dabei erwischt, wenn er mir irgendeine Lüge auftischte oder nur einen Teil der Wahrheit erzählte und er sich später geschickt herauswand. Aber wehe, jemand macht dasselbe mit ihm! Es wäre das Schlimmste für ihn. Er würde es mir ewig vorwerfen, das weiß ich – und er könnte es mir nie verzeihen! Aber die Sache ist doch so: Hätte ich je das Gefühl gehabt, ihm vertrauen zu können, hätte ich niemals damit begonnen, ihm hinterherzuspionieren! Und hätte ich die Sicherheit gehabt, dass er diese Beziehung genauso will wie ich, dann könnte ich mich auch endlich fallen lassen! Aber das alles war nie der Fall. Irgendwie kam dann die Pandemie dazwischen, und so furchtbar sie war, so sehr hatte ich gehofft, dass es uns die Nähe bringen würde, die wir brauchten. Die Wahrheit ist: Julius braucht diese Nähe gar nicht. Er will sie einfach nicht. Je länger wir im Lockdown saßen, desto ungeliebter habe ich mich gefühlt, weil ich gespürt habe, dass er meine Nähe nicht erträgt.«

»Es ist doch so, Marie – er macht einfach, was er will, ohne auf dich Rücksicht zu nehmen, und du bist ihm völlig verfallen!«, schaltete sich Charly wieder ein. »Julius hier, Julius da, als wäre er irgendein Wunder, in dem du deine Erlösung suchst, aber doch nie findest.«

»Da redet die Richtige! Hätte ich einen Cent für jedes *›Aber Konstantin …‹* bekommen, säße ich jetzt in meiner Villa am Bondi Beach und ließe mir Cocktails mit Schirmchen servieren, auf denen *Konstantin-free holidays* gedruckt stünde.« Adrian hatte anscheinend seine ganz eigene Meinung dazu.

»Ja, ja, passt schon, Adrian! In Wahrheit bist du doch genau wie Konstantin oder Julius! Und ich weiß auch, wer dir deine Schirmchen-Cocktails servieren würde: bestimmt irgendeine liebenswerte, junge Frau, die mit halb gebrochenem Herzen darauf hofft, dass du dich endlich für sie entscheidest …«

»Aber Julius hat sich doch für mich entschieden! Immerhin sind wir zusammen!«, unterbrach sie Marie.

»Hat er das wirklich, oder hast du einfach nur Angst, er könnte sich jeden Moment umentscheiden?«

»Ich frage mich, warum ihr euch das immer antut?« Adrian schüttelte den Kopf. »Und ja, natürlich lasse ich mir alles auf dem Silbertablett servieren! Genau wie eure beiden Typen. Warum auch nicht? Wenn ihr euch schon so anbietet, weshalb sollten sie denn bitte Nein sagen?! Das Herz brecht ihr euch aber immer nur selbst dabei. Oder warum hast du dieses Spiel mit Konstantin damals monatelang gespielt, Charly? Weil du tief drinnen doch für gar nichts anderes bereit warst! Du dachtest, nicht mehr verdient zu haben. Dabei hättest du dich lieber um dich kümmern sollen. Aber du wolltest ja lieber ihn davon überzeugen, dass du liebenswert bist, und hast alles getan, damit er dich endlich will! Aber will man jemanden, der sich selbst nicht will? Du hast dir eingeredet, dass du ihn geliebt hast. Vielleicht denkst du das sogar immer noch! Aber das ist keine Liebe, das ist Selbstaufgabe! Jemandem ständig gefallen zu wollen und mit reizenden Verführungskünsten um den Finger zu wickeln, ist das Gegenteil davon. Du hast ihn doch nur so großartig gefunden, damit er das auch endlich in dir sieht. Aber du? Du siehst es nicht! Er hatte nämlich keine Gefühle für dich – er hatte Penis für dich! Und hat er seinen Vorteil daraus gezogen, wie du dich verhalten hast? Ja, natürlich! Er wäre dumm gewesen, hätte er es nicht getan! Du magst doch Schokolade, oder etwa nicht? Gibt es überhaupt Menschen, die keine Schokolade mögen? Also, stell dir vor, jemand hält dir ständig eine Praline vor die Nase: Natürlich greifst du zu! Und genau das hat er getan. Aber nicht, weil er sie so liebt, sondern weil sie schon mal da war und ständig vor seiner Nase gebaumelt ist. Und wenn er fertig war, dann hast du nachgereicht. Irgendwann hat er sich dann daran satt gegessen. Zu viel ist einfach nie gut! Da verdirbt man sich den Magen. Abgesehen davon, dass es furchtbar anstrengend sein muss, immer so süß sein zu wollen, wird einem irgendwann ganz übel davon. Das ist doch nicht gesund!«

Adrian schwenkte seinen Kopf zu Marie. »Und zu dir, Miss Marple. Du hast einfach kein Selbstvertrauen, deshalb traust du ihm auch nicht! Es hat also eigentlich mehr mit dir als mit ihm zu tun. Wem du in Wahrheit nicht traust, bist du selbst! Du traust dir nicht zu, wirklich geliebt zu werden. Deshalb hast du ihn ja überhaupt erst ausgesucht! Du bist doch nur mit diesem Typen zusammengekommen, weil du nicht an dich glaubst und von Anfang an wusstest, dass du ihm nie wirklich vertrauen kannst. Jeder, der Julius kennt, weiß das. Und du weißt es auch! Du wusstest es von Anfang an, und deshalb war er auch so interessant! Tief drinnen war dir klar, dass du ihn nie ganz haben kannst. Er macht nicht mal ein Geheimnis daraus, dazu muss man also gar nicht Miss Marple sein! Er macht sein Ding, und wenn du bleibst, ist es gut, und wenn nicht, dann auch. Aber jetzt frag ich dich: Kann Julius etwas dafür, dass es dir an Selbstvertrauen mangelt und du ständig in dieser Angst lebst, er könnte dich verlassen, weil du dich selbst irgendwann verlassen hast? Oder solltet ihr beiden vielleicht einmal gehörig eure Männerwahl überdenken? Ich weiß genau, dass ihr mich für das Arschloch haltet. Genau, wie ihr denkt, sie und ich, wir wären die Bösen! Aber in Wahrheit hat Charly jetzt einen netten Kerl an ihrer Seite, und was ist passiert?! Sie will ihn nicht! Weil sie tief drinnen denkt, nichts anderes als ein Arschloch verdient zu haben. Und kann das irgendein Mann auf dieser Welt für sie ändern? Nein! Das könnt ihr nämlich immer nur selbst. Wenn ihr endlich begreift, dass niemand anderer für euer Glück verantwortlich ist, sondern nur ihr! Und deshalb hat auch niemand Schuld daran, wenn es euch nicht gut geht in euren Beziehungen oder solchen, die nicht mal welche sind. Die Einzigen, die das ändern können, seid ihr selbst! Du, Marie, indem du Julius in die Wüste schickst und aufhörst, irgendwelche selbst konstruierten Krimis abzudrehen, die ganz bestimmt kein Happy End haben werden – und du, Charly, indem du dir endlich gestattest, geliebt zu werden. Und vielleicht fängst du am besten gleich mit dir selbst an!«

Die beiden sagten kein Wort mehr. Ob sie Adrian mit ihrem Schweigen recht gaben oder einfach nur unter Schock standen, war noch nicht ganz klar. Was allerdings deutlich wurde, war, warum Adrian keine Samthandschuhe, sondern die aus Leder trug.

Hör auf,
dir selbst
das Herz
zu brechen,
und fang an,
die richtige
Wahl
zu treffen.

DER EINE FÜR KEINE

Es ist immer hilfreich, sich die eigene Welt auch aus einer anderen Perspektive anzusehen, um das große Ganze erkennen zu können«, meldete sich Paul zu Wort, der den beiden aufmerksam zugehört hatte. »Also vielen Dank für deine klare und durchaus interessante Sichtweise, Adrian ... und natürlich auch dir, Marie, für deine Ehrlichkeit. Es ist dir bestimmt nicht leichtgefallen, das alles mit uns zu teilen und so ehrlich zu uns, aber vor allem auch zu dir selbst zu sein. Das erfordert große Stärke. Eine, die du dir manchmal selbst vielleicht gar nicht zutraust, obwohl sie ganz offensichtlich in dir steckt. Die ganze Kraft, die du dafür aufwendest, um herauszufinden, ob Julius dich wirklich liebt, zeigt deutlich, wie viel Energie in dir steckt. Die Frage ist nur, ob du sie nicht besser einsetzen könntest. So ein Geheimdienst ist nämlich sehr anstrengend. Oder was würdest du sagen – wie fühlt sich diese Undercover-Spionageagentin in dir?«

»Klein ... voller Zweifel ... und sie hat Angst aufzufliegen!«

»Womit?«

»Mit mir selbst wahrscheinlich. Dass ich gar nicht so bin, wie er mich will.«

»Weißt du denn, wie er dich will?«

»Leider nein. Aber ich versuche es herauszufinden.«

»Und was willst *du*?«

»Na, ihn!« Marie sah Paul an, als wäre es die klarste Sache der Welt und als hätte er da auch selbst daraufkommen können.

»Ich verstehe. Und wonach suchst du, wenn du im Spionagemodus bist?«

»Ich weiß es gar nicht so genau, wahrscheinlich nach Beweisen, ob da wirklich etwas mit anderen Frauen läuft. Und ob er mich überhaupt lieben kann.«

»Denkst du, es geht dabei wirklich um diese anderen Frauen? Oder wäre es möglich, dass du nach Gründen suchst, warum hier etwas falsch sein könnte, weil du im Innersten denkst, dass etwas mit *dir* falsch ist? Vielleicht hast du dich auf die Suche nach Beweisen gemacht, um dir selbst zu beweisen, dass er dich gar nicht liebt und dich verlassen wird, weil das deine größte Angst ist?«

Marie blickte Paul mit glasigen Augen an, deren unterer Rand bis zur Hälfte der Pupillen bereits mit Tränen gefüllt war. Es schien etwas in ihr aufgebrochen zu sein. »Vielleicht erwarte ich, dass er mich betrügt, weil ich mich selbst für die größte Betrügerin halte. Schließlich tue ich so, als wäre alles in Ordnung. Dabei denke ich die ganze Zeit, dass etwas nicht stimmt. Und ja, das wäre dann wohl ich! Es stimmt doch etwas nicht mit mir! Sonst würde mich doch nicht jeder Mann verlassen oder erst gar keine Nähe mit mir ertragen. Sie laufen mir schließlich alle davon ... und natürlich bin ich der Grund! Wer denn sonst?! Ich habe es so satt. Diese ewige Suche! Was, wenn es Julius wieder nicht ist?! Also wenn *er* es nicht ist! Was geschieht dann? Ich weiß es ganz genau: Dann beginnt alles wieder von vorne! Diese Unsicherheit, nicht zu wissen, wie es weitergeht! Und ob ich überhaupt irgendwann von jemandem richtig geliebt werde und eine glückliche Beziehung führen kann – wie es doch Millionen andere Menschen tun. Nur ich nicht! Ich bin so müde. Ich will endlich ankommen! Ich möchte, dass er ein für alle Mal aufhört – dieser immer wiederkehrende, permanente Gedanke, um den sich alles dreht: ihn endlich zu finden! Den Einen! Deshalb steht auf meinem Ziegel auch nicht Julius. Sondern: ›DER EINE‹. Und wenn ich darüber nachdenke, möchte ich mich manchmal am liebsten selbst loswerden. Also nicht ganz, aber diesen Teil von mir, der immer unsicher ist und ständig denkt, es nicht wert zu sein, geliebt zu werden! Der wie in einer Endlosschleife davon überzeugt ist, nicht gut genug zu sein, und denkt, dass die ganze Welt Liebe verdient hat, nur ich nicht! Ich weiß, wie absurd das klingt, aber genau so fühlt es sich nun mal an! Ich zweifle schon ein Leben lang an mir. Und genau so lange wünsche ich mir auch, dass jemand kommt, mich liebt und endlich bleibt! Dieser *Eine*, wer auch immer das sein mag. Und an den ich wahrscheinlich selbst am allerwenigsten glaube, dem ich aber trotzdem innerlich hinterherjage, weil ich an dem Gedanken festhalte, dass es doch jemanden geben muss, der mich lieben kann! Aber es passiert einfach nicht. Dieser Scheißziegel zieht mich hinunter, und da unten ist nicht viel mit Leichtigkeit! Da liegt es sich relativ unbequem …«

»Willkommen im Club«, meldete sich Isa verhalten.

Das Gefühl schien also nicht nur *eine* in der Runde zu betreffen.

»Entschuldigung?« Daniel warf ihr einen mahnenden Blick zu. »Du hast *den Einen* ja hoffentlich schon gefunden …?!« Er schmunzelte liebevoll, womit klar war, dass er gar nicht daran zweifelte.

»Natürlich. Aber ich meine das Gefühl, nicht gut genug zu sein! Das kann einem leider auch *der Eine* nicht nehmen …«

Marie sah Isa überrascht an. Ich hatte das Gefühl, dass es gut war, dass sie es aus ihrem Mund hörte und dadurch vielleicht die Illusion ziehen lassen konnte, dass jemand anderer daherkäme und sie wie ein Ritter aus der Burg ihrer Selbstzweifel rettete.

»Das ist alles nur, weil ihr euch das Leben selbst so schwer macht!«, gab Adrian wieder seinen Senf dazu, der – wie erwartet – nicht allen schmeckte.

»Ja, Herr Oberschlau ... das mag schon sein!«, konterte Charly ebenso scharf. »Ich habe trotzdem nicht das Gefühl, dass du diese Leichtigkeit, von der du immer sprichst, auch wirklich lebst! Es mag sein, dass Marie auf der Suche ist – so, wie ich es war, oder immer noch bin – und so viele andere es ebenfalls sind. Und ja, diese Suche ist unglaublich anstrengend. Marie weiß das, genau wie ich auch – deshalb stellt sie sich dem allem ja! Aber zumindest macht sie sich nichts vor und tut so, als hätte sie die Weisheit mit dem Löffel gefressen. So wie du vielleicht, Mr Lonely Rider! Wenn du denkst, dass es sich um die Glückswelle handelt, auf der du da reitest, dann hast du dich ganz schön versurft, mein Lieber! Du bist doch längst in irgendeiner Strömung gefangen, die dich von dir selbst wegzieht! Auch wenn du denkst, du hättest alles unter Kontrolle – das stimmt einfach nicht! In Wahrheit bist du getrieben und steckst mitten in diesem Strudel, der dich von allem fernhält. Vielleicht bist du nicht auf der Suche, weil du schon längst aufgegeben hast. Dafür bist du auf der Flucht! Vor jeder Frau, die deinem Herzen nur einen Hauch zu nahe kommen könnte, aber vor allem vor echten Gefühlen – weil du Angst hast, sie könnten dich umwerfen! So stabil, wie du denkst, stehst du nämlich gar nicht auf deinem Brett, und mittlerweile bist du schon so weit aufs Meer geflüchtet, dass du selbst nicht mehr weißt, wie weit du abgetrieben bist und wo du überhaupt hinwillst. Hauptsache, schnell weg!«

Wenn man den beiden so zuhörte, konnte man hin und wieder den Eindruck bekommen, sie hassten sich oder konnten sich zumindest nicht leiden. Dabei lag in ihrer Unterschiedlichkeit vermutlich genau die Qualität ihrer Freundschaft. So konfrontierten sie einander mit dem Kontrast des Gegensatzes und gewannen einen wertvollen Einblick in die Perspektive der jeweils anderen Seite. Wie uns Paul schon anfangs erklärt hatte, ging es im Leben schließlich nicht darum, recht zu haben. Und trotzdem ist es wichtig zu wissen, wo wir stehen, wohin wir wollen und ob es anderen überhaupt möglich ist, uns zu begleiten. Vielleicht stehen sie ja ganz woanders, und wir könnten dann noch so laut rufen, sie würden uns nicht hören, weil die Distanz einfach zu groß ist.

»Wir erkennen in anderen vor allem uns selbst«, erklärte Paul weiter. »Und das kann manchmal auch richtig schmerzhaft sein. Vor allem dann, wenn sie uns zeigen, wo wir selbst noch wachsen können. Was uns an anderen aufregt, zeigt uns vor allem unsere größte Wachstumschance. Unsere Freundschafts- oder Partnerwahl geschieht daher nie rein zufällig. Es gibt einen Grund dafür, warum Charly Konstantin so spannend fand, oder was Marie an Julius fasziniert. Es ist meistens das, was ihr selbst noch nicht leben könnt, aber nun die Chance habt, all das in euch zu integrieren. Dasselbe gilt auch für eure Freundschaften. Wenn es Charly aufregt, dass Adrian einfach auf seinem Brett wegsurft, dann vielleicht weil sie selbst gerne unabhängiger wäre. Und wenn Adrian sich daran stößt, dass Charly und Marie sich nach mehr Nähe sehnen, dann vielleicht deshalb, weil er sie selbst noch nicht leben kann.« Paul wandte sich wieder Marie zu. »Lass mich raten: Julius hat dich vor allem deshalb fasziniert, weil er so selbstbestimmt, frei und spontan ist. Er hält sich an keine Regeln und kümmert sich nicht darum, was andere über ihn denken. Er macht einfach sein Ding und geht seinen Weg. Besonders viel Rücksicht auf andere nimmt er dabei vermutlich nicht.«

»Habt ihr euch bereits kennengelernt?« Marie musste lachen.

»Oder sprichst du von mir?«, brachte sich Adrian ein und machte sich dadurch wieder zum Mittelpunkt.

»In gewisser Weise ja«, meinte Paul. »Vom Typ her seid ihr euch da sehr ähnlich.«

»Typ Arschloch, oder wie ...?« Adrian grinste.

»Das hast *du* gesagt«, hielt Paul souverän entgegen. »Aber ich würde behaupten, du liebst Diskussionen und eckst gerne an, weil du weißt, dass deine Aussagen für Diskussionen sorgen und du damit provozierst und dir genau das Spaß macht. Damit kennst du dich aus. Es liegt dir, anderen zu widersprechen, weil es dir höchstwahrscheinlich das Gefühl gibt, dass du anders und damit etwas ganz Besonderes bist. Genau das versuchst du dir damit vielleicht immer wieder zu beweisen, weil normal zu sein eine Beleidigung für dich wäre. Es ist vermutlich das Außergewöhnliche, das dich fasziniert, und du möchtest wahrscheinlich, dass andere genau das in dir sehen.«

»Ja, sicher! Wer will denn nicht außergewöhnlich sein? Normal ist doch durchschnittlich! Und Durchschnitt verliert. Nur wer sich abhebt von der Masse, bringt es weiter im Leben!«

»Die Frage ist, woher dieser Wunsch, besonders zu sein, stammt, und ob dieser Glaubenssatz, es sein zu müssen, nicht unheimlich anstrengend ist. Könnte dahinter nicht vielleicht die große Angst stecken, nicht wertvoll genug zu sein und so ständig den eigenen Wert beweisen zu müssen? Vielleicht ist es ja gar nicht notwendig, der Welt immer zeigen zu müssen, ganz besonders zu sein, weil ohnehin jeder Mensch besonders ist. Schließlich ist niemand exakt gleich – wir sind alle anders, und schon deshalb etwas Besonderes.«

»Gleich langweilig?«

»Oder immer angetrieben, das Gegenteil beweisen zu müssen. Es gibt jedenfalls einen Unterschied zwischen Authentizität und Rebellion. Wer authentisch ist, folgt keinem Zwang. Und so sehr du dich genau davor sträubst – nämlich dich in irgendeine Form eines Anspruchs zwängen zu lassen –, so sehr zwingst du dich selbst in ein Bild, dem du dabei versuchst, immer gerecht zu bleiben.«

»Und was soll das für ein Bild sein?«

»Das des Unabhängigen. Es scheint, als möchtest du es um jeden Preis bleiben.«

»Aber es ist doch gut, unabhängig zu sein!«

»Wenn diese vermeintliche Unabhängigkeit bedeutet, dass sie jegliche Bindung ausschließt, dann führt sie allerdings erst recht zu Abhängigkeit: und zwar davon, ständig auf der Flucht sein zu müssen. Das ist das Gegenteil von frei. Das ist sogar ziemlich unfrei. Statt dich zu öffnen, steckst du dann in der Vermeidung fest.«

»Siehst du!« Charly fühlte sich bestätigt.

»Ja, und genau das ist es, was euch vereint«, klärte sie Paul auf. »Adrian, Marie und du – ihr sitzt alle drei in einem Gefängnis. Adrian aus Angst, die Kontrolle zu verlieren. Marie aus Angst, Julius zu verlieren, und du aus Angst, dich selbst zu verlieren. Und alle haben ihren Ursprung in der Angst, irgendwelche Erwartungen nicht erfüllen zu können und am Ende verlassen zu werden. Ob ihr dabei auf der Flucht oder auf der Suche seid, läuft im Endeffekt auf dasselbe hinaus. Sie werden euch nicht von der Angst befreien, denn auf der Flucht ist es genauso einsam wie auf der Suche. Ihr alle versucht, den Schmerz zu vermeiden, und begebt euch damit mitten hinein. Adrian, indem er versucht, aus dem Gefängnis zu flüchten, es aber immer weiter in sich selbst herumträgt, und du und Marie, indem ihr euch mitten hineinsetzt und wartet, dass euch jemand den Schlüssel bringt, damit ihr endlich frei seid. Echte Freiheit ist es aber erst dann, wenn ihr anfangt, euch anzunehmen, wie ihr seid, und niemandem euren Wert beweisen müsst. Dann braucht ihr nicht vor anderen flüchten, weil euch gar niemand gefährlich werden kann. Wer könnte euch auch gefährlich sein, wenn ihr eure Grenzen kennt? Und wem müsstet ihr beweisen, dass ihr liebenswert seid, wenn ihr es ohnehin bereits fühlt? Wenn ihr die Liebe in euch findet, müsst ihr gar niemand anderen überzeugen. Es gibt nichts, was ihr kontrollieren, wovor ihr flüchten oder was ihr suchen müsst.«

Ich hatte das Gefühl, dass es niemanden am Tisch gab, der sich nicht irgendwie in dem wiederfand, was Paul gerade erzählte.

Waren wir nicht alle schon mal an dem Punkt gewesen, an dem wir unaufhörlich rannten und uns irgendwann die Puste ausging? Ob wir dabei vor uns selbst davonliefen oder in irgendjemandes Arme, die verschränkt blieben, machte am Ende gar keinen Unterschied. Es brachte uns nicht weiter.

»Was erwartest du denn, was dir *der Eine* geben könnte?«, fragte Paul weiter und blickte zu Marie.

»Das Gefühl, endlich geliebt zu werden«, antwortete sie wie aus der Pistole geschossen. Beinahe so, als hätte sie schon ein Leben lang darauf gewartet, diesen Satz endlich laut auszusprechen.

»Und wo befindet sich dieses Gefühl?«

»Wie?«

»Stell dir vor, du fühlst dich endlich geliebt. Wo wäre dieses Gefühl?«

»Na, in mir.«

»Und wo denkst du, dass du es finden wirst?«

Auf der *Flucht*
ist es
genauso einsam
wie *auf der Suche.*

DIE TASCHEN VOLLER STEINE

Paul blickte auf die Uhr. »Bevor wir mit den Steinen weitermachen und zur Auswahl und Bedeutung eurer Symbole kommen, schlage ich vor, dass wir eine kleine Mittagspause einlegen. Im Restaurant in der Seestube könnt ihr ein paar Gerichte à la carte auswählen. Hannes, der Küchenchef, ist extra für uns ins Hotel gekommen und wird uns mit ein paar Köstlichkeiten verwöhnen.«

Ein Blick auf mein Handy verriet, dass es bereits kurz nach halb eins war, und als hätte mein Bauch damit das ultimative Signal bekommen, meldete er sich auch gleich mit einem leisen Knurren. Lukas warf mir ein leichtes Nicken zu, das Richtung Tür deutete, und wirkte dabei ganz beseelt. Ob er sich mehr auf die Pause oder das Essen freute, konnte ich noch nicht sagen. Er hatte sich nun schon eine ganze Weile still verhalten, aber auch schon länger keine spitzen Bemerkungen mehr von der anderen Seite des Tisches abgefeuert. Das hielt ich für ein gutes Zeichen.

Kurz nachdem ich mich also freute, dass es im Grunde doch recht gut lief, bog Paul aber noch mit einem klitzekleinen Anliegen um die Ecke: »Ich bitte euch, eure Ziegelsteine mit zur Seestube zu nehmen. Um genauer zu sein: nicht nur dorthin. Egal, wo ihr ab jetzt hingeht, nehmt bitte euren Stein mit«, sagte er, als wäre es das Normalste der Welt und stieß dabei auf wenig Begeisterung.

»In meinem Fall dann sogar beide?!« Charly wirkte beinahe empört.

»Ja. Wenn du zwei Steine ausgewählt hast, dann nimm bitte auch beide mit.«

»Na toll … die sind doch gar nicht leicht …«

»Stimmt«, meinte Paul und ließ sich weder von seinem Plan abbringen noch von irgendeinem Gezeter umstimmen.

Isa und Daniel verließen den Raum als Erste mit ihren Ziegelsteinen. Sie beklagten sich gar nicht, was entweder von großem Pflichtbewusstsein oder einer bedenkenlosen Annahme von schweren Aufgaben im Leben zeugte. Ob das jedoch so eine gute Sache war, war jedoch dahingestellt. Besonders Isa hatte wohl Übung darin, sich anderen einspruchslos zu beugen, und auch Daniel wirkte beinahe eine Spur zu gelassen dabei. Er schien sich davon zumindest nicht den Tag vermiesen zu lassen, was wiederum eine gute Sache war. Charly zeigte sich da schon um einiges widerwilliger. Immerhin hatte sie zwei Ziegelsteine zu schleppen und wusste nicht so recht, wohin damit, deshalb drückte sie gleich einen Marie in die Hand, die gerade dabei war, ihren eigenen in ihrer Tasche zu verstauen, und immer noch recht aufgewühlt wirkte. Pauls Worte hatten wohl einiges in ihr bewegt. Adrian schüttelte nur den Kopf und klemmte sich den Stein lässig zwischen die seitliche Brust und seinen inneren Oberarm, womit er vermutlich ausdrücken wollte, dass ihm so ein dummer Ziegelstein rein gar nichts anhaben konnte. Lukas sah mich eher fragend an, und ich befürchtete schon, dass der Stein ihm die Euphorie für das bevorstehende Essen wieder nehmen könnte, wusste aber auch, dass ihn im Allgemeinen nichts so leicht aus der Ruhe brachte. Was mich selbst anbelangte, fiel mir auf, dass ich mir anscheinend die meisten Gedanken darüber machte, wie es allen anderen mit ihren Steinen erging, bevor ich überlegte, wie ich meinen eigenen aus dem Raum bekam.

»Gut, dann kommt der doofe Stein eben mit.« Lukas wirkte gleichgültig. »Wenn das irgendjemandem weiterhilft …«

»Wird es. Es gibt sicher einen Grund dafür, warum Paul uns das machen lässt!«, antwortete ich und packte meinen Stein in meine Tasche, während Lukas seinen auf der offenen Handfläche balancierte.

»Das ist also der Grund, warum ihr Frauen immer Taschen mit dabeihabt: um möglichst viel mit euch herumzuschleppen. Wer weiß, was sich noch alles darin befindet: Selbstzweifel, Verlassensängste … irgendwelche Ex-Freunde!«

»Als ob das nur auf Frauen zutreffen würde!«

»Mag sein … zumindest haben wir nicht auch noch Taschen dafür, in denen wir jede Menge unnütze Dinge anhäufen«, sagte er, und seine Stimme wurde dabei deutlich leiser. Dann drehte er sich geheimnisvoll um und stellte sicher, dass bereits alle außer uns den Raum verlassen hatten. »Ich bin doch nicht wie Adrian, oder?«, flüsterte er.

»Du bist in einer Beziehung. Hast du denn das Gefühl, dass du flüchtest?«, fragte ich etwas lauter, weil außer uns gar niemand mehr im Raum war.

»Na ja. Nein, nicht, was die Beziehung anbelangt. Aber ich muss sagen, ich habe mich schon ein wenig in all dem wiedergefunden, was Adrian von sich gegeben hat. Und das, obwohl ich ihn nicht mal sonderlich sympathisch finde. Das liegt aber eher daran, dass ich übertrieben gut aussehende Menschen meistens nicht besonders sympathisch finde. Also eigentlich bezieht sich das nur auf Männer, bei Frauen habe ich kein Problem damit … aber jetzt ganz ehrlich … dieses Superman-Kinn?! Ich meine: Wo ist sein Umhang?! Diese Attraktivität fliegt einem ja direkt ins Auge, und er scheint mir auch etwas abgehoben …«

»Ach komm, du wirst dich doch jetzt nicht von einem Grübchen am Kinn aus der Fassung bringen lassen und gleich den Faden verlieren?!« Ich lächelte ihn ermutigend an.

Es war schon interessant, wie sehr uns die Attraktivität anderer Menschen manchmal verunsichern konnte. Mit Paul war es mir anfangs – zwar aus anderen Gründen – aber doch ganz ähnlich ergangen. Vermutlich ging es immer darum, dass wir anfingen, uns selbst infrage zu stellen, wenn jemand daherkam, der uns irgendwie besonders attraktiv vorkam. Aber was sagten Äußerlichkeiten denn schon über Menschen aus? War denn ein Kinn besser als das andere? Ich war mir sicher, dass sich nicht nur Lukas und ich, sondern wir uns alle einig sein würden, wie absurd das doch war. Schließlich war es rational betrachtet ja ganz schön eigenartig, wenn uns die Hülle eines Menschen oder das Bild, das wir uns von jemandem im Kopf zusammenbasteln, dermaßen verunsichert und vielleicht sogar dazu veranlasst, an uns selbst zu zweifeln. Trotzdem scheinen wir immer wieder in diese Falle zu tappen. Egal, ob wir uns dabei mit anderen vergleichen oder sie auf ein Podest heben – wir kommen meist selbst nicht besonders gut dabei weg. Und alles nur, weil wir vergessen, uns selbst an erste Stelle zu setzen, oder uns daran erinnern, was wir in unserem Inneren Schönes zu bieten haben. Ganz unabhängig vom Äußeren, weil das bekanntlich nicht sonderlich glücklich macht. Marie war es zumindest nicht. Sie hatte zwar ein großes Thema um die Hülle von Julius gemacht, aber letztendlich war es nicht sonderlich erfüllend, wenn die Hülle sich lieber von ihr weg – als auf sie zubewegte.

»Worauf wolltest du denn wirklich hinaus?«, fragte ich Lukas, um wieder zum Wesentlichen zurückzukehren.

»Ich meine, Adrian hat doch irgendwie recht! Es nervt, wie sich so viele Menschen selbst das Leben schwer machen! Wieso wollen denn immer alle Gutmenschen sein und vergessen dabei auf sich selbst? Das ist doch das Gegenteil von gut! Damit tun sie auch niemand anderem gut und am wenigsten sich selbst. Stattdessen singen sie ihr Leid, das sie noch dazu selbst komponiert haben, wie ein Klagelied vor sich hin und wundern sich, warum andere nicht einstimmen oder ihnen gar nicht mehr zuhören. Und warum nicht? Weil sie es einfach nicht mehr hören können! Menschen nerven mich manchmal! Da stehen sie sich die meiste Zeit selbst im Weg und tun so, als müsste jemand kommen und sie von dort wegtragen. Wie wär's mal mit einem Ausfallschritt aus der ganzen Scheiße und einer Entscheidung gegen den Haufen Mist, in den sie sich selbst hineingeritten haben?! Vielleicht fehlt mir manchmal einfach das Verständnis. Und dann kommen die Charlys dieser Welt und behaupten, man hätte keine Empathie. Aber vielleicht hat man auch einfach nur keinen Bock auf dieses Gejammere!«

»Ich weiß schon, was du meinst«, sagte ich, während wir uns mit unseren beiden Ziegelsteinen zur Seestube aufmachten. »Aber vielleicht geht es um eine ausgewogene Balance zwischen *›Halt die Fresse, mir doch egal‹* und *›Was hältst du davon, mal etwas anders zu machen, wenn du dir ein anderes Ergebnis wünschst?‹*.«

»Ja, aber ist das meine, deine oder überhaupt irgendjemandes Aufgabe? Sollten nicht alle einfach das tun, was sie für richtig halten, aber dann eben auch dafür geradestehen und nicht wieder alle anderen volljammern, wenn sie es doch selbst waren, die falsche Entscheidungen getroffen haben?«

»Vielleicht, ja. Aber vielleicht wünschen wir uns manchmal auch, dass uns andere einfach zuhören und uns andere Lösungswege aufzeigen, die wir in dem Moment vielleicht selbst gerade nicht sehen können.«

»Ja genau.« Lukas blieb stehen. »Und was folgt dann mit derselben Wahrscheinlichkeit eines Platzregens auf ein Gewitter?! Das berühmte: *›Ja, aber …!‹* und das darauffolgende, konzentrierte

Abfeuern irgendwelcher fadenscheinigen, äußerst dürftigen Argumente, warum es doch eine wirklich hervorragende Idee wäre, weiterhin seine Zeit mit einem – im Übrigen für alle anderen eindeutig erkennbaren – toxischen Menschen zu verbringen. Auf das Ganze folgt dann ein – dem Platzregen sehr ähnlicher – Ausbruch von Krokodilstränen, um zu unterstreichen, dass die ganze Welt am eigenen Leid Schuld trägt, nur man selbst natürlich nicht! Dabei müsste man doch einfach nur loslassen und weitergehen.«

Ich hielt es für keinen Zufall, dass mir genau in diesem Moment der Henkel meiner Tasche riss und sie gemeinsam mit dem schweren Ziegelstein und einem dumpfen Geräusch zu Boden fiel.

»Solange man sich nicht dabei umbringt!«, sagte ich lachend, weil es natürlich viel schlimmer hätte kommen können und die Tasche glücklicherweise einen guten Zentimeter neben meinem unversehrten großen Zeh gelandet war.

»Aber geht es denn immer nur ums Überleben oder nicht vielleicht eher darum, sein bestes Leben zu führen?«, antwortete Lukas.

Ich nickte, während ich die Tasche aufhob, ihren zerstörten Henkel betrachtete und sie mitsamt dem ganzen Inhalt unter den Arm klemmte. *Wo er recht hat, hat er recht*, dachte ich. Die Frage war aber, wie und wann wir endlich losließen, um Richtung Leichtigkeit zu spazieren.

Als wir im Restaurant ankamen, saßen die anderen bereits jeweils zu dritt an zwei Vierertischen. Daniel, Isa und Paul an einem. Charly, Marie und Adrian an dem daneben. Letztere Kombination zeigte, dass sie die verbale Kopfwäsche wohl alle gut verkraftet hatten und immer noch in der Lage waren, es sich gemeinsam an einem Tisch gemütlich zu machen. Sie wirkten jedenfalls ganz zufrieden. Natürlich hätten Lukas und ich uns jeweils an einen der beiden Tische aufteilen können. Vermutlich hätte er es mir aber übel genommen, und ich wusste selbst nicht, ob ich das für eine gute Idee hielt. So richtig gut kannte ich Isa und Daniel schließlich auch noch nicht, und direkt neben Paul wäre ich auch nicht wirklich locker gewesen – womit wir wieder beim Thema Unsicherheit angelangt wären. Da Lukas aber eben noch über die Charly und Superman gesprochen hatte, wäre er da wahrscheinlich auch nicht so richtig glücklich geworden, und da ich bereits den halben Tag neben Adrian verbracht hatte, beschloss ich kurzerhand, einen neuen Tisch für uns beide zu eröffnen. Ein kleines, romantisches Mittagsdate mit meinem besten Freund sozusagen. Die Idee schien uns beiden zu gefallen. Wir genossen es, schlugen uns den Bauch mit Kärntner Spezialitäten voll und schoben auch noch ein paar gebackene Apfelspalten hinterher. Keiner von uns verlor ein Wort darüber, warum wir mit Ziegelsteinen am Tisch saßen, und überhaupt schien es mir, als würde weniger gesprochen und mehr gevöllert. Es sah so aus, als wollte niemand den Schlamm vom Seeboden aufwühlen und damit die angenehme Stimmung trüben. Wahrscheinlich war uns allen klar, dass wir noch jede Menge reden und über uns erfahren würden. Eine kurze Pause tat da ganz gut.

Mit vollem Bauch und der Tasche ohne Henkel im Arm, in der sich mein Ziegelstein befand, fragte ich mich auf dem Rückweg, wie viel Macht wir so einem schweren Stein gaben, wenn wir ihn unentwegt mit uns herumschleppten. Verhinderten wir selbst damit nicht, den Weg der Leichtigkeit zu gehen, wenn wir die Aufmerksamkeit ständig auf das Gewicht richteten und uns die Schwere stets daran erinnerte? Vielleicht betrachteten wir diesen Stein sogar als Aufgabe oder dachten, er gehörte zu uns, weil wir uns irgendwann einfach daran gewöhnt hatten, mit diesem gewaltigen Gewicht herumzulaufen. Tat ich denn nicht gerade genau dasselbe?

Als könnte Lukas meine Gedanken lesen, sah er mir aus der Beobachterrolle zu, als ich die Tasche in meiner Hand knapp über dem Boden balancierte. »Wie diese Tamagotchis damals, die man überall mit sich herumschleppte, damit man sie am Leben hält.«

»Nur waren die nicht so schwer. Aber ja, da ist was dran. Bleibt nur die Frage, warum wir Menschen uns so gerne schwere Aufgaben suchen, an denen wir krampfhaft festhalten und uns damit selbst das Leben schwer machen.«

»Siehst du! Dabei könnte es so leicht sein.«

Es wird erst dann leicht,
wenn wir beginnen,
alles Schwere loszulassen.

UNTER DER LUPE

»Wie ist es euch mit euren Steinen ergangen? Und hoffentlich liegt euch nach dem Essen kein zusätzlicher im Magen?« Paul untermalte seine Metapher mit einem Augenzwinkern, nachdem sich alle wieder im *Raum am See* eingefunden hatten, und machte es sich anscheinend im Club der schlechten Wortspiele mit mir gemütlich.

»Ich sehe keinen Sinn darin, warum wir diese Steine ständig mit uns mitschleppen sollen«, beklagte sich Charly, die anscheinend nicht vom Missmut über die Übung loslassen konnte und sich damit gleich dreifach beschwerte. Schließlich trug sie bereits zwei Ziegelsteine mit sich herum. »Gibt es denn am Ende irgendeine Belohnung dafür?«

»Lasst uns dazu später kommen«, antwortete Paul, der trotz der Beschwerden weiterhin unbeeindruckt und konstant gelassen blieb. Dieser Mann schien einen Plan zu haben und ihn auch eisern durchzuziehen. »Wie besprochen würde ich jetzt erst mal gerne mit euren Symbolen weitermachen.«

Er blickte weiter zu Marie. »Wir wissen noch gar nicht, welches du dir ausgesucht hast und warum.«

»Ja, stimmt … Also bei mir ist es die Lupe geworden.« Marie schnappte sie sich und schob sie ein wenig vor.

»Wie passend!«, meinte Adrian ohne Erklärung.

»Ach ja?«

»Na ja, schließlich kannst du die als Miss Marple ja ganz gut gebrauchen, um alles richtig unter die Lupe zu nehmen«, scherzte Adrian und übertrat damit schon wieder eine Grenze. Für ihn schien das völlig in Ordnung zu sein, solange es nicht seine war.

»Ach so, das meinst du. So war es aber gar nicht gemeint!«

»Magst du uns vielleicht erzählen, warum du die Lupe ausgewählt hast?«, fragte Paul weiter.

»Na ja, vielleicht hat Adrian sogar recht ... aber ich denke, sie hat doch eigentlich viel mehr mit mir zu tun. Diese Lupe hat mich auf Anhieb angesprochen, weil ich das Gefühl habe, dass ich mich selbst überhaupt nicht mehr sehen kann. Ich fühle mich völlig aufgelöst und winzig klein ... als gäbe es mich gar nicht ... nur ihn – oder besser gesagt den Wunsch nach ihm: Julius oder dem Einen! Ich weiß nicht mal mehr, ob ich selbst noch glaube, dass das ein und dieselbe Person sein könnte. Aber dieser Wunsch ist so riesig – er nimmt beinahe alles in mir ein, und ich kann mich selbst irgendwie nicht mehr finden.«

»Kann es sein, dass du die Lupe ständig vor Julius hältst und ihn damit viel größer machst, als er eigentlich ist? Du weißt, was bei der Betrachtung durch eine Lupe geschieht?«, fragte Paul und lieferte die Antwort gleich hinterher. »Innerhalb der Brennweite eines betrachteten Objekts entsteht ein virtuelles Bild. Es erscheint dann sehr viel größer. Als wäre es unheimlich weit weg. Könnte das darauf zutreffen, wie du Julius siehst?«

»Ich denke, ja.«

»Und wie könntest du damit aufhören, ihn übermäßig groß werden zu lassen?«

»Indem ich keine Lupe verwende?«

»Oder indem du dich selbst mehr unter die Lupe nimmst und damit größer machst. Du hast sie in der Hand. Und es liegt bei dir, worauf du den Brennpunkt und damit den Fokus lenkst. Viel zu oft im Leben sind wir auf andere konzentriert und schenken ihnen die Aufmerksamkeit, die wir uns selbst in dem Moment nicht geben und die uns dann am Ende fehlt. Kein Wunder, dass du dich nicht mehr sehen kannst, wenn du den Blick ständig auf ihn richtest. Im Grunde ist es ähnlich wie bei Isa. Sie war bisher immer darauf konzentriert, was ihre Mutter glücklich macht. Du warst darauf konzentriert, was Julius glücklich macht. Dabei habt ihr vergessen, was *euch* glücklich macht! So werden die beiden immer größer und euer eigenes Glück immer kleiner. Wie wäre es also damit, eure eigenen Wünsche mal gehörig unter die Lupe zu nehmen?«

Marie und Isa nickten synchron, und auch Charly hörte ganz aufmerksam zu.

»Das sagt sich nur leichter, als es ist«, meinte Marie und krempelte sich die Ärmel auf, als müsste sie die Lupe nun auseinandernehmen.

»Ist das wirklich so, oder erscheint es dir nur leichter, genau so weiterzumachen, weil du das schon kennst und es dir dadurch vertraut vorkommt?«

»Okay, ja, das kann natürlich auch sein ...«

»Aber keine Sorge, damit stehst du ganz und gar nicht alleine da. So geht es ganz vielen Menschen. Schließlich haben wir von klein auf etwas vorgelebt bekommen und uns selbst irgendwann eine Rolle angeeignet, die uns richtig erscheint. Manchmal auch nur deshalb, weil wir gar nichts anderes kennen oder weil uns dieses Verhalten lange Zeit sehr viele Vorteile gebracht hat. Den Fokus auf andere zu richten und sich regelrecht für sie aufzuopfern, hat dir in der Vergangenheit scheinbar schon sehr gute Dienste erwiesen. Vielleicht hast du alles für andere Menschen getan, weil du dich dann gebraucht gefühlt hast, und du dachtest im Fall von Julius, ihn vielleicht dadurch an dich binden zu können. Ich nehme jetzt mal an, du tust alles für ihn und liest ihm jeden Wunsch von den Augen ab?«

»Ja, natürlich! Und manchmal ist ihm das auch ganz recht, aber oft gibt er mir das Gefühl, dass ich ihn nerve. Ich glaube, er empfindet es meistens sogar als anstrengend.«

»Dabei ist es doch vor allem sehr anstrengend für dich! Nur hast du den Kontakt zu diesem Gefühl verloren, weil du so sehr auf ihn konzentriert bist. Dich aufzuopfern bringt dich, wie das Wort schon sagt, in die Opferhaltung. Opfer sind aber nie selbstbestimmt und schon deshalb nie richtig frei. Außerdem hat auch bestimmt noch nie jemand von euch von einem *glücklichen Opfer* gehört. Oder habt ihr schon mal jemanden sagen hören: *Hach, ich liebe es, mich schwach zu fühlen!*« Es schien sich um eine rhetorische Frage zu handeln, denn Paul sprach gleich weiter. »Tief drinnen hast du anscheinend immer gehofft, er könnte durch dein Aufopfern und all das, was du für ihn tust, irgendwann das Gefühl bekommen, er bräuchte dich. Allerdings ist das vermutlich nie so richtig aufgegangen, weil ihm genau das Angst macht. Du hast dich dafür in ein immer tieferes Abhängigkeitsverhältnis hineinmanövriert, in dem du ständig darauf wartest, dass Julius erkennt, wie wertvoll du bist, und dich endlich zu schätzen weiß. Dabei handelt es sich aber um ein vergebliches Warten, weil du dir immer wieder und mit zielgenauer Treffsicherheit die härtesten Brocken unter den vermeintlichen Felsen der Brandung aussuchst – nämlich genau jene, die mit deinen Bemühungen am allerwenigsten anfangen können. Julius grenzt sich damit vermutlich nur noch mehr ab. Höchstwahrscheinlich ist es ihm zu viel, und er empfindet es vielleicht sogar als bedrohlich. Das ist der Punkt, an dem er dann zu flüchten beginnt.« Paul schwenkte seinen Blick zu Adrian hinüber.

»Ja, aber wie kann ich ihn davon abhalten, dass er ständig vor mir davonläuft?« Marie sah Paul fragend an. Sie schien verzweifelt zu sein. Der Fokus lag offenbar immer noch auf Julius.

»Indem du dir weniger den Kopf über ihn zerbrichst, sondern dich mehr um *dich* kümmerst. Das Gefühl, ihn für dein Glück zu brauchen, ist ein Teufelskreis, in dem du dich nur noch weiter von dir selbst entfernst.«

»Ja, aber dann verliere ich ihn doch ganz!«

»Da ist er wieder: der berühmte Ja-aber-Schauer!«, flüsterte Lukas mir von gegenüber zu.

»Ist es dir denn lieber, dich selbst zu verlieren als ihn?«

Marie verstummte. Ihr stiegen die Tränen in die Augen.

»Siehst du«, tat Paul so, als hätte sie die Frage mit Nein beantwortet. Ich hatte hingegen die Befürchtung, dass sie genau das die ganze Zeit in Kauf nahm.

»Du kannst dein Leben nicht genießen, wenn du ständig nach Möglichkeiten suchst, Julius an dich zu binden, und dich dabei immer weiter selbst verlierst. Du wirst ihn dadurch auch nicht halten. Im Gegenteil: Es stößt ihn sogar ab. Eine wirkliche Chance gibt es erst dann, wenn du dich wieder ganz dir selbst widmest und herausfindest, was deine Wünsche sind, und du anfängst, auch danach zu leben. Erst dann werden sie auch möglich.«

»Dann bleibt er aber immer noch der Falsche!«, schoss Charly hinterher.

»Wer auch immer der Richtige ist …?! Vielleicht gibt es so jemanden ja gar nicht«, antwortete Marie. Keiner der Vorschläge schien sie so richtig zu überzeugen. Selbst als Paul ihr die Lösung direkt vor die Nase hielt, schien sie den Blick doch lieber in die Ferne zu richten. Da, wo sich ihre unerfüllte Sehnsucht befand, die sie plötzlich selbst infrage stellte.

»Vielleicht ist er genau der Richtige, um für dich herauszufinden, was *wirklich* richtig für *dich* ist«, lieferte Paul ihr eine neue Perspektive. »Dazu könnte dir die Lupe tatsächlich behilflich sein. Mach dich damit auf die Suche nach all den Dingen, die dir Freude bereiten, und fang an, sie zu tun. Wenn du dir all die Zeit schenkst, die du in der Vergangenheit investiert hast, um herauszufinden, wie du Julius glücklich machen kannst, und endlich anfängst, die Dinge zu tun, die dich glücklich machen, wird sich etwas verändern.«

»Das klingt nach einem hervorragenden Plan! Und hoffentlich sind wir ihn dann ein für alle Mal los«, ergänzte Charly zufrieden.

»Und wer ist genau ›wir‹?« Adrian konnte es wieder einmal nicht lassen. »Sprichst du von dir und dir? Dem unschlagbaren Duo der Selbstaufgabe? Der heillos unbelehrbaren Verweigerin jeglichen Rats? Du bist Konstantin doch erst dann losgeworden, als er dich geghostet hat!«

»Ich hab mich danach aber sehr gut um mich gekümmert! Das ist auch der Grund, warum ich jetzt mit einem Mann zusammen bin, der ganz anders ist!«

»Sprechen wir von dem, den du nicht willst, weil es jemand sein könnte, der dich wirklich liebt?«

»Und könnte das dein Spiegel sein, Adrian?«, fragte Paul und brachte Adrian damit zum Schweigen.

Es war interessant zu beobachten, wie Adrian ständig versuchte, Charly und Marie davon zu überzeugen, dass sie in die falsche Richtung liefen, selbst aber dabei vergaß, dass er sich – zwar in eine andere Richtung – aber möglicherweise ebenso verlaufen hatte. Machten wir uns nicht, wie Paul uns bereits erklärt hatte, genauso abhängig, ob wir nun auf der Suche oder auf der Flucht waren? Der große Wunsch, endlich anzukommen, würde wohl weder beim Hinterherlaufen noch beim Davonlaufen in Erfüllung gehen. Denn so rennen wir ein Leben lang und versuchen, unser Glück wie beim Staffellauf, indem wir den Stab krampfhaft jemand anderem in die Hand drücken wollen, obwohl wir doch längst wissen, dass es nicht ratsam ist, unser Glück in andere Hände zu legen.

Oder wir laufen ganz vorne an der Spitze – aus Angst, jemand könnte uns einholen, und wir müssten dann annehmen, was uns dieser Mensch geben möchte, aber die Verantwortung dafür erscheint uns zu hoch. Vielleicht müssen wir aber gar nicht laufen. Weder hinterher noch davon. Vielleicht sollten wir zwischendurch einfach mal stehen bleiben und in uns hineinhören, was wir uns selbst im Hier und Jetzt erfüllen können.

Du wirst nicht ankommen,
wenn du *anderen* hinterherläufst,
und auch nicht, wenn du
vor anderen davonläufst.
Du wirst ankommen,
wenn du im *Hier und Jetzt*
bei dir bleibst.

TOXISCHE FREUNDINNENSCHAFT

»Wenn ihr euch selbst nicht achtet, wird es auch niemand anderer tun.« Paul ließ seinen Blick einmal durch die Runde kreisen. »Charly, du hast zwei Ziegelsteine zu dir genommen. Magst du uns verraten, wen du draufgeschrieben hast?«

»Ja, klar … Also auf dem einen lacht mich gleich ganz oben Joanna an – oder auch aus, ganz wie man es betrachten möchte. Es ist jedenfalls der Name meiner besten Freundin – falls ich sie überhaupt noch so bezeichnen will! Wie euch vielleicht aufgefallen ist, hat sie es nicht der Mühe wert gefunden mitzukommen, obwohl sie genau weiß, wie wichtig mir dieses Wochenende ist!«

Lukas bewegte seine Lippen am gegenüberliegenden Tischende stumm, aber deutlich erkennbar zu einem langsamen »S i e h s t d u, i c h b i n h i e r!« und sah mich dabei siegessicher an, obwohl es gar keinen Wettbewerb gab. Ich musste trotzdem grinsen und nickte ihm anerkennend zu.

»Und ich kann euch auch genau sagen, *warum* sie nicht hier ist!«, fuhr Charly aufgebracht fort. »Es ist eigentlich ganz einfach: Sie sieht hier keinen Vorteil für sich! Es dreht sich in ihrer Welt nämlich immer nur darum, was für sie dabei herausspringt. Im besten Fall irgendein gut aussehender Typ, weil das die höchste Priorität für sie hat! Ihr müsst euch vorstellen, ihre erste Frage bei allem lautet: ›Und wer ist sonst noch dabei?‹ Was heißt denn *sonst noch* genau?! Als würde ich ihr nie reichen! Ein wertvolles Gespräch mit mir?! Ach, das ist doch langweilig, wenn es die Gelegenheit gibt, ein paar Typen klarzumachen. Als wäre das die einzig sinnvolle Beschäftigung im Leben! Wenn es außerdem nicht noch mindestens einen Nutzen für sie gibt oder irgendetwas, womit sie gut dastehen kann, winkt sie dankend ab. Natürlich mit keiner Erklärung, die der Wahrheit entspräche. Denn die liegt Joanna nicht. Für sie ist die Wahrheit reine Auslegungssache – und immer mit dem Ziel, sich selbst ins rechte Licht zu rücken. Dabei lügt sie doch, wenn sie den Mund aufmacht, und verbiegt die Dinge so lange, bis sie ihr passen! Wer sich nicht so verhält, wie sie es für richtig hält, an dem lässt sie kein gutes Haar. Denn Lästern ist ihr liebstes Hobby: wie Schlittenfahren – nur macht sie es mit Menschen und deren Gefühlen! Sie fährt einfach drüber. Rücksichtslos und hart, bis es ihnen das Herz bricht! Sie ist die Eiskönigin, die mit unverfrorener Kälte über andere hinwegfegt, bis selbst die Härtesten erzittern. Es interessiert sie aber gar nicht, denn im Grunde interessiert sie sich für niemanden, außer für sich selbst. Das einzige Herz, um das es ihr geht, ist ihr eigenes. Und wehe, jemand wagt es, sie anzugreifen oder zu verletzen. Dann wütet sie wie ein tobender Sturm und erwartet, dass ihre Vertrauten sich um die Verwüstung kümmern. Dass sie ihr zuhören, sie beruhigen und sich sanft um ihr zorniges Gemüt legen, egal, welche Verletzungen sie selbst dabei davontragen, während sie um sich schlägt.« Charlys Kopf war ganz rot, so sehr regte sie sich auf.

»Oh, wie gut ich solche Freundinnen kenne, die immer nur auf ihren eigenen Nutzen aus sind, ständig fordern und ihren ganzen Seelenmüll abladen, aber nie da sind, wenn es einem selbst mal nicht gut geht!«, stimmte Isa mit ein.

»Genau so ist es!«, Charly fühlte sich offenbar bestätigt. »Was habe ich nächtelang an ihrer Seite gesessen, sie in den Arm genommen und war für sie da! Wie viele Nachrichten habe ich ihr geschrieben und sie bestärkt, dass sie die Beste ist und alles schaffen kann!

Ich war ihre Schulter zum Ausweinen, wenn sie traurig oder verzweifelt war. Ich war ihre Cheerleaderin, wenn sie Aufmunterung brauchte. Ich war der lustige Clown, die magische Zauberin und die sanfte Fee, die sich kümmerte, wann immer sie um Hilfe rief. Aber wo war ihre zauberhafte Schulter, wenn *ich* sie mal gebraucht habe?! Ich verrate es euch: Sie war nie da. Sie ist eine Energieräuberin, die sich alles holt, was sie bekommen kann, aber wenn es an der Zeit wäre, etwas zurückzugeben, macht sie sich aus dem Staub. Nicht ein einziges Mal war sie diese Stütze auch für mich! Wann immer ich ihre Hilfe benötigt hätte, ist sie einfach umgefallen. Wie ein Grashalm im Wind, der mit der kleinsten Böe zur Seite schwingt. Alles, was sie zu bieten hatte, war ein abwertendes *›Ach, das wird schon, du siehst das zu eng!‹*, um gleich darauf wieder von ihren eigenen Problemen zu erzählen. Denn die sind immer größer! Meine hat sie dafür kleingeredet. Sie denkt, sie ist der Mittelpunkt dieser Welt und die Achse, um die sich alles dreht. Schließlich könnten sich alle glücklich schätzen, sich um sie drehen zu dürfen! Egal, wohin und in welche Emotion es sie gerade verschlägt oder was ihr im nächsten Moment gerade wieder einfällt. Die Gefolgschaft hat bereitzustehen für Ihre Majestät. Und folgt die Königin dem ordinären Volk? Natürlich nicht! Die Queen des Opferlands schwingt lieber das Zepter des Urteils und beklagt sich in Bausch und Bogen. Dabei haben ihr gefälligst alle zuzuhören. Zeit für andere Sorgen bleibt selbstverständlich keine. Das müsst ihr schon verstehen! Darauf hat sie keine Lust. Denn ihre Lust erschöpft sich ganz von selbst, wenn sie sich nicht im Kreis zu ihr zurückdreht und mit der Aufmerksamkeit versorgt, die ihr gebührend erscheint. Sie möchte angehimmelt werden! Das ist ihr Ziel. Aber hat sie jemals auch nur ein einziges Foto von mir auf Instagram geliked? Nein! Das irgendwelcher berühmten Bloggerinnen, die sie nicht mal kennt – natürlich! Aber meine? Ach bitte … die doch nicht! Fakt ist, auch diese kleine Truppe hier, mit der sie großteils doch selbst befreundet ist, ist ihr einfach nicht wichtig genug. Wir waren es ihr schlichtweg nicht wert, ihre majestätische Zeit zu opfern. Das würde sie natürlich nie offen zugeben und auch keinem von uns ins Gesicht sagen – denn wie stünde sie denn da? Wäre sie dann immer noch so großartig und unfehlbar, wie sie gesehen werden möchte? Das Risiko geht sie nicht ein. Und genau deshalb hat sie sich einfach wieder auf die Schnelle irgendeine fadenscheinige Ausrede einfallen lassen, die ich mir nicht einmal gemerkt habe, weil sie so absurd war. Kein Mensch nimmt ihr das plötzlich auftretende Stechen in der Brust oder das Taubheitsgefühl in der Spitze ihres linken Zehs mehr ab, das sie in allerletzter Sekunde daran hindert, dabei sein zu können! Was auch immer es diesmal war – ich habe den Überblick verloren, denn es ist ohnehin nicht wahr! Das alles sind doch nur billige Ausreden und eben typisch für sie!«

»Warum bist denn überhaupt noch mit ihr befreundet? Das Spiel spielt sie doch schon seit Jahren. Solltest du es nicht mittlerweile kennen?«, fragte Adrian. Berechtigt, wie ich fand.

»Ja, das stimmt. Ich kenne das alles und vor allem sie! Schon so lange, dass ich mir immer eingeredet habe, ihr Verhalten wäre normal. Ich dachte immer, einen ganzen Sack Ziegel für uns beide herumschleppen zu müssen, um unsere Freundschaft am Leben zu erhalten. Ich habe es immer getan, weil ich es nicht anders kannte – bis andere Menschen in mein Leben getreten sind. Wundervolle, liebe Menschen, die sich nicht nur für sich, sondern auch für mich interessieren ... so, wie ihr es seid! Seit euch weiß ich: Es darf auch anders sein. Natürlich sind wir nicht immer einer Meinung ...« Sie blickte wohlwollend zu Adrian. »Aber es ist trotzdem in Ordnung. Ich darf sagen, was ich denke, und werde gehört. Vielleicht wird mir nicht immer recht gegeben, und das ist okay – ja, manchmal braucht es eben auch den Gegenwind zur Weiterentwicklung – aber niemals hat er diese vernichtende Energie, dieses Absolute, dass es nur *eine* akzeptable Meinung geben kann, der man sich gefälligst zu beugen hat. Und die meiste Zeit seid ihr mein Rückenwind, der mich stärkt und vorantreibt, wenn ich auf der Stelle trete und nicht weiterkomme. So jemand war Joanna nie. Sie bläst mir eher wie ein eiskalter Tornado ins Gesicht, sodass ich kaum noch atmen kann.«

»Und was ist es, das euch verbindet?«, fragte Paul.

Charly überlegte. »Ich denke, es ist die Zeit. Wir kennen uns schließlich schon eine halbe Ewigkeit! Aber ich frage mich immer öfter, ob es denn auch wirklich eine *gute* Zeit war und wenn sie das war, ob sie es immer noch ist. Vielleicht kommt sie mir auch nur wie eine Ewigkeit vor, weil es nie leicht mit ihr war. Es ist immer so verdammt schwer … dieses ständige Drama und all die endlosen Vorwürfe! *›Warum machst du das? Warum nicht anders? Du hast nie Zeit für mich! Was treibst du denn schon wieder? Komm schon, sei keine Spielverderberin! Könntest du nicht dies und könntest du nicht jenes?! Du kannst mich doch jetzt nicht im Stich lassen, wenn ich dich brauche!‹* Seit dem ersten Tag, als sie hinter der Schulbank ihre goldenen Locken zurückwarf und mich zu ihrer Freundin erkor, hatte ich das Gefühl, ihr etwas schuldig zu sein. Oder zumindest dankbar sein zu müssen, weil dieses wundervolle engelsgleiche Wesen, für das sie alle halten – und sie sich wohl selbst am allermeisten –, mir eines sonnigen Tages die Ehre ihrer Freundschaft erwiesen hat und in mein Leben getreten ist. Und ja, ich war dankbar. Sehr viele Jahre lang. Und ich wäre es vermutlich immer noch, wenn sie nicht ständig mein Vertrauen missbrauchen und mich immer wieder enttäuschen würde. Wie jetzt in diesem Moment, in dem sie es vorzieht, in den Armen irgendeines Typen zu liegen, der ihr im Grunde gar nichts bedeutet, aber von dem sie mehr Aufmerksamkeit erhält, als sie denkt, sie hier zu bekommen. Es ist also eher wie ein Pakt mit der Teufelin.«

»Klingt nach der Hölle«, witzelte Adrian.

»Manchmal ja.«

»Gab es denn auch schöne Zeiten?«, fragte Paul weiter.

»Ja, klar … natürlich gab es die. Aber ich frage mich, ob ich sie mir schönrede. Die guten, alten Zeiten, unsere Freundschaft oder all die großartigen Momente, die wir uns immer wieder vorbeten, als wäre alles so wunderbar gewesen. War es das denn wirklich? Ich habe schon öfter daran gezweifelt. Aber sobald ich mich von ihr zurückziehe, packt sie ihre allersüßeste, in Zuckerwatte gehüllte Seite aus, legt dabei ihren hübschen Kopf schief zur Seite und säuselt mir mit sanfter Stimme ins Ohr: *›Ach, Charly, wie lange kennen wir uns jetzt? Du weißt doch, wie ich bin! Deshalb liebe ich dich doch trotzdem!‹* Was bitte schön heißt denn *trotzdem*?! Da gehört doch ein *obwohl* dazu, und damit sagt sie bereits, dass es ihr nie genug sein wird … und *ich* ihr nie genug sein werde … weil sie eben immer etwas findet, das ihr nicht passt! Und nur weil sie immer schon so war und ich sie besser kenne als sie sich selbst, heißt das doch nicht, dass es sie sympathischer macht und sie einfach machen kann, was sie will!«

»Aber das hast du doch bisher immer getan?«, meinte Paul.

»Was?«

»Das, was sie will.«

»Ja … schon. Meistens zumindest. Und wenn nicht, dann gab es jedes Mal Stress! Sie hält es eben nicht aus, wenn nicht alles nach ihrem Kopf geht!«

»Und um diesen Stress zu vermeiden, hast du wieder das gemacht, was sie möchte.«

»Ja, das könnte man so sagen.«

»Aber der Stress ist nicht weggegangen. Also egal, ob du gemacht hast, was sie wollte, oder auch, was du wolltest – du hast dich nicht gut dabei gefühlt.«

»Stimmt.«

»Dann ist es an der Zeit, die Sache von hinten aufzurollen und sie vom Ende her zu verändern. Da, wo du dich bisher nie gut gefühlt hast und einen neuen Anfang wagen kannst. Es ist nicht deine Aufgabe, es deiner Freundin recht zu machen. Von allem, was du erzählt hast, scheint mir das ohnehin schwer – vielleicht sogar unmöglich – zu sein. Du kannst aber anfangen, es dem Menschen recht zu machen, dem du am nächsten stehen solltest. Und das bist du selbst. Du kannst anfangen, für dich da zu sein und dafür zu sorgen, dass *du* dich besser fühlst. Es ist übrigens auch das Einzige, was du wirklich verändern kannst. Deine Freundin wird sich nicht ändern, nur weil du es dir wünschst. Genau wie euer Partner oder eure Partnerin, die eigene Mutter oder sonst wer keine 180-Grad-Wendung hinlegen wird, weil das für alle Beteiligten vielleicht die bessere Richtung wäre. Und weil du das Verhalten anderer nicht beeinflussen kannst, ist es viel sinnvoller, dein eigenes zu ändern und alles dafür zu tun, damit *du* dich gut fühlst.«

»Und wie soll ich das tun?«

»Indem du den Anspruch loslässt, ihre Erwartung zu erfüllen, und stattdessen immer darauf achtest, wie es dir in der jeweiligen Situation geht, was *dein* Standpunkt ist und wie und mit wem *du* deine Zeit verbringen willst. Wenn du aufhörst, auf die Stimme anderer zu hören, und anfängst, deiner eigenen zuzuhören, findest du heraus, was das Beste für dich ist. Du beginnst, das zu tun, was dir guttut. Darüber hinaus ist es wichtig, sich Menschen gegenüber abzugrenzen, die kein Gefühl für die Grenzen anderer haben. Wie das genau aussieht, werde ich noch erklären.«

»Aber immer, wenn ich mich um mich gekümmert oder Zeit mit anderen Menschen verbracht habe, war sie eifersüchtig. Sie gönnt es mir einfach nicht, wenn es mal gut für mich läuft.«

»Ist das dein Problem oder ihres?«

»Ihres?«

»Also lass sie es nicht zu deinem machen.«

Paul blickte als Nächstes zu Adrian und dann zu Marie. »Seid doch bitte beide so nett und gebt Charly eure Steine. Sie hat ohnehin schon so viele, da kann sie für die restliche Zeit auch noch eure tragen!«

»Bitte wie ... wieso das denn?!«, rief Charly entrüstet.

Marie sah Paul zuerst unsicher an, schob dann aber ihren Ziegelstein zu ihrer Schwester hinüber. Adrian hingegen schien gleich große Freude daran zu haben, hob seinen Ziegelstein auf, legte ihn in seine rechte Handfläche und rief: »Fang!«

Charly zuckte zusammen. Natürlich hatte Adrian nur wieder einen seiner unterdurchschnittlich lustigen Scherze gemacht, bei dem keiner lachte. Und zum Glück hatte er den Wurf auch nur angedeutet – trotzdem hatte er Charly damit einen gehörigen Schrecken verpasst. »Adrian!!!«, rief sie völlig aufgebracht.

»Ja? Also keine Sorge, ich werfe ihn dir schon nicht an den Schädel! Aber Gott sei Dank bin ich diesen Stein wenigstens gleich los!« Er lachte laut. Irgendwie schien er verstanden zu haben, worum es Paul hier ging.

»Magst du aufstehen und Charly deinen Ziegelstein übergeben?«, meinte der.

»Oh ja, das möchte ich sehr gerne.« Adrian grinste und schob seinen Sessel nach hinten, als er aufstand. Dann beugte er sich über den Tisch und streckte Charly seinen Stein entgegen. Die sah ihm ganz verdutzt dabei zu. Bevor sie aber noch etwas tun oder sagen konnte, schaltete sich Paul auch schon wieder dazwischen: »Wenn dir jemand einen Ziegelstein überreichen möchte, musst du ihn dann annehmen?« Paul blickte Charly eindringlich an.

»Nein ... muss ich nicht!«

»Siehst du. Und was passiert, wenn du ihn nicht annimmst?«

»Nichts?«

»Richtig. Er bleibt bei dem Menschen, zu dem er gehört. Genau wie das ganze Gewicht auch bei Joanna bleibt, wenn du aufhörst, die Steine anderer zu tragen.«

Hör auf,
es *anderen* recht
machen zu wollen.
Der einzige Mensch,
dem du es
recht machen musst,
bist du *selbst*.

SCHLANGENGRUBE

Aber wie sieht das denn mit meiner boshaften Chefin oder den intriganten Arbeitskolleginnen aus? Da kann ich ja schlecht sagen: ›Behalt den Scheiß‹, schließlich arbeiten wir zusammen oder ich für sie …«, meldete sich Isa wieder zu Wort.

»Oh ja, ich verstehe so gut, was du meinst! Mit meinem Chef geht es mir genauso!«, stimmte Charly zu. »Sein Name steht übrigens auf dem anderen Ziegelstein gleich neben Konstantin. Ein Arschloch kommt eben selten allein!«

»Wenigstens liegt eines davon in der Vergangenheit, wenn du es endlich dort liegen lässt«, fügte Adrian hinzu. Wie immer hatte er gerne das letzte Wort.

»Worum geht es denn genau? Vielleicht möchtest du zuerst anfangen, Isa … und Charly berichtet anschließend von ihren Erfahrungen. Ich bin sicher, hier wird es einige Parallelen geben, jedenfalls scheint ihr euch beide in eurem Arbeitsumfeld nicht wohlzufühlen.«

»*Nicht wohlfühlen* ist leicht untertrieben. Ich habe mittlerweile Bauchschmerzen in der Früh, wenn ich nur an den bevorstehenden Arbeitstag denke, und Kopfschmerzen am Abend, weil ich den ganzen Mist nicht mehr länger ertrage!«, legte Isa los. »Und trotzdem schleppe ich mich jeden Tag dahin, weil ich ja schließlich arbeiten muss! Dabei will ich eigentlich gar nicht mehr! Ich fühle mich einfach nur schlecht, bin ständig nervös und angespannt, und wenn ich abends nach Hause komme, geht es weiter. Dieses ständige Hämmern im Kopf, das ich vom Tag in mir herumtrage. Daniel muss sich dann all meine Geschichten anhören, obwohl ich weiß, dass sie weder ihm noch mir guttun. Aber irgendwo muss ich sie ja rauslassen, sonst drehe ich noch durch!«

»Das heißt, du nimmst deine Arbeit mit nach Hause«, merkte Paul an.

»Nein, ich versuche, zu Hause nicht mehr zu arbeiten. Ich rede nur drüber.«

»Aber so nimmst du sie doch auch mit. Das heißt, du hast keine Pause und steckst ständig in der Arbeit. Ob du dort bist oder nicht.«

»Mhm ... ja, okay ... da ist was dran.«

»Und was belastet dich am meisten?«

»Na ja, wenn ich so nachdenke, dann ist die Frage wohl eher, was mich *nicht* belastet! Ich weiß gar nicht, wo ich anfangen soll! Es ist die reinste Schlangengrube dort. Vom ersten Tag an habe ich gespürt, dass ich vorsichtig sein muss und niemandem wirklich trauen kann. Weder meiner Chefin noch sonst jemandem in diesem intriganten Team, wenn man es überhaupt als solches bezeichnen kann. Denn *Team* steht in diesem Unternehmen wohl eher für: **T**ruppe **e**gozentrischer **A**ushilfs-**M**obberinnen. Solche, die unverfroren in den Krieg ziehen, um möglichst immer zu gewinnen. Ich habe es von Anfang an gemerkt, als alle hinterrücks über eine andere Arbeitskollegin hergezogen sind. Sie haben Lea wie ihre Feindin behandelt. Eine, die nie dazugehören durfte, weil sie sich nicht nach ihren Regeln verhielt. Sie haben sich ständig darüber aufgeregt, dass sie ihren Job nicht richtig mache, überhaupt nichts auf die Reihe bekäme und sie für furchtbar dumm und völlig unnütz erklärt. Dabei waren sie so unfassbar gemein und abwertend, dass es mir kalt den Rücken hinunterlief, wenn ich ihnen nur zuhörte. Kein einziges gutes Haar haben sie an ihr gelassen, und am Ende des Tages verbrachten sie mehr Zeit damit, über sie herzuziehen, als ihre eigene Arbeit zu machen. Lea hat nur einen Bruchteil davon mitbekommen, und vielleicht ist das auch besser so. Aber natürlich haben sie alles brühwarm unserer Chefin erzählt, sie ständig bei ihr angeschwärzt und ihr irgendwelche Fehler unterstellt, die in ihren Augen völlig unverzeihlich waren. Denn wenn ihr denkt, es wäre menschlich, Fehler zu machen ...? Nein! Nicht in unserer Abteilung! Da gibt es zwischen schuldig und unfehlbar wenig Spielraum. Und jetzt ratet mal, wer zu den Schuldigen zählt? Erst Lea. Und jetzt ich! Als müssten sie andere schlechtmachen, um selbst besser dazustehen. Und wenn sie nicht gerade mit Lästern beschäftigt sind, dann rollen sie mit den Augen, geben keine Informationen weiter und erfinden Geschichten, die so nie passiert sind. Das alles haben sie ihr angetan. Sie haben sie heruntergemacht und kritisiert, wo es nur ging. Aber wenn Lea zwischendurch hinter ihrem Tisch aufsah, dann haben sie ihr zugelächelt, als wäre nie etwas geschehen. Da frage ich euch – wie falsch kann man sein?! Und falsch ist genau das Gefühl, das ich habe, wenn ich an diesen Job und all die Intrigen denke oder jeden Morgen da hinfahre und zurück an den Tatort kehre. Alles daran fühlt sich falsch an! Als schaufelten sie jeden Tag weiter mein Grab und sezierten mich davor schon Stück für Stück. Langsam, damit ich ihnen dabei zusehen kann, wie sie mich allmählich vernichten. Genau wie Lea. Sie war so sanft und hilfsbereit, und genau das hat ihr wahrscheinlich am Ende den Todesstoß gegeben. Denn sie war anscheinend einfach zu nett, aber auch zu hilflos, um sich gegen diesen Haufen giftiger Bestien zu behaupten. Sie muss es gespürt haben. So etwas geht doch nicht spurlos an einem vorüber – auch wenn niemand den Mut hatte, es ihr ins Gesicht zu sagen. Eines Tages wurde sie dann gekündigt. Die boshafte Chefin hat sie mit zwei Gehilfinnen zu sich ins

Büro zitiert. Nach zehn Minuten kam Lea mit verquollenen Augen wieder raus und musste ihren Tisch räumen. Sie haben sie fristlos gekündigt, wie einer Verbrecherin, die sich etwas zuschulde hat kommen lassen. Dabei war sie nur nicht wie die anderen. Sie nahm so viel Rücksicht und hat niemals auch nur ein böses Wort über sie verloren. Das war vermutlich ihr Fehler. Ich hätte ihr gerne gesagt, dass es keiner war. Dass sie nichts falsch gemacht hat. Denn bestimmt hat sie sich genau darüber den Kopf zermartert. Aber sie hat nichts falsch gemacht! Das einzig Falsche ist die verlogene Meute und dieser Job, den sie los war. Aber nun hatte sie endlich die Chance auf einen, der richtig für sie war. Die Truppe hat damals triumphiert. Als hätten sie einen Sieg davongetragen. Ich wusste sofort: Wenn sie das mit ihr machten, dann würden sie es mit jeder tun, die sich nicht so verhielt, wie sie es verlangten. Wer nicht mit einstimmt und andere herabsetzt, wird nicht Teil ihres Schlangenclans. Das tat ich nicht, denn ich bin nicht wie sie! Gott sei Dank! Ich habe Lea verteidigt und bin für sie eingestanden. Und deshalb kam der Moment auch für mich. Als sie weg war, hatten sie ein neues Opfer gefunden.« Isa hob die Hand, als zeigte sie auf. »Ich bin nun an ihrer Stelle. Zwar wurde ich noch nicht gekündigt, aber es fühlt sich bereits danach an.« Sie schüttelte den Kopf, als wollte sie ihre Gedanken über beide Seiten hinauswerfen.

»Hört sich jetzt nicht unbedingt nach einem Traumjob an«, meinte ich.

»Eher nach einem Albtraum, aus dem ich einfach nur aufwachen möchte. Aber schweißgebadet doch wieder jeden Tag hingehe und denselben Horror erlebe.«

»Kann es sein, dass du dich in Lea wiedererkannt hast?«, fragte Paul.

»Ein bisschen vielleicht. Und dann auch wieder nicht. Ich halte uns für sehr unterschiedlich: Sie war still – das bin ich nicht. Auch wenn sie mich mittlerweile ebenfalls zum Schweigen gebracht haben. Lea war eher langsam, zögerlich und sehr bedacht. Ich versuche, immer schnell zu sein. Vielleicht hetze ich manchmal sogar irgendetwas hinterher, was ich ohnehin nicht erfüllen kann, weil ihre Anforderungen nicht zu erfüllen sind! Getroffen hat es uns beide. Auch wenn sie es sich nie anmerken ließ. Aber wenn sie ihre spitzen Zähne ausfahren und mit Druck gegen die verletzliche Haut reiben, hinterlässt das Wunden. Vielleicht sogar Narben. Ich möchte nicht wissen, was es letztlich mit ihr gemacht hat. Wie verunsichert sie nun ist oder an sich zweifelt. Völlig zu Unrecht. Wie kommen sie denn eigentlich auf die Idee, jeder müsse so *denken* wie sie, so *sein* wie sie und immer genau dasselbe *Tempo fahren,* wie es ihnen richtig erscheint? Mit 280 auf der falschen Spur! Wer sagt, dass es manchmal nicht besser ist, die Dinge in Ruhe anzugehen, zuerst nachzudenken und dann zu handeln?! Das alles waren Leas Stärken. Aber sie haben sie als Schwächen gesehen. Für diese Menschen gibt es nur einen Weg, und das ist ihrer. Alle, die anders sind, als es in ihre schmale Vorstellung passt, werden fertiggemacht und nach und nach eliminiert.«

»Du musst da weg, Isa! Das alles macht dich noch krank!«, platzte es aus Daniel heraus. »Die viele Arbeit und diese boshaften Intrigantinnen ... allen voran deine Chefin! Die ist doch noch viel schlimmer! Wie sie dich immer bloßstellt und völlig fertigmacht! Und dazwischen behandelt sie dich wie Luft. Sie hält dich ständig hin, verspricht dir Dinge, die sie später nicht einhält, und lässt dich die ganze Arbeit für sie erledigen. Du arbeitest wie ein Tier und reißt dir den Arsch auf! Aber niemand weiß das zu schätzen. Im Gegenteil! Sie halsen dir nur noch mehr auf! Das ist weder richtig noch gesund für dich!« Es war schön zu beobachten, wie Daniel hinter Isa stand. Leider schien das aber nicht zu reichen. Sie fühlte sich trotzdem schlecht, das war ihr deutlich anzusehen.

Da half auch seine Unterstützung nichts. Aber wie hätte sie sich denn auch gut fühlen können, wenn alles um sie herum giftig war? Gesund war das jedenfalls nicht.

»Ja, gut, meine Chefin ist tatsächlich *das Böse*. Sie ist einfach ein Kontrollfreak, und in gewisser Weise erinnert sie mich an meine Mutter. Ich habe das Gefühl, ich bin damals von ihr ausgezogen und in einen neuen Job mit nahezu der gleichen Person wieder eingezogen. Sie sehen sich sogar ein bisschen ähnlich. Diese starre Körperhaltung, die verbitterten Gesichtszüge und der prüfende Blick, mit dem sie mich mahnend daran erinnert, bestimmt wieder irgendeinen Fehler gemacht zu haben. Die Finger, die immerzu nervös auf der Tischplatte auf und ab tippen, und doch nur aufzeigen wollen, dass es nicht mehr lange dauern kann, bis die Falle erneut zuschnappt. Und da hocke ich nun wieder. In den Fängen meiner Vorgesetzten. Als setzte mir das Leben ständig dieselbe Person vor.«

»Das heißt, du hast das Gefühl, es wiederholt sich alles?«, fragte Paul.

»Oh ja! Das kann man wohl sagen! Egal, was ich mache, ich kann es auch ihr nicht recht machen. Es passt ihr einfach nie! Dieser ständige Kampf kostet mich so unglaublich viel Kraft ... er zehrt an meinen Nerven. An mir! Manchmal bringe ich den ganzen Tag keinen Bissen runter. Ich bin ständig nervös, als wäre mein Körper in Alarmbereitschaft, weil ich nur darauf warte, dabei ertappt zu werden, wieder etwas falsch gemacht zu haben. Sie lässt einfach keine Gelegenheit aus. Wann immer sie kann, stellt sie mich vor allen bloß. Erst letztens wieder ... da meinte sie in einem Meeting vor der gesamten Belegschaft: ›Isabella, weißt du das denn *wirklich* nicht?! Diese Zahlen *musst* du einfach im Kopf haben! Das ist schließlich dein Job!‹ Danach fasste sie sich an die Wange, als müsste sie sich von meiner unglaublichen Dummheit selbst beruhigen und könnte diese Schande kaum ertragen. Es ging um fünfhundert gelistete Produkte, und sie erwartete ernsthaft, dass ich jeden Preis auf den Cent genau auswendig wusste! Bin ich fucking Einstein, oder was soll das?! Das ist doch absurd! Sie hat mich hingestellt, als wäre ich vollkommen unfähig und der dümmste Mensch dieses gesamten Universums!«

»Du weißt also, dass es sich dabei um keine fachlich gerechtfertigte Beurteilung gehandelt hat. Wie hast du reagiert?«

»Ja, vom Kopf her weiß ich das! Es war wohl eher eine *Verurteilung*. Ich stand einfach nur da. Unter Schweißausbrüchen brach ich innerlich zusammen und brachte kein einziges Wort heraus. Es war total entwürdigend. Ich halte es außerdem für keinen Zufall, dass sie mich immer Isabella nennt. Genau wie meine Mutter. Und das, obwohl sie beide wissen, wie sehr ich diesen Namen verabscheue. Ich habe das auch im Job bereits erwähnt! Und vermutlich nennt sie mich genau deswegen so. Das ist nur eine von tausenden Geschichten. Müsste ich sie alle erzählen, säßen wir noch wochenlang da.«

»Oh, und das wäre dann auch sehr toxisch«, ergänzte Lukas gewohnt sarkastisch. Isa befand sich jedoch weiterhin im Redefluss.

»Letztens hat sie aber dann den Vogel abgeschossen. Als ich trotz Fieber ins Büro gekommen bin und es gewagt habe, meinen Arbeitsplatz an einem Freitag um halb fünf zu verlassen, weil ich einen Arzttermin hatte, um diese Scheiß-Angina in den Griff zu bekommen, hat sie sich wie eine Richterin vor mich gestellt und meinte: *›Wie jetzt, du gehst schon?! Wenn du dich so verhältst, als wäre das ein Halbtagsjob, dann sollten wir dir auch nur die Hälfte bezahlen!‹* Es fehlte nur noch, dass sie auch noch den Hammer dabei schwang und vor mir auf den Tisch krachen ließ, so sehr verurteilte sie mich! Und das, obwohl ich die Wochenenden zuvor fast ausschließlich im Büro verbracht hatte, um alles für die bevorstehende Präsentation vorzubereiten. Aber natürlich, ich bitte vielmals um Entschuldigung, dass mein Körper bei dem Stress nicht mehr mitspielt! Ich werde ihm mitteilen, dass er sich gefälligst mehr anstrengen soll! Das hätte ich sagen sollen, aber ich habe es wieder nicht getan! Sie wusste ganz genau, dass ich an dem Tag Fieber hatte und mich elend fühlte. Und selbst wenn ich es nicht erwähnt hätte, dann konnte sie es mir ansehen. Ich war ein Häufchen Elend und nur wegen ihr in die Arbeit gekommen.«

»Wovon ich dir übrigens abgeraten habe!« Daniel machte sich offensichtlich große Sorgen. »Es bringt dich noch um! Denkst du, es würde irgendjemanden kümmern, wenn du morgen nicht mehr auftauchst, weil du bei all deinem übereifrigen Einsatz vergessen hast, dass dein Körper keine Maschine ist und er vielleicht irgendwann nicht mehr mitspielt und völlig aussetzt?! Sie würden dich genauso rasch ersetzen, wie sie es mit deiner Vorgängerin gemacht haben!«

Isa blickte Daniel schockiert an. Dann nickte sie.

Es ist
förderlich
für die
Gesundheit,
sich von
Arschlöchern
fernzuhalten.

MARIE CURIE, DIE CHEFIN UND DAS GIFT

Einstein bezeichnete Marie Curie übrigens als die intelligenteste Frau der Welt, weil du ihn vorher im Kontext erwähnt hast. Immerhin erhielt sie zwei Nobelpreise«, übernahm Paul das Wort.

»Dann hätte sie sich vielleicht diese scheiß fünfhundert Preise gemerkt!«

»Vielleicht hat sie sich aber auch nur die zwei Nobelpreise gemerkt, weil es auf die paar Cent im Leben nicht ankommt«, meinte Lukas trocken, und alle lachten.

»Genau. Und vor allem stellt sich mir die Frage, ob es wirklich notwendig ist, sich alles auswendig zu merken. Das erscheint mir ein wenig unverhältnismäßig«, erwiderte Paul. »Apropos unverhältnismäßig«, sprach er gleich weiter. »Marie Curie wurde von der Gesellschaft als aufopfernd, altruistisch, und außerordentlich tugendhaft gesehen. Dieses überhöhte Bild der Überfrau hat im Nachhinein sogar einen Begriff erschaffen: den sogenannten *Marie-Curie-Komplex*. Dieser Mythos erzeugt einen enormen Druck, dem sich viele nicht gewachsen fühlen – und zwar völlig zu Recht! Gerade Frauen haben oft einen extrem hohen Anspruch an sich und denken, doppelt und dreifache Leistung erbringen zu müssen, um überhaupt gesehen zu werden. Schließlich waren sie leider auch lange Zeit in unserer Gesellschaft und in vielen Arbeitsbereichen im Berufsleben nahezu unsichtbar und mussten sich daher viel mehr anstrengen als ihre männlichen Kollegen. Ich wünschte, das hätte sich geändert, aber selbst heute ist das bedauerlicherweise oft immer noch der Fall. Das ist die eine Sache. Bei dir kommt noch die jahrelange Erfahrung der überhöhten Ansprüche deiner Mutter hinzu. Du musstest lernen, dich ständig anzupassen und ihren Wünschen zu entsprechen. Ein solcher Druck von außen führt nicht selten zu einem übertriebenen Perfektionsanspruch, der mit einer zu hohen Erwartung an sich selbst einhergeht und somit sehr belastend sein kann. Hier ist es wichtig zu hinterfragen, ob diese Erwartung – egal, ob du sie an dich selbst stellst oder sie von außen erzeugt wird – nicht einfach zu hoch oder sogar völlig übertrieben sein könnte. Im Fall deiner Chefin wirkt es auf mich, als würde sie einen Vorteil darin sehen, deinen hohen Anspruch für sich auszunutzen. Es wirkt, als müsse sie sich höherstellen, wobei es sich um eine Art Konkurrenzdenken handeln könnte. Womöglich hat sie Angst, du könntest besser sein als sie oder deine Leistung könnte ihre übertreffen. Es scheint mir übrigens kein Zufall zu sein, dass dir das alles so bekannt vorkommt. Hier gibt es offensichtlich einige Parallelen zwischen deiner Mutter und deiner Chefin. Meistens steckt hinter einem solchen Verhalten jedenfalls ein ausgeprägtes Selbstwertproblem. Vielleicht möchte sie dich in eine Opferrolle drängen und dich dadurch kleinhalten, damit du ihr nicht gefährlich werden kannst. Die Entscheidung, ob sie das schafft, liegt allerdings bei dir. Ich weiß, das klingt erst mal nicht so einfach, weil ein solches Verhalten natürlich sehr einschüchternd sein kann. Womöglich hast du Angst vor den Auswirkungen und möchtest deinen Job nicht verlieren, aber sobald sie dich in die Unterlegenheit drängt, erfüllst du ihre Zwecke. Es kann sein, dass sie sich dadurch sicher und auf ihre Art besser fühlt. Die Demütigung hört damit aber nicht auf. Im Gegenteil, sie könnte Gefallen daran finden und sich auf gewisse Weise sogar bestätigt fühlen.«

»Oh ja, ich glaube, genau darum geht es ihr!«, rief Isa.

»Übrigens, auch Marie Curie stieß in ihrem Leben immer wieder auf Ablehnung und harte Kritik. Es wird außerdem vermutet, dass sie am Ende an ihrer eigenen Arbeit gestorben ist, da sie sich ein Leben lang mit radioaktiven Strahlen umgeben hat. Das radioaktive Feld und die schädliche Strahlung, denen sie ständig ausgesetzt war, haben sich letztlich auf ihre Gesundheit geschlagen. Handelt es sich nicht um ein ähnliches Feld, in dem du dich hier bewegst – einem verstrahlten Arbeitsumfeld sozusagen?«

»Ja, ich denke, das ist tatsächlich so«, antwortete Isa und wirkte nachdenklich dabei.

»Das ist es definitiv! Völlig verseucht!« Daniel schien nicht erst überlegen zu müssen.

»Das dachte ich mir, so hört es sich zumindest an. Es ist übrigens auch erwiesen, dass unser Körper auf Stress reagiert. Er warnt uns wie ein Alarmsystem vor zu starker Belastung und zeigt das oft deutlich anhand verschiedenster körperlicher Beschwerden. Nehmen wir beispielsweise die Angina, von der du gesprochen hast, so könnte sie – ohne medizinisch in die Tiefe zu gehen, da ich natürlich kein Arzt bin – auch psychosomatisch ausgelöst worden sein und ein Zeichen für die Enge in deinem Hals darstellen. Ganzheitlich betrachtet stehen Körper und Psyche in engem Zusammenhang. Vielleicht stand die Angina für den Zorn in dir, schon zu lange zu viel zu schlucken. Dein Hals hat wahrscheinlich dichtgemacht und dich daran erinnert, dass es an der Zeit ist, für dich einzustehen und offen und mutig Nein zu sagen, wenn andere deine Grenzen überschreiten und zu viel von dir fordern. Auch die

Kopfschmerzen, die du erwähnt hast, könnten ein Hinweis für den enormen Druck sein, unter dem du stehst. Vielleicht möchte dich dein Körper daran erinnern, dass du dir weniger den Kopf darüber zerbrechen solltest, was du falsch oder besser machen könntest und dass du stattdessen lieber deinen Perfektionsanspruch loslassen und dich in Entspannung üben solltest. Die Lösung wäre, dir nicht mehr den Kopf zu zermartern, warum sich all diese Menschen – wie deine Chefin oder auch deine Arbeitskolleginnen – so verhalten, wie sie sich eben verhalten, sondern lieber gut für dich selbst zu sorgen, die Rolle des Sündenbocks aufzugeben und ein für alle Mal hinter dir zu lassen. Mit hoher Wahrscheinlichkeit hört dann auch das abendliche Hämmern im Kopf auf.«

»Ja, das möchte ich doch auch! In dieser Rolle habe ich mich ohnehin nie wohlgefühlt!« Isa blickte Paul lächelnd, aber auch etwas verzweifelt an. »Es ist ja nicht so, als wäre ich *gerne* der Sündenbock oder das Opfer! Ich frage mich vielmehr, wann ich bei der Vergabe dieser unglücklichen Rolle aufgezeigt habe?! Vielleicht hat da jemand was verwechselt, und ich wollte nur nach dem Weg zum Klo fragen, aber irgendjemand dachte: *Ha, sie will also Scheiße? Dann geben wir sie ihr! Lasst sie der Sündenbock sein. Da kann sie immer wieder in die Kacke hopsen und sich darin wälzen.* Also ich wollte das bestimmt nicht! Absicht war es jedenfalls keine!«

»Das glaube ich dir aufs Wort. Niemand sucht sich die Rolle des Sündenbocks bewusst aus. Ein Wegweiser ist sie trotzdem. Die gute Nachricht ist nämlich: Es gibt immer die Möglichkeit, der ganzen Hopserei ein Ende zu bereiten! Dafür sorgst du vor allem dann, wenn du dich selbst nicht mehr als Opfer siehst und neue Entscheidungen triffst. Du nimmst dann deinen Arm hinunter und zeigst nicht mehr auf, wenn dir jemand wieder diese Rolle verpassen will. Bisher hast du aber die Macht über dein Befinden völlig abgegeben. Deine Chefin und deine Arbeitskolleginnen bestimmen deinen Tag und wie du dich fühlst. Du hast ihnen unbewusst dein Einverständnis gegeben, dass sie das mit dir machen können. Was hier geschieht, ist höchst toxisch, und wie bei jedem Gift ist es so, dass du es entweder selbst zu dir nimmst oder von jemand anderem verabreicht bekommst. Das kann sich anfühlen, als flöße es dir jemand ein. Wenn du aber auf dich achtgibst, lässt du das im Leben nicht zu! Oder würdest du etwa einen Becher Gift trinken, nur weil ihn dir jemand reicht? Vielleicht wüsstest du beim ersten Mal nicht, dass es sich um ein gefährliches Gift handelt, aber spätestens beim zweiten Mal würdest du bestimmt Nein dazu sagen. Schließlich hast du schon am eigenen Leib erfahren, wie sich das anfühlt, und natürlich würdest du nicht noch einmal zugreifen. Die Entscheidung liegt also bei dir, ob du das Gift länger schlucken möchtest. Entscheide dich neu, und zwar für dich!«

»Das sagt sich immer so einfach …«

»Es wird einfach, wenn du die Entscheidung triffst, dass es auch einfach für dich sein darf. Du kannst diesen toxischen Kreislauf unterbrechen, indem du alle Opfergedanken loslässt und dir klarmachst, dass ihre Wahrheit nicht deine sein muss. Wann immer dich jemand kritisiert, kleinmacht oder abwertet – und dir damit Gift verabreichen möchte –, hast du die Wahl, ob du es zu dir nimmst und damit ihre Wahrheit zu deiner machst. Wer sagt denn, dass diese Person recht hat, nur weil sie etwas behauptet? Erst wenn du es als Wahrheit anerkennst und das Gift trinkst, schadet es dir. Wenn du es erst gar nicht zu dir nimmst und ganz bei dir bleibst, gibst du niemand anderem die Macht über dein Wohlbefinden. In dem Moment, in dem du aber beginnst, an dir selbst zu zweifeln, hast du ihnen recht gegeben. Davor ist es einfach eine Meinung, die mehr mit dem Menschen selbst zu tun hat als mit dir.« »Aber ihre Meinung hat doch trotzdem eine Auswirkung auf mein Leben!«

»Nur, wenn du es auch zulässt. Wenn du Nein dazu sagst, veränderst du die ganze Dynamik und somit auch den Ausgang der ganzen Geschichte. Es geht darum, klare Grenzen zu stecken, und es gibt eine Reihe von Möglichkeiten, wie du das tun kannst. Sobald du ins Handeln kommst, steigst du aktiv aus der Opferrolle aus. Ein Sündenbock ist jemand, dem man die Schuld an etwas zuschiebt. Dazu muss man sich aber erst schuldig fühlen, denn sonst würde man sie nicht annehmen. Menschen, die jede Schuld auf sich nehmen, sind also meistens solche, die es allen recht machen wollen, die oft erstarrt in der ersten Reihe stehen und jeden Stein annehmen, den man ihnen zuwirft, oder jedes Gift schlucken, das man ihnen serviert. Sie machen es, weil sie denken, sie müssten das tun, weil sie sonst niemand lieben könnte. Aber mit Liebe hat das nichts zu tun. Mit Selbstliebe schon gar nicht. In der Rolle des Sündenbocks sind wir völlig fremdbestimmt, wir vergessen unsere eigene Entscheidungskraft und die Möglichkeit, Nein zu sagen. Das nächste Mal, wenn deine Chefin oder deine Arbeitskolleginnen dir also etwas zuspielen, dann spiel doch einfach zurück! Hör auf, dich zu rechtfertigen und den Ball bei dir zu behalten, und antworte: ›*Ich denke, dass es gar nicht notwendig ist, alle Preise auswendig zu wissen, schließlich gibt es die Möglichkeit, sie nachzuschlagen. Bei der nächsten Sitzung nehme ich einfach meine Preisliste mit, dann löst sich das Problem.*‹ Kehre die Anschuldigung in eine Lösung um, und bleib dabei bestimmt und souverän. So willigst du erst gar nicht in das Spiel der Abwertung deiner Chefin ein und kannst ihr mit der Lösung den Wind aus den Segeln nehmen. Klein beigeben bedeutet, sich selbst kleinzumachen. Es sorgt für Scham und Schuldgefühle und verstärkt nur die Opfer-Täter-Dynamik. Wenn du nicht stillschweigend jede Demütigung hinnimmst, sondern ganz klar Grenzen setzt und dich dabei nicht infrage stellst, nur weil es jemand anderer gerade tut, wird sich das viel besser für dich anfühlen. Ein *›Nein, aber ich habe eine bessere Lösung‹* oder ein *›Lassen Sie uns gerne ein anderes Mal in Ruhe reden«,* oder auch ein *›Aus meiner Warte schätze ich die Lage so ein …‹* stärkt die eigene Position durch Argumentation und kann schon die Lösung sein. Selbst wenn deine Chefin dann immer noch abwertend und ohne jegliche Argumente reagiert, zeigst du ihr und vor allem auch dir selbst damit, dass du nicht zustimmst und eine klare Haltung hast. Es nimmt dich aus der Position der Schwächeren, was dir im besten Fall Respekt bei deinem Gegenüber verschaffen wird, aber in jedem Fall bessere Gefühle, weil du diesen Respekt dir selbst entgegenbringst. Und wer, denkst du, wird ernster genommen? Die Person, die still bleibt und jeden Vorwurf hinnimmt, oder jene, die klar und sachlich ihre Meinung äußert und sich abgrenzt?«

»Ja, aber dann kann es doch immer noch sein, dass sie ihre Machtspielchen weiterspielt! Oder die Schlangen in der Grube immer weiterzischen!«

»Das stimmt, aber dann spielst du nicht mehr mit und fühlst dich auch nicht mehr ohnmächtig, weil du ihnen nicht die Macht darüber gibst, richtigzuliegen. Du steigst dann bewusst aus dieser Schlangengrube aus und überlässt es ihnen, sich gegenseitig zu zerfleischen. Natürlich kann das anstrengend sein, weil du dich mit aller Kraft da hinausbewegen musst … vielleicht auch jedes Mal aufs Neue. Wenn du merkst, dass du dabei an deine Grenzen stößt und dich immer noch nicht besser fühlst, solltest du dir die Frage stellen, ob dieser Job wirklich das ist, was du möchtest, und ob du dort tatsächlich glücklich sein kannst. Vielleicht entscheidest du dich dann gegen diesen ständigen Kraftakt, weil es auch andere Arbeitsstellen gibt, die nicht so dunkel sind wie diese Grube, sondern herrliche Plätze voller Sonnenschein und saftiger Wiesen. Wir verbringen so viel Zeit in unseren Jobs, dass es auch wichtig ist, sich dort dauerhaft wohlzufühlen. Schließlich handelt es sich um deine wertvolle Lebenszeit. Wenn du also das Gefühl hast, dass das dort gar nicht möglich ist, dann könntest du dich auf die Suche nach etwas Neuem machen. Trau dir zu, dass du etwas anderes, noch viel Schöneres finden wirst. So oft reden wir uns sowohl vor Trennungen als auch vor Kündigungen ein, dass vielleicht nichts Besseres nachkäme. Aber wer sagt das denn? Die Angst! Sie ist aber niemals eine gute Ratgeberin. Nur weil du ihr vielleicht den größeren Stellenwert einräumst als der Zuversicht, dem Mut und dem Glauben an dich selbst, traust du dich nicht, einen Schlussstrich zu ziehen. Dabei täte dir aber womöglich genau der richtig gut.«

»Oh ja, so ein richtig fetter Schlussstrich …«

»Was hält dich davon ab?«

»Eigentlich nur ich mich, wahrscheinlich. Weil ich denke, es doch irgendwie schaffen zu müssen.«

»Was willst du denn schaffen?! Dich kaputtzumachen?«, rief Daniel von der Seite. »Du bist gerade auf dem allerbesten Weg dahin.« Mittlerweile war wohl niemandem entgangen, dass er nicht der größte Fan von Isas Arbeitsplatz und den dazugehörigen Menschen war.

»Daniel hat nicht unrecht. Wem willst du denn etwas beweisen? Und wer lebt dein Leben? Die anderen oder du? Willst du am Ende dastehen und dir erklären müssen, warum du Jahre deines wertvollen Lebens damit zugebracht hast, dich schlecht behandeln zu lassen? Oder wird dir irgendjemand eine Medaille dafür verleihen und dir feierlich sagen: ›Ganz toll, wie wacker du dich in diesem toxischen Arbeitsumfeld geschlagen hast! Es hat dich zwar Jahre deines Lebens gekostet und dich letztlich deiner Gesundheit beraubt, aber dafür erhältst du jetzt diese Tapferkeitsmedaille für die außergewöhnliche Leistung des Dauerleidens!‹

Oder aber du entscheidest dich dafür, mehr verdient zu haben, und machst dich auf die Suche nach einem neuen Job mit netten Arbeitskolleginnen und Kollegen und einer fairen Chefin, die dich zu schätzen weiß. Wie wäre es damit?«

»Ich gebe zu, das hört sich um einiges verlockender an.«

»Selbstwert bedeutet eben auch, dir mehr wert zu sein und Nein zu einem toxischen Arbeitsumfeld zu sagen. Du hast vorher erzählt, was du gerne zu Lea gesagt hättest. Ich denke, es steht für all das, was du dir selbst immer schon sagen wolltest. Dass du nichts falsch machst, sondern nur am falschen Ort bist. Einer, der sich nicht richtig für dich anfühlt und daher auch nicht gut für dich sein kann. Du bist zu dem Schluss gekommen, dass Lea nun die Chance auf einen Job hat, der richtig für sie ist. Denkst du nicht, dass du diese Chance selbst auch verdient hättest? Magst du sie dir nicht auch geben?«

Vielleicht hast du gar nichts falsch gemacht. Vielleicht bist du nur am falschen Ort.

Selbstwert
BEDEUTET
AUCH,
DIR *selbst*
MEHR WERT
ZU SEIN.

HÖLLE MIT POOL

Vielleicht haben sie und mein Chef sich in der Hölle gefunden. Die scheinen sich so verdammt ähnlich zu sein!«, meinte Charly.

»Lasst uns die Bibel mal außen vor halten und die Sache irdisch betrachten«, erwiderte Paul wie immer am Punkt.

»Unterirdisch? Denn so scheinen sie sich zu benehmen«, gab ich auch noch meinen Senf dazu. Hot sozusagen, wegen der Hölle.

»Du sagst es!« Charly schob ihren zweiten Ziegelstein ein wenig nach vorne. »Darf ich vorstellen: Das ist Marc. Ein klotziger, grober Stein, der mich, wo er nur kann, mit boshaften Bemerkungen überschüttet und ich schon Schweißperlen auf der Stirn bekomme, wenn ich nur an ihn denke. Die Hölle scheint mir ein luftig-kühles Plätzchen zu sein, verglichen mit dem Ort, an dem ich mich mit ihm befinde. In der Hölle haben sie noch keinen Marc erlebt. Denn der würde selbst ihnen einheizen! Ich weiß auch genau, was er sagen würde: ›Was soll das zum Teufel für eine Hölle sein?! Denkt ihr, dass dieses kleine lodernde Flämmchen dafür reicht? Bringt dieses Scheißding endlich zum Glühen bis es richtig brennt! Ich führe hier doch nicht zum Spaß Regie! Wenn ich mit Amateuren filmen möchte, dann dreh ich einen Softporno – da sehe ich wenigstens was Schönes und nicht eure jämmerlichen Fratzen! Also reißt euch alle zusammen und zeigt mir, dass ihr das Geld wert seid, das ich euch monatlich auf eure Konten einzahle. Krempelt endlich eure

Ärmel auf und strengt euch hier ein bisschen an. Alle! Ja, auch du, Carlotta! Das ist nämlich nicht deine persönliche Self-love-Area, wo wir Räucherstäbchen anzünden und im Kreis meditieren. Es nennt sich Arbeit! Und du bist meine Regieassistentin – wenn ich also Feuer sage, dann will ich auch Feuer! Ob du dir deine Hand dabei verbrennst, ist mir egal ... wozu hast du eine zweite?!‹ Genau das würde er sagen. Denn das ist seine Art zu denken und Menschen an ihre Grenzen zu treiben, bis sie sich vor ihm auflösen. Sowohl die Grenzen als auch die Menschen. Weil ihm beide nichts bedeuten. Er hat eine Vision, und für die brennt er. Wenn dabei das ganze Team abfackelt, kümmert es ihn auch nicht. Hauptsache, sein Ego spiegelt sich in den Flammen und er steht am Ende glänzend da.«

»Leicht narzisstische Züge, der Herr«, meldete sich Lukas zu Wort. Offensichtlich kannte er noch keine Marc-Geschichten. Ich hatte allerdings schon einige gehört, und so, wie Charly sie erzählte, brachten sie mich jedes Mal zum Lachen, obwohl der Inhalt ganz und gar nicht lustig war. Besonders Marc nicht. Der war einfach kein Spaß.

»Und das lässt du dir gefallen?«, fragte Lukas ungläubig. »Zahlt er denn so gut?!«

»Er zahlt ihr einen Hungerlohn!«, rief Adrian. Irgendwie schienen die Männer aus der Runde nur wenig Verständnis für die finanzielle und emotionale Ausbeutung der Frauen zu haben. Eine gute Sache, wie ich fand, denn ihre Empörung war durchaus berechtigt.

»Ja, na ja ... ich wollte doch immer zum Film ... und das ist eben meine Gelegenheit, einen Fuß in der Tür zu haben. Ich mache den Job ja nur neben meiner Schauspielausbildung!«

»Es ist ein Fulltime-Job! Abends schleppst du dich dann todmüde zum Unterricht«, erklärte Adrian weiter. »Und welchen Fuß in welcher Tür meinst du denn? Seinen? In der Klotür? Mit all der

Scheiße, die er da veranstaltet und dir regelmäßig den Weg überall anders hin versperrt? Können wir nämlich bitte nicht vergessen, dass er dich nie spielen lässt … kein einziges Mal! Und dass du für ihn anscheinend immer nur die Assistentin bleiben wirst?! Die eines windigen Regisseurs, der dich hier doch ganz offensichtlich gnadenlos ausnutzt! Dir ist hoffentlich schon klar, dass du nie eine Rolle durch ihn bekommen wirst?! Oder wo sind sie denn, die zahlreichen tollen Angebote? All die möglichen Rollen, die er dir irgendwann versprochen hat? Oder hat er sie dir gar nicht versprochen und du steckst nur wieder in deiner Hoffnung fest? Da stehst du hinter der verbarrikadierten Tür, die immerzu klemmt! Wach auf, Charly! Selbst wenn du ihm noch tausendmal in den Allerwertesten kriechst und dort ein paar Runden drehst oder Gott behüte – und ich hoffe inständig, dass du das nie zulassen wirst – er dich noch irgendwann rumkriegt! Du wirst durch ihn niemals die Schauspielerin werden, die du so gerne sein möchtest und vielleicht schon längst wärst, wenn du ihm nicht ständig – rein metaphorisch natürlich – die Eier kraulen würdest!«

»Spinnst du, Adrian!! Wie sexistisch kann man bitte denken?! Du überschreitest hier eine Grenze … und zwar genau wie er! Es macht dich also um keinen Deut besser! Ich verbitte mir, dass du auch nur eine Sekunde denkst, ich könnte mich hochschlafen wollen! Warum denken Männer eigentlich überhaupt so etwas! Einer Frau würde das nie in den Sinn kommen! Alleine die Vorstellung ekelt mich an! Und zwar nicht, weil er nicht attraktiv ist, denn aus irgendeinem komischen Trick der Natur versteckt sich diese grässliche Person in einer ganz annehmbaren Hülle. Aber nein, das würde ich nicht!« Sie verdrehte die Augen. »Innerlich ist er nämlich bei Weitem der hässlichste Mensch, den ich kenne! Alles an seinem Charakter und seinen Werten ist einfach nur abscheulich, und ich würde um nichts in der Welt mit ihm schlafen – so gut solltest du mich kennen! Nur weil Männer denken, dass so etwas überhaupt möglich ist, kommt es dann dazu. Also hör auf, so einen Schwachsinn von dir zu geben, sonst kotze ich!«

»Schwachsinn … ja? Er macht also keine Bemerkungen über deine Brüste oder deinen Arsch? Hast du das nicht letztens erst erzählt?«

»Ja, das macht er, und es ist ekelhaft. Aber du gehst in deinen Gedanken noch weiter und machst es damit nur noch schlimmer!«

»*Ich* mache es also noch schlimmer?! Denkst du, es ist okay, dass er das tut? Fängt da nicht bereits Belästigung an?«

»Ja. Und natürlich ist das nicht in Ordnung! Das habe ich doch gesagt!«

»Aber du lässt ihn damit durchkommen! Du sagst kein Wort dazu … Das bedeutet, du nimmst es stillschweigend hin. Das ist quasi eine Einwilligung in sein abartiges Machtspiel, in dem er dich ganz bewusst für seine Zwecke benutzt und ausbeutet. Natürlich hast du keine Schuld daran, dass er sich wie ein mieses Schwein verhält, aber lass dir das bitte nicht gefallen! Er kommt doch immer wieder mit solchen Meldungen an, und du fühlst dich schlecht! Deine Leistung ist völlig nebensächlich für ihn! Er zahlt dir keine Überstunden … manchmal bekommst du dein Gehalt erst am Ende des nächsten Monats, ganz zu schweigen von dem fehlenden Weihnachts- und Urlaubsgeld! Das ist nicht nur eine unfassbare Frechheit – es ist noch dazu gegen das Gesetz und strafbar! Du lässt dir das alles nur gefallen, weil du Angst hast, er könnte dich rausschmeißen und dass du damit die große Chance verpasst, den roten Teppich auf der Berlinale entlangzuschreiten, wo du später deinen Preis entgegennimmst. Diesen Goldenen Bären wird es aber nicht geben! Zumindest nicht durch ihn. Er bindet dir nur einen auf! Siehst du nicht, dass du dafür einen viel zu hohen Preis bezahlst?! Und das weiß er! Er macht das alles ganz bewusst, und mir wird übel, dass er damit durchkommt. Letztens hat er dir sogar gedroht, du könntest dir deine Karriere in den Arsch schieben, wenn du kündigst, und dass du es ohne seine Unterstützung sowieso nie zu etwas brächtest, weil er alle in der Branche kenne und schon dafür sorge, dass dich keiner engagiere! Er droht dir – und das ist nicht nur völlig daneben, du könntest ihn mit all dem auch vor Gericht bringen! Er weiß aber genau, dass du nie etwas unternehmen würdest, und – was noch schlimmer ist – ihm sogar glaubst! Hör doch bitte endlich auf damit! Was du dir wünschst, wird nie passieren. Er ist der allerletzte Mensch auf dieser Welt, der dich deiner Schauspielkarriere auch nur einen Millimeter näher bringt. Du strengst dich zu sehr für ihn an, und irgendwann wird dir die Puste für dich und deine Träume ausgehen, weil er sie im Keim erstickt. Dann hockst du in zehn Jahren immer noch dort, lässt dich anbrüllen und niedermachen und reißt dir den Arsch für diesen Arsch auf! Dein Traum von der Schauspielerei ist dann wegen jemandem geplatzt, den du nicht mal leiden kannst! Also ich meine *ihn* damit! Oder kannst du dich selbst so wenig leiden, dass du dir all das gefallen lässt?! Er bringt dich nicht weiter – ganz im Gegenteil – er hindert dich daran voranzukommen, weil es ihm keinen Vorteil bringt. Diesem Typen geht es nämlich immer nur um das, was für ihn dabei rausspringt, verstehst du das?! Niemals um dich, Charly. Niemals.«

Charly trieb es die Tränen in die Augen, und ich muss zugeben, Adrians Worte berührten mich ebenfalls. Wer hätte gedacht, dass der Surferboy mich noch so richtig zum Nachdenken bringen würde. Da saß ich nun und erinnerte mich durch ihn an vergangene Zeiten und all die Menschen, die mich beinahe dazu gebracht hatten, meine Träume aus dem inneren Fenster zu werfen. Vor meinem geistigen Auge kamen sie mir wieder in den Sinn: all jene, die mich zweifeln ließen – an mir und meinen Plänen. Denen nie etwas genug war und es auch nie sein würde. All die Zweiflerinnen und Zweifler, denen ich mehr Glauben schenkte als mir und so zu meiner eigenen Zweiflerin wurde. So lange trug ich meine Wünsche irgendwo tief in mir begraben umher. Sie alle hatten eine Schippe draufgelegt. Der Professor an der Uni, der mir anhand eines Aktienkurses nahelegte, als Frau das falsche Studium gewählt zu haben. Der CEO, der beim Einstellungsgespräch fragte, ob ich mit meinen lackierten Fingernägeln auch anpacken könne. Die Chefin, die mich sechzehn Stunden am Tag Budgets rechnen ließ und sie als ihre verkaufte. Die Kollegin, die mir am ersten Tag meines Arbeitsbeginns erklärte, dass der Job, den ich bekommen hatte, eigentlich ihr zustand, und sie mir von da an das Leben zur Hölle machte. Ein weiterer Chef, der mir während der Besprechung von Umsatzzahlen klarmachte, dass ich öfter Lippenstift und Röcke tragen solle – selbstverständlich nur, weil es der Firmenpolitik entsprach. Oder der Kollege aus dem Vertrieb, der zwecks Teambuilding vorschlug, dass wir doch alle beim dekadenten Firmenevent in weißen Kleidern in den Pool springen sollten. Selbstverständlich nachdem ich mir schon den ganzen Abend auf dieser heiteren Fête Blanche sexistische Witze von angetrunkenen, weißen Männern anhören musste, die Blondinenscherze für den reinsten geilen Scheiß hielten. Ich bin nicht gesprungen, weil ich für einen Job weder in ein Pool noch aus dem Fenster springe, nur weil mir jemand sagt, dass ich das tun solle. Und trotzdem trafen mich ihre Blicke. Die urteilenden, mahnenden, Sie-versteht-keinen-Spaß-Blicke, die sich bei der Entscheidung über den nächsten Karriereschritt vielleicht doch eher dem duften Typen zuwandten, der nach sieben Whiskeys grölend in den Pool gesprungen war, und dadurch irgendwie glaubhafter für die Position rüberkam.

Ich hätte mich natürlich mit allen an die Bar stellen und *meinen Mann stehen* können. Das sagt man doch so. Dabei hätte ich vermutlich zu laut gegrölt, zu dreckig gelacht, und natürlich wäre ich in diesen verdammten Pool gesprungen. Ob ich dadurch weniger Frau geworden wäre und bessere Chancen auf die nächste Gehaltserhöhung bekommen hätte, kann ich nicht sagen. Vielleicht ging es auch gar nicht darum. Ich hätte mich bei dem Sprung ohnehin nur verdreht und am Ende selbst verletzt und schwer erkältet. Meine Seele zum Beispiel. Meinen Körper hatte es jedenfalls damals ständig gebeutelt. Vor Schüttelfrost und Fieber, weil er es längst nicht mehr ertrug. Ich konnte meine Arztbesuche kaum mehr zählen, so oft war ich zu jener Zeit krank und trotzdem im Büro gewesen. Darüber hinaus hatte ich durch all das begonnen, an mir zu zweifeln. Mein Vertrauen in mich lag irgendwo dort, wo ich mich selbst am Boden fühlte.

»Wenn ich mir Ihre Krankenakte so ansehe, dann liegt es auf der Hand«, meinte mein HNO damals mahnend zu mir. *»Sie haben die Nase voll! Ändern Sie etwas!«*

Ich habe ihn seit meiner Kündigung nicht wiedergesehen. Letztlich bin ich seinem Rat gefolgt und habe es keine Sekunde bereut. Ich fing an, nicht nur diesen Job, sondern auch all die Zweifel hinter mir zu lassen und wieder an mich und meine Träume zu glauben. Die Kündigung war mein Schritt in meine eigene Richtung, wo sich alles für mich drehte.

Mit Männern arbeite ich übrigens sehr gerne. Mit Frauen natürlich auch. Aber ich wähle weise. Weil wir immer die Wahl haben. Mittlerweile weiß ich, wie wichtig es mir ist, mit Menschen – egal welchen Geschlechts – zu arbeiten, die mich respektieren, genau wie ich sie. Lippenstift und Röcke trage ich nur dann, wenn mir danach ist. Es mag die Herrschaften von damals vielleicht überraschen, aber meine Leistung ist dadurch weder besser noch schlechter und was ich tragen oder ertragen möchte, bestimme ich.

Zu oft sagen wir Ja, weil wir denken, nicht Nein sagen zu können. Dabei gibt es auch andere Jobs und andere Menschen –

solche, die uns zu schätzen wissen und uns nicht aufgrund unseres Aussehens, Geschlechts, der Herkunft, Hautfarbe, des Alters, sexueller Orientierung oder unserer Erscheinung be- oder am Ende vielleicht sogar *ver*urteilen. Was zählt, ist nicht, wie wir auf andere wirken, sondern wie wir uns verhalten und was wir bewegen. Das gilt auch für andere. Denn auch ihr Verhalten beeinflusst unsere Gefühle und bewegt etwas in uns. Selbst wenn wir lernen, uns weitgehend von der Meinung anderer zu distanzieren, vielleicht sogar zu befreien, weil wir ohnehin nicht ändern können, was andere über uns denken, sollten wir uns doch fragen: Was lassen wir zu? Und welche Handlungen überschreiten unsere Grenze? Darauf gibt es nur eine Antwort, und sie lautet: Wir lassen immer das zu, wovon wir denken, es verdient zu haben. Sollte das weniger sein als das Beste, dann ist es an der Zeit, sich dem eigenen Selbstwert zu widmen und sich schlicht und einfach mehr wert zu sein. Einen Job zu beenden, in dem wir nicht respektvoll behandelt werden, ist genauso wichtig, wie eine Beziehung zu beenden, in der unser Wert nicht erkannt oder geschätzt wird. Um das zu erkennen, braucht es manchmal Zeit, aber vor allem den radikalen Mut, für sich einzustehen.

Auch ich habe zu lange zu wenig gesagt und zu viele körperliche Symptome gezeigt, weil ich alles für andere, aber zu wenig für mich selbst getan habe. Die Tatsache, dass es sich um eines der renommiertesten Unternehmen der Welt handelte, hat mich damals geblendet. Ich dachte, es wäre ein Privileg, dort arbeiten zu dürfen. Das hatte man uns zumindest jeden Tag erklärt. »Wer gehen möchte, wisse, wo die Tür sei«, hatten sie gemeint. Schließlich stünde bereits eine Schar anderer junger Menschen davor, die nur darauf wartete, diese Chance zu bekommen. Ich hätte ihnen abgeraten, weil genau wie bei Charly auch bei mir der Preis dafür zu hoch war. Es war keine Chance, es war eine Probe. Eine des

Lebens, bei der ich viel lernen durfte. Wenn uns das Leben vor solche Proben stellt, dann haben wir aber immer die Möglichkeit zu wachsen und neu zu entscheiden. Denn ganz gleich, ob es sich um eine berufliche oder private Beziehung handelt – je toxischer sie ist, desto mehr versuchen uns andere einzureden, dass wir uns gefälligst glücklich zu schätzen haben. Aber bedeutet glücklich zu sein nicht, dass wir es einfach sind? Ganz ohne es uns selbst einreden zu müssen oder uns von anderen manipulieren zu lassen, weil wir uns am Ende selbst nicht mehr glauben? Sich kleinzumachen für Menschen, die sich groß aufspielen, ist weder in einer Partnerschaft noch im Job gesund. Ich war damals nicht glücklich. Aber ich war es danach, als ich meine Kündigung auf den Tisch legte, meiner Hölle ein Ende bereitete und eine E-Mail mit den folgenden Worten schrieb: »Nichts ändert sich, bis wir es ändern. Ich verabschiede mich: Weil ich es mir wert bin.«

Ich bin nie in diesen Pool gesprungen, und trotzdem wäre ich beinahe ertrunken. Nach außen war alles so unfassbar cool, doch drinnen fühlte es sich wie die Hölle an. Um sie zu verlassen, brauchte es nicht viel. Ich musste nur aufhören, daran festzuhalten und mir dabei die Finger zu verbrennen.

Was du *nicht änderst,*
das wählst du.

Du wirst nie
das *bekommen,*
was du dir
wirklich *wünschst,*
wenn du nicht
das *loslässt,*
was dich
davon abhält.

IN DIE SCHRANKEN

Dein Chef scheint sich sehr übergriffig zu verhalten. Hast du denn das Gefühl, er respektiert deine Grenzen, Charly?«, fragte Paul.

»Pfff ... welche Grenzen? Sie setzt ja keine!«, meldete sich Adrian wieder als Erster und schüttelte den Kopf. Ich war sicher, er meinte es gut, aber an seinem Feingefühl könnte er noch arbeiten.

»Und du überschreitest sie – genau wie mein Chef, indem du dich ständig einmischst und alles besser weißt«, konterte Charly.

»Aber irgendjemand muss dir doch sagen, dass du dir das nicht gefallen lassen sollst!«

Damit lag er meiner Meinung nach gar nicht so falsch. Sind Freunde nicht gerade dazu da, uns die Dinge zu sagen, die wir am wenigsten hören wollen, weil wir sie vielleicht in dem Moment am dringendsten brauchen? Sich Dinge schönzureden, bringt uns nicht weiter. Vor allem dann nicht, wenn sie sich immer noch schlecht anfühlen. Charly hatte jedenfalls auch eine Meinung dazu.

»Das sagst gerade du, der solche dicken Mauern um sich herum aufgebaut hat, dass dir ohnehin niemand zu nahe kommen kann. Klar kann deine Grenzen niemand überschreiten, weil du so dichtgemacht hast, dass nichts und niemand dich berührt. Ich bin mir aber nicht sicher, ob das wirklich so wünschenswert ist ...«

»Hast du denn das Gefühl, dass deine Grenzen respektiert werden?«, fragte Paul noch einmal ruhig nach.

»Nein, natürlich nicht! Ich bin ja nicht dumm. Ich weiß, dass Marc weder Grenzen noch mich oder irgendjemand anderen respektiert.

Aber was ist die Alternative? Ändern werde ich ihn bestimmt nicht!«

»Da hast du vollkommen recht. So, wie du deinen Chef beschreibst, beißt du dir vermutlich nur die Zähne aus, wenn du versuchst, ihn zu verändern. Das wird aller Voraussicht nach nicht gelingen. Was du allerdings verändern kannst, ist deine Reaktion auf ihn. Vielleicht wäre ein Mittelweg ganz gut zwischen Adrians Zugang, wie du ihn gerade beschrieben hast, und deinem bisherigen. Die Lösung wäre dann vermutlich irgendwo zwischen *seinem* verbarrikadierten Hochsicherheitstrakt mit Schützengraben und doppelter Falltür und *deinem* offenen Haus ganz ohne Tür, in das jeder hereinspazieren und nach Belieben jederzeit eine Verwüstung hinterlassen kann.«

Lukas sah mich an und ließ seinen Sir-Lancelot-Ritter von der Tischmitte rückwärts zu sich spazieren. Ob er und Adrian etwa doch mehr gemeinsam hatten, als er dachte, und es ihm gerade in diesem Moment klar wurde?

»Wenn du dich gegen eine Tür entscheidest, weil du dich nicht ganz verschließen möchtest, wie wäre es denn mit einer anderen Abgrenzung? Du könntest etwa damit beginnen, Schranken zu setzen«, sprach Paul währenddessen weiter mit Charly und bekam nichts von Sir Lancelot mit. »Sie grenzen auch ab und sind nicht so dicht wie eine Tür. Vielleicht möchtest du auch ein Schild daneben anbringen, mit dem Hinweis: *Bis hierhin und nicht weiter.* Weißt du denn, wo diese Grenze für dich liegt? Es wäre nämlich wichtig, sie zu kennen, damit du sie entsprechend festlegen und die Schranken gegebenenfalls herunterfahren kannst. So bleibst du immer noch offen, zeigst aber klar, wann es dir zu viel ist.«

»Zu viel also ...« Sie überlegte.

»Ja ... oder auch genug.«

»Aber wann weiß ich, wann es genug ist?!« Charly sah ihn fragend an. »Wo ziehe ich denn die Grenze oder den Schlussstrich? Wie um

Himmels willen weiß ich, ob es Zeit ist, mich umzudrehen und zu gehen oder wann es noch Sinn macht zu bleiben? Dieses Thema hatte ich doch schon bei Konstantin und jetzt wieder bei Marc und selbst bei Philipp habe ich keine Ahnung, wann das sein soll oder was überhaupt richtig ist! Es scheint, als hätte ich diese inneren Schranken nicht, die mir zeigen, wann es genug ist. Ich spüre sie einfach nicht!«

»Dann kannst du ab jetzt lernen, für dich herauszufinden, wo diese Grenze für dich sein soll, und dort beginnen Schranken zu setzen.«

»Aber wie? Und was sind die richtigen Gründe? Wann ist es denn zu viel? Immer wenn ich denke, es wäre zu viel, meinen andere, *ich* wäre es! Von allem zu viel! Zu sensibel, zu anspruchsvoll, zu vereinnahmend oder zu emotional. Wer hat denn nun recht?«

»Es ist nicht wichtig, wer recht hat. Du kannst lernen, dir selbst recht zu geben mit allem, was du fühlst, weil es in dem Moment nun mal so ist, und auch nichts verwerflich daran ist. Niemand hat das Recht, dir deine Gefühle abzusprechen. Wenn du sensibel bist, dann ist das eben so, wenn du Ansprüche hast, dann weil ein Gefühl dir sagt, dass das wichtig für dich ist. Wenn du einen Wunsch nach Nähe verspürst, dann ist auch das ein Bedürfnis in dir, dem du dich widmen kannst, und wenn du emotional bist, dann weil du ein Mensch bist und all das zu dir gehört! Es darf sein. Nur weil jemand anderer nicht mit deinen Gefühlen umgehen kann, sind sie nicht falsch. Sie gehören zu dir. Und du entscheidest, wann du sie loslassen möchtest. Dafür musst du sie aber zunächst annehmen.«

Charly blickte Paul mit großen Augen an als hätte sie mit einem Mal verstanden. Sie war sprachlos, und das geschah zugegebenermaßen nicht sonderlich oft.

»Hier geht es also nicht darum, was für andere zu viel ist«, sprach Paul weiter. Seine Stimme hatte etwas unglaublich Sanftes an sich und vermittelte diese vollkommene Akzeptanz im Unterton, die das tiefe Gefühl im Innersten hinterließ, dass alles richtig war, genau so, wie es war … ja, sogar noch mehr: dass nicht nur Charly, sondern wir alle richtig waren, genau so, wie wir waren. Mit allem. Oder gerade deswegen. Und dass all jene, die das Gegenteil behaupteten, nur irgendwo tief drinnen vergessen hatten, den Schatten in sich anzunehmen, bevor sie ihn in Form von düsteren Anschuldigungen andere überzogen.

»Du musst herausfinden, wann es *dir* zu viel ist. Möglicherweise hast du irgendwann verlernt, auf dieses Gefühl zu achten, weil man es dir abgesprochen hat. Wenn du keine Grenzen aufzeigst, hat das nämlich für andere gewisse Vorteile. Es sind genau die Menschen, die dir einreden wollen, dass Grenzen nicht notwendig sind, die einen Nachteil davon haben, wenn du sie ziehst. Denn würdest du damit beginnen, deine Grenzen klar zu zeigen, könnten sich weder dein Chef noch deine beste Freundin und auch dein Ex-Freund nicht weiter so aufführen, und du wärst nicht mehr ständig für alle verfügbar, wann es ihnen gerade beliebt. Selbstverständlich wäre ihnen das ganz und gar nicht recht. Aber wie schon erwähnt, geht es auch nicht darum, es der ganzen Welt recht zu machen, sondern darum, wie es *dir* dabei geht, weil es *dein* Leben ist. Um die Gunst anderer zu buhlen, die du ohnehin nie erhalten wirst, solange du dich nicht um dich kümmerst, wird dich nicht weiterbringen. Genauso wenig wird es dir helfen, dich ständig für andere zu entscheiden, weil du dich dabei nur selbst verlierst. Was du allerdings tun kannst, ist, ab jetzt anzufangen, dich für dich selbst zu entscheiden! Dann wirst du herausfinden, wo sich deine Grenzen befinden, und lernen, dafür einzustehen. Solange du dich und deine Grenzen aber nicht ernst nimmst, wird es auch niemand anderer tun.

»Okay. Gehen wir mal davon aus, ich würde beginnen, genau das zu tun, und ich würde ausschließlich auf mich und meine Gefühle achten und nur mehr das tun, was ich will,«, antwortete Charly skeptisch. »Es erscheint mir zwar kaum umsetzbar, aber sagen wir, es wäre wirklich möglich. Was würde dann passieren? Dann werde ich doch genau so wie sie alle! So wie mein narzisstischer Chef, der rücksichtslos über die Bedürfnisse anderer hinweg entscheidet, wenn es ihm einen Nutzen bringt, oder wie Joanna, deren Welt sich ausschließlich um sie dreht, oder wie Konstantin, der sich einfach nimmt, wen oder was er gerade braucht, und anschließend genauso rasch wieder wegwirft, wenn er keine Lust mehr darauf hat! Werden wir so nicht alle zu egoistischen Arschlöchern, die gar nichts mehr kümmert außer ihr eigener Vorteil? Steuert bei all dem Selbstliebe-Gefasel unsere Gesellschaft nicht genau auf einen solchen Egoismus-Crash zu?«

»Gut, dass du das ansprichst. Denn so ähnliche Gedanken höre ich öfter. Zu dem von dir beschriebenen *Gefasel* der Selbstliebe möchte ich sagen, dass weder das Verhalten deines Chefs, deiner Freundin noch deines Ex-Freundes etwas mit Selbstliebe zu tun hat. Ganz im Gegenteil. Wer sein Ego in übertriebenem Ausmaß über andere heben muss und keine Empathie für andere Bedürfnisse hat, dem mangelt es in den meisten Fällen selbst ganz stark an ebendieser. Egal, ob es sich also um Selbstliebe oder die Liebe im Allgemeinen handelt – wir können uns immer erst dann auf Augenhöhe mit anderen begeben, wenn wir fähig sind, uns selbst mit Liebe und Respekt zu betrachten. Bei einem Mangel an Selbstliebe allerdings entsteht oft das Gefühl der Bedrohung durch andere und das Bedürfnis, sie deshalb kleinzumachen, um sich letztlich selbst größer zu fühlen. Diese Rechnung geht aber nie wirklich auf, weil das ständige Überhöhen des eigenen Wertes und die Abwertung anderer nur ein Spiegel für die eigene Unsicherheit sind und der Wunsch, sich endlich wertvoll zu fühlen, damit nie wirklich befriedigt wird. Wer andere schlecht behandelt, ist auch nicht gut zu sich selbst und sieht seinen eigenen Wert nicht. Ganz im Gegenteil. Menschen, die lieblos mit anderen umgehen, zeigen vor allem, wie wenig sie sich selbst leiden können. Genauso verhält es sich aber auch mit Menschen, die keine Grenzen setzen und sich alles gefallen lassen. Aus einem Mangel an Selbstliebe denken sie, nicht mehr verdient zu haben. Wer in der Liebe ist – also liebevoll mit sich und anderen umgeht –, erkennt seinen eigenen Wert genau wie den der anderen und muss sich weder kleiner noch größer machen.« Paul machte eine kurze Gedankenpause, bevor er weitersprach. »Wann immer ihr euch daher fragt: Warum machen sie das mit mir? Dann ist hier eure Antwort: weil es reingeht. Wenn ihr wollt, dass es aufhört, und ihr euch dagegen entscheidet, euch weiterhin als Opfer zu fühlen, fangt an, eure Grenzen klar zu kommunizieren und Schranken zu setzen.«

Hätte er ein Mikro gehabt, wäre das der berühmte Mic-Drop-Moment gewesen. Ich musste zugeben, niemand brachte die Dinge so klar auf den Punkt wie Paul. Ich schwor mir, mich in Zukunft an seine Worte zu erinnern, wenn es wieder an der Zeit war, anderen freundlich meine Grenzen aufzuzeigen und sie in die Schranken zu weisen. Ich würde ihnen gar nicht mehr böse sein, weil ich nun wusste, dass sie den viel größeren Stein zu tragen hatten, wenn sie so wild um sich werfen mussten. Aber ich würde diesen Stein auch weder fangen noch zurückspielen, sondern einfach weiterziehen.

»Ich wünschte manchmal trotzdem, Marc würde all das auch widerfahren, was er mit anderen Menschen macht«, murmelte Charly gedankenversunken.

»Ist das denn nicht längst so? Oder wie, denkst du, fühlt es sich an, ständig im Krieg mit anderen zu sein und wild um sich zu feuern? Meinst du, so jemand ist im Frieden mit sich selbst?«

Charly schüttelte den Kopf. Das war wohl Antwort genug, und Paul schlug eine Pause vor.

Wie Menschen
dich behandeln, zeigt,
wie *viel* oder *wenig*
sie sich selbst
leiden können.
Wenn du dich
schlecht behandeln
lässt, zeigst du,
wie wenig du dich
selbst leiden kannst.

DÄMONEN UND GIFTPFEILE

Lukas und ich nutzten die Pause, um uns einen Kaffee zu genehmigen. Als wir beide genüsslich von unseren Tassen nippten und Lukas sich wieder Richtung Tisch zurückbegeben wollte, blickte ich aus dem Fenster und hatte eine spontane Idee. »Komm, lass uns ein wenig am See entlangspazieren!«, sagte ich schnell, damit er nicht gleich Nein sagen konnte – wohl wissend, dass er es mit ziemlicher Sicherheit für gar keine gute Idee hielt.

»Aber in zehn Minuten geht es weiter …«

»Eben. Ganze zehn Minuten frische Luft und Seeblick – das wird uns beiden guttun!«

»Seeblick haben wir doch die ganze Zeit«, motzte er und deutete auf die Fensterfront.

»Ja, und nächstes Mal siehst du dir Fotos auf Instagram an und meinst, erst gar nirgends mehr hinreisen oder überhaupt irgendetwas erleben zu müssen, weil du ohnehin schon ein Foto davon gesehen hast. Das ist doch nicht dasselbe! Los jetzt!«

Ich stellte meine Tasse neben der Kaffeemaschine ab und deutete Lukas mir auch seine zu reichen.

»Als wäre ich in der Pandemie nicht schon für drei ganze Leben in der Gegend herumspaziert«, murmelte er wenig begeistert, folgte mir dann aber trotzdem.

Ich musste schmunzeln, weil Lukas nicht ganz unrecht hatte. Spaziergänge hatten seither tatsächlich einen eigenartigen, beinahe etwas faden Beigeschmack, und trotzdem war kaum etwas beruhigender, als den Kopf mal auszuschalten und ihm mit ein paar Schritten eine Pause zu gönnen. Das wussten bereits die großen Zen-Meister, und wer sagte, dass die immer männlich sein müssen? Ich schnappte daher als selbsterklärte Meisterin des gegenwärtigen Augenblicks unsere beiden Jacken und reichte Lukas seine, während ich mir meine gleich überzog. Im Hintergrund hörte ich Paul rufen: »Um Viertel geht es weiter ... und vergesst eure Steine nicht!«

»Jaaaa!«, rief ich zurück. Natürlich hätte ich sie vergessen. »Verdammt ...«, murmelte ich leise vor mich hin, ging rasch zum Tisch zurück und griff mir unsere beiden Steine, um Lukas' Meinung darüber rasch im Keim zu ersticken.

»Das ist jetzt nicht dein Ernst!« Es hinderte ihn aber nicht daran, sich trotzdem darüber aufzuregen. Und natürlich verdrehte er die Augen, als ich wieder mit unseren Steinen zu ihm zurückkam.

»Mach jetzt keine große Sache draus, ich hab da eine Idee!«

»Möchtest du beide Steine den ganzen Weg über tragen ...? Das wäre typisch für dich!«

»Nein, komm!«, erwiderte ich, ohne auf die Andeutung einzugehen, dass ich mich in der Vergangenheit immer wieder mal mit Schwung darauf eingelassen hatte, anderen Menschen Dinge abzunehmen, die sie selbst hätten tragen sollen und die mir später auf die Füße fielen. *Mein Stein, dein Stein* – ich hatte zu oft *unseren Stein* daraus gemacht, weil ich dachte, es würde leichter, wenn ich ihn anderen abnehmen würde. Dabei hatte ich vergessen, dass das nicht für mich galt, weil ich ja dann alles schleppte. In diesem Moment trug ich die zwei Steine jedoch aus Überzeugung für uns beide, schließlich hatte ich einen Plan und wunderte mich, dass ich nicht schon früher draufgekommen war.

Als wir an der Salzgrotte vorbei hinaus an den Steg gelangten, legte ich die beiden Ziegelsteine seitlich neben der Tür am Boden ab. Ich wischte mir die Hände an meinem dunkelgrauen Kleid ab, wobei mir die Farbe sehr entgegenkam. Und auch, wenn sich normalerweise niemand Dreck in sein eigenes Gewand schmiert, war es dennoch irgendwie befreiend, weil meine Hände sich schon nach dem kurzen Stück irgendwie schmutzig angefühlt hatten. Wie viele Grenzen wir uns doch oft im Kopf auferlegten, was wir dürften und was nicht. Ich blickte auf die Steine am Boden, danach sah ich Lukas zufrieden an. »Siehst du! Problem gelöst!«

»Clever!«, meinte er und schüttelte den Kopf. Ob es daran lag, dass er sich über die Einfachheit der Lösung wunderte oder dass ich die Steine überhaupt mitgeschleppt hatte, konnte ich nicht sagen. Als ich sie ablegte, wurde mir mit einem Mal klar, dass sich schon bald alles um diese beiden Steine, das weiße Kaninchen und Sir Lancelot drehen würde. Ich fühlte mich irgendwie unbehaglich bei dem Gedanken, weil ich wusste, dass wir dazu in die Vergangenheit reisen mussten und uns die Ziegelsteine genauer ansehen würden. Das konnte ganz schön unbequem werden. Aber vermutlich war genau das wichtig, um sie später loszulassen. Dahingehend vertraute ich Paul. Ob er es gutgeheißen hätte, dass ich mich entschieden hatte, die Steine nicht mit auf den Weg zu nehmen?

Es war kalt geworden, und unser Atem hinterließ kleine Rauchzeichen in der Luft, als wollten sie etwas sagen, während sich das Schilf vor dem Wasser im eisigen Wind sanft hin und her wiegte.

»Und ...?«, fragte ich nach ein paar Metern der Stille, weil ich – Frau, wie ich nun mal bin – nicht allzu lang still sein konnte. Oder auch nicht sein wollte.

»Und was?«

»Na, wie findest du es bisher?«

»Überraschenderweise ganz gut ... hab dich in ein paar Situationen wiedererkannt!«

»Du hast *mich* in ein paar Situationen wiedererkannt?«, wiederholte ich noch einmal, weil es doch vielmehr darum ging, sich selbst darin zu erkennen. Ich fragte mich also, wo er in dem Spiel blieb.

»Ja, sicher. Nach deinem Studium! Da hast du doch auch diese Dinge erlebt! Erinnerst du dich nicht?«

Ich fand es beeindruckend, wie gut sich Lukas offensichtlich an mein Leben erinnerte, ohne seines dabei in Erwägung zu ziehen. »Du meinst, im Job? Ja, natürlich erinnere ich mich. Ist dir so was eigentlich nie passiert?«

»Nein. Aber mir sind auch nie irgendwelche Konstantins oder Juliusse passiert. Dir aber schon. Also reden wir hier nicht nur von Jobs.« Ich wusste, dass er es nicht böse meinte. Und er hatte sogar recht damit, denn genau so war es damals gewesen. Schließlich hatte er sich genügend Geschichten über die Jahre hinweg anhören müssen, oder schlimmer noch – er hatte sie alle gezwungenermaßen mit mir durchgestanden –, was rückblickend recht anstrengend gewesen sein musste. Als mein bester Freund hatte er sich bestimmt nicht nur einmal an den Schädel gegriffen und sich vermutlich dieselben Fragen gestellt, die sich auch Adrian bei Charly stellte. Fragen wie: Warum tut sie sich so etwas an? Im wahrsten Sinne des Wortes. Denn im Grunde verletzen wir uns doch immer nur selbst damit, solange wir uns mit Menschen umgeben, die uns nicht guttun. Mittlerweile hatte ich meine Antwort darauf gefunden: Ich wusste es damals einfach noch nicht besser. Und das ist okay – solange wir aus unseren Erfahrungen lernen. Letztendlich ist genau das passiert. Ich hatte danach gelernt, andere Entscheidungen zu treffen. Sobald ich erkannt habe, welche Menschen mir guttun und welche mich vorwiegend Kraft kosten, und ich Letzteren weniger Aufmerksamkeit widmete, verschwanden sie wie von Geisterhand aus meinem Leben. Ganz ohne Anstrengung – ich musste sie nicht mal dazu auffordern. Energievampire langweilen sich nämlich ziemlich schnell, wenn man ihnen nicht ständig irgendwelche Körperteile – im schlimmsten Fall das Herz – entgegenstreckt, damit sie es bis auf den letzten Tropfen aussaugen können. Hat man erst mal das Nein als Knoblauch gegen kräftezehrende Energiesauger für sich entdeckt, vertschüssen sie sich ganz von selbst und ziehen weiter zu jenen Opfern, die sich freiwillig und ohne großen Zinnober aussaugen lassen. Davon gibt es bekanntlich jede Menge. Und auch wenn Lukas keines dieser Opfer war, die sich energiesaugenden, dunklen Dämonen selbst zum Fraß hinwarfen, wunderte es mich trotzdem, wie er es immer schaffte, es so wirken zu lassen, als könnte ihm all das, was dem Großteil der Welt schon mal passiert ist, rein gar nichts anhaben.

Ich fragte mich, ob Paul das genauso sah oder ob er Lukas noch dazu bringen würde, sein Visier hochzuklappen, um das zu sehen, was es letztlich auch für ihn noch zu lösen gab.

»Du hast also nichts mit toxischen Menschen am Hut?«

»Nein. Ich halte es damit, wie du es in deinem ersten Buch geschrieben hast: Ich trage den Opferhut erst gar nicht. Unter der riesigen Krempe ist es mir zu dunkel. Ich bin viel lieber der Entscheider als das Opfer.«

»Ja klar, wer möchte das nicht sein? Und wofür entscheidest du dich?«

Lukas machte eine kurze Pause, nachdem wir bereits eine Weile durch den Nebel spaziert waren, bevor er mich schließlich anblickte. Seine Antwort war so klar wie der See, der vor uns lag. »Na, was denkst du, wofür ich mich entscheide … oder besser noch: für *wen*? Mit Sicherheit nicht für irgendeinen wildfremden Menschen, dessen Leben ich nicht führe und der meines nur vergiften will, so wie dieser Marc oder Konstantin oder wie sie alle heißen mögen.«

An der Weggabelung machten wir eine Wendung, weil eine Viertelstunde schon fast wieder um war. »Für mich«, fügte er noch hinzu. »Ich entscheide mich für mich.«

Es klang so logisch und einfach aus seinem Mund. Und doch fiel es so vielen Menschen so unglaublich schwer, sich für sich zu entscheiden und sich von niemand anderem aussaugen zu lassen.

Zurück am Steg, hätte ich schon beinahe unsere beiden Ziegelsteine vergessen und fand es ein gutes Zeichen. Warum sich auch beschweren, wenn man gerade in der Leichtigkeit war? Lukas erinnerte sich allerdings, hob die Steine auf, und diesmal trug er sie für uns beide hinein. Ich übte mich darin, ihm nichts abnehmen zu wollen, da ich es für wichtig hielt, hin und wieder auch Hilfe annehmen zu lernen. Da es sich um eine kurze Strecke handelte, war auch nichts verkehrt daran, sich von anderen helfen zu lassen, wenn sie die Steine selbst nicht als Last empfanden und sie auch irgendwann wieder ablegten. Die Balance zwischen Geben und Nehmen macht wohl eine Freundschaft aus.

»Na, wie war euer kleiner Spaziergang?«, fragte Paul, als wir den *Raum am See* betraten. »Seid ihr ein paar Dämonen im Nebel begegnet?« Er grinste.

Ich hingegen war völlig perplex. »Das gibt es doch nicht …«, stammelte ich, als ich meine Jacke an den Ständer hängte und nicht glauben konnte, dass Gedankenleser-Paul wieder einmal mehr wusste, als ich erzählt hatte.

»Vielleicht keine direkten Begegnungen. Aber im übertragenen Sinn, ja!«, meinte ich und begab mich zurück zum Tisch, als plötzlich alle Augen auf mich gerichtet waren. Ich setzte mich, und Lukas legte meinen Ziegelstein vorsichtig neben mir ab, schlenderte mit seinem eigenen zurück zu seinem Stuhl und setzte sich ebenfalls hin. Er schien nicht zu wissen, worauf ich hinauswollte, denn er sah mich dabei fragend an.

»Ich hab mich während des Spaziergangs gefragt, warum wir uns überhaupt auf Energievampire einlassen und es manchen Menschen so viel besser gelingt, sich von ihnen fernzuhalten als anderen. Ob es vielleicht an unseren eigenen Dämonen liegt?«

»Ein spannender Gedanke«, antwortete Paul. »Ich hatte ja eingangs bereits erwähnt, dass es durchaus hilfreich sein kann, sich seine eigene Schattenwelt anzusehen und sich auf die Suche nach blinden Flecken zu machen. Wir können sie auch die eigenen Dämonen nennen, weil uns diese Schatten eben oft große Angst machen, bis wir erkennen, dass sie genauso zu uns gehören wie die Seiten, die wir an uns mögen. Aber erst wenn wir auch die Schatten annehmen, nehmen wir ihnen die Macht.«

»Wann hattest du denn all diese Gedanken, Miss Van Helsing?«, fragte Lukas und spielte offensichtlich auf die Dämonen an. »Wir haben uns doch fast den ganzen Weg über unterhalten?«

»Tja, ich bin eben Multitaskerin ... Ich kann reden und denken gleichzeitig!«

»So, so. Kein Wunder, dass ihr Frauen immer Kopfschmerzen habt. Wer sich so viele Gedanken macht, verstrickt sich leicht in irgendwelche inneren Dramen. Hast du den Kampf denn gewonnen?«

»Welchen?«

»Na, gegen die Dämonen«, antwortete Lukas. »Ich stelle mir nämlich die Frage, ob wir überhaupt irgendwelchen Dämonen begegnen, wenn wir sie nicht als solche betrachten ... sowohl in uns als auch in anderen. Vielleicht brauchen wir sie auch gar nicht zu jagen, wenn wir ihnen nicht von vornherein diese enorme Macht geben.«

»Ja genau, das habe ich auch gedacht! Deshalb habe ich mir ja überhaupt erst die Frage gestellt. Erinnerst du dich, als ich dich gefragt habe, ob du noch nie toxische Menschen in deinem Leben hattest, und du verneint hast? Ich frage mich, ob es daran liegt, dass dir tatsächlich nie toxische Menschen begegnet sind, oder ob sie erst dann toxisch werden, wenn wir eine Verbindung mit ihnen eingehen, die es braucht, damit es überhaupt erst toxisch wird. Vielleicht steigst du aber erst gar nicht darauf ein oder früh genug aus und lässt damit gar nichts Toxisches zu. Ich für meinen Teil denke nämlich, dass wir alle Menschen über den Weg laufen, die toxisch für uns sein können. Manchmal schon ganz früh und gezwungenermaßen, weil sie sich – wie bei dir, Isa – vielleicht sogar in der eigenen Familie befinden und wir sie da schwer loswerden können. Ich habe mir aber die Frage gestellt, ob wir vielleicht nicht doch mehr in der Hand haben, als wir denken. Möglicherweise liegt es an uns und unseren eigenen Dämonen, wie sehr wir uns auf den Kampf mit anderen einlassen? Nur weil sie vielleicht Krieg mit sich und anderen führen wollen, heißt das doch noch nicht, dass wir ihn auch führen müssen. Was ist, wenn wir aussteigen und das Kriegsfeld einfach verlassen – vielleicht auch nur innerlich? Trifft uns ihre Munition dann überhaupt noch? Als Kind ist das natürlich nicht so einfach, weil wir da noch nicht so weit sind und oft auch gar keine Möglichkeit haben, frei entscheiden zu können. Aber als Erwachsene können wir lernen, die richtige Wahl zu treffen, ob und wie lange wir eine solche Verbindung nähren und uns aussaugen lassen. Liegt das nicht in unserer Entscheidung?«

»Meine Worte …«, stimmte Lukas knapp zu.

»Ja, aber nicht alle können ihren Job kündigen oder ihre Eltern, Geschwister oder andere Familienmitglieder aus ihrem Leben verbannen. Das ist doch gar nicht möglich!«, warf Charly ein.

»Und vielleicht auch gar nicht notwendig«, erwiderte Paul. »Es ist tatsächlich so, dass es immer an uns liegt, wie viel Energie wir jemand anderem geben. Wenn wir das Beispiel der Vampire nehmen, dann lassen sie sich meistens recht rasch als solche entlarven. Wir sehen, hören und fühlen, wenn Menschen getrieben von ihren inneren Dämonen auf der Suche nach dem nächsten Opfer sind. Wir können dann entscheiden, wie wir mit ihnen umgehen und was wir anbieten.«

»Also besser nicht die Halsschlagader hinstrecken, die direkt zum Herz führt, sondern rasch das Hirn versorgen und auf sich achtgeben?« Die Lösung schien mir klar, auch wenn ich wusste, dass das nicht immer so einfach war.

»Genau. Wenn wir lernen, gut mit unseren eigenen Dämonen umzugehen und uns ansehen, warum wir manchmal stärker und manchmal schwächer auf die Ausbrüche oder Angriffe anderer Menschen reagieren, die in dem Moment nur aufgrund ihres eigenen Pakets und ihrer Geschichte so reagieren, lernen wir, uns besser abzugrenzen. Wir erkennen, dass all das vielleicht weniger mit uns zu tun hat, als wir denken, und dass wir es nur zu unserem eigenen Paket machen, wenn wir es annehmen. Das heißt natürlich nicht, dass wir es gutheißen sollen, vor allem nicht, wenn ihr Verhalten respektlos ist, aber die Frage ist, wie persönlich wir es nehmen, ob wir uns damit verletzen lassen und welche Konsequenzen wir für uns daraus ziehen.« Paul machte eine kurze Gedankenpause, bevor er fortfuhr. »Natürlich wäre es einfacher, euch zu sagen, wie böse all diese Menschen sind, ihnen die Schuld zu geben und euch zu versichern, dass das alles rein gar nichts mit euch zu tun hat. Ich lese das sehr oft, wenn es um toxische Beziehungen egal welcher Art geht. Wer mich kennt, weiß aber, dass ich die Schuld gerne außen vor lasse, selbst dann, wenn ein Verhalten ganz und gar nicht gesund wirkt. Meistens ist es aber für den toxischen Menschen selbst am ungesündesten, und es läge an ihm oder ihr, es zu ändern. Wie ihr aber darauf reagiert und ob ihr euch damit vergiften lasst, liegt bei euch. Natürlich gibt es auch Menschen, die andere versuchen zu manipulieren oder zu kontrollieren. Sie tun es vor allem deshalb, weil sie denken, dass niemand ihretwegen und aus freien Stücken bei ihnen bleiben würde. Wenn ihr euch kontrollieren oder manipulieren lasst, dann schadet ihr daher sowohl euch selbst als auch jenen Menschen, die dann denken, sie wären damit auf dem richtigen Weg. Wenn ihr aber aus dem Spiel aussteigt, haben alle die Chance zu wachsen. Ihr, indem ihr erkennt, dass ihr euch nicht so behandeln lassen müsst, und erst gar nicht darauf einsteigt – und andere, weil sie feststellen, dass dieses Spiel sie nicht weiterbringt, weil es nicht mehr funktioniert. Das ist der Punkt, an dem eine andere Dynamik entstehen darf. Es kann im Übrigen auch passieren, dass ihr euch zufällig oder ganz ohne euer Zutun in einer toxischen Situation mit einem anderen Menschen wiederfindet – also ungewollt zum Handkuss kommt. Ihr befindet euch dann in einer Lage, in der ihr nie sein wolltet und auch nichts dazu getan habt. Wenn es sich also anfühlt, als hätte es rein gar nichts mit euch zu tun, dann verhaltet euch auch so, als hätte es rein gar nichts mit euch zu tun. Ohne Reaktion verliert jede Aktion nämlich völlig an Kraft. Es wäre, als werfe jemand mit ganzer Wucht spitze Giftpfeile nach euch. Wenn ihr aber aufhört, euch treffen zu lassen, weil ihr euch nicht mehr zur Zielscheibe macht, dann wird es auf Dauer sehr anstrengend für die Person, die ständig Pfeile durch die Gegend feuert. Irgendwann wird dieser Mensch dann aufhören, Pfeile abzuschießen, weil sie rein gar nichts bewirken. Es ist daher immer die bessere Variante, sich aus der erstarrten Opferhaltung hinauszubewegen und die Verantwortung für den weiteren Verlauf zu übernehmen. Würde ich euch sagen, wie unfair das alles ist, und dass es sich um eine bodenlose Frechheit handelt, würden vielleicht einige von euch jubeln, weil sie sich verstanden fühlten. Aber helfen oder weiterbringen würde es niemanden. Viel wichtiger ist es, die Situation so gut es geht von außen zu betrachten und zu entscheiden, welche weiteren Schritte nötig sind, um sich nicht als Projektionsfläche missbrauchen zu lassen und aus dem Kreislauf auszusteigen. Schließlich ist es nun mal so, dass sich manche Menschen da draußen ganz und gar nicht wünschenswert verhalten, und auf den ersten Blick wirkt es vielleicht sogar, als würden sie das alles nur tun, um euch damit zu schaden. Ich kann euch aber versichern, dass das meistens gar nicht der Fall ist. Wie bereits erwähnt, schaden sie sich selbst am allermeisten damit. Wer gerade in der Nähe ist, bekommt allerdings den Rundumschlag ab. Da lohnt es sich, aus dem Weg zu gehen. Sollte es zu dem Zeitpunkt schon ein schlechtes Gefühl in euch geben, dann ist es wichtig, nicht weiter daran festzuhalten und sich nicht immer wieder kräftig davon durchbeuteln zu lassen, sondern das Gefühl und die Lage erst mal anzunehmen. Das mag eigenartig klingen. Aber es bringt eben nichts, dagegen zu sein, wenn es ist, wie es ist. Der nächste Schritt liegt dann wieder bei euch. Ihr könnt euch entscheiden, euch abzugrenzen, den ganzen Hass, das Urteil oder die Anschuldigungen bei der jeweiligen Person zu lassen und euch um euer eigenes Wohlbefinden zu kümmern.

»Arschloch-Detox sozusagen?«, warf Adrian in die Runde, und ich musste laut lachen. Alle anderen stimmten mit ein. Selbst Paul schien amüsiert von der Bezeichnung, obwohl er vermutlich nie Menschen als Arschlöcher bezeichnen würde, außer er zitierte gerade Freud und ab jetzt womöglich auch Adrian.

»Was für eine treffende Bezeichnung!«, rief Charly.

Zum ersten Mal schienen sie und Adrian sich einig zu sein. Was Arschlöcher anbelangte, gab es anscheinend eine vorherrschende Meinung: Es war eine gute Sache, nicht in ihrer Nähe zu sein. Und wenn man es doch war, dann war es wichtig, bei sich zu bleiben.

DU HÖRST
AUF ZU
VERLIEREN,
WENN DU
AUFHÖRST
MITZUSPIELEN.

IM WUNDERLAND

Großartig, Adrian!«, meinte Paul und schmunzelte immer noch. »Auf diese Möglichkeit möchte ich später noch genauer eingehen. Lasst sie uns zu einem eigenen Punkt machen, der uns sicherlich allen weiterhelfen wird. Aber zuerst möchte ich gerne noch mehr über die Wahl eurer Symbole und Ziegelsteine erfahren.« Er blickte zu Daniel, Lukas und mir. Obwohl auch Adrian vorerst mehr über alle anderen als sich selbst verraten hatte, war es Paul anscheinend aufgefallen, dass wir drei bisher – vermutlich aus unterschiedlichen Gründen – die Stillsten waren. Bei Daniel vermutete ich, dass er den Fokus lieber auf Isas Probleme legte. Lukas, weil er generell davon ausging, dass nichts so wirklich mit ihm zu tun hatte, und ich nahm in Gruppen einfach gerne die Beobachterinnenrolle ein. Als ich das weiße Kaninchen vor mir liegen sah und es anschließend wieder in die Hand nahm, überlegte ich, ob es aber nicht auch daran liegen konnte. Im weitesten Sinn also an diesem Kaninchen.

Paul musste mich beobachtet haben. »Für welches Symbol hast du dich denn entschieden, Andrea?«, fragte er mich vorsichtig. Ich blickte ihn an, und es fiel mir schwer, meine Faust zu öffnen. Das Keramikkaninchen fühlte sich so warm und sicher in meiner Hand an, ich hatte Angst, dass sich, sobald ich die Faust und damit auch mich öffnete, meine Geschichte kalt um die Figur legen würde. So, wie sie es damals um meine getan hatte. »Magst du uns mehr davon erzählen?«, hakte Paul behutsam nach.

Um ehrlich zu sein – ich wollte nicht. Aber nach etwa einer Minute, die sich mehr wie eine Ewigkeit anfühlte und in der sich meine Hand nur noch mehr verkrampfte, ließ ich plötzlich los und legte das Kaninchen wie eine Schachfigur vor mir auf den Tisch. Ich fühlte mich weder wie die Dame noch wie die Königin, eher wie die Läuferin, obwohl ich so gerne die Springerin gewesen wäre. Da das Gendern von Schachfiguren offensichtlich bisher noch niemand bedacht hatte, war mir diese Rolle anscheinend auch nicht bestimmt.

»Das erinnert mich an *Alice im Wunderland*«, warf Charly innerhalb der ganzen Gedankensprünge ein.

»Fehlt nur die elegante Weste, eine kleine Trompete und die Taschenuhr.« Lukas grinste. »Erkennst du denn eine Ähnlichkeit zwischen dir, Alice und dem weißen Kaninchen?«

»Lasst sie doch erst mal erzählen«, hielt Paul die beiden diplomatisch zurück.

»Kann sein. Vor allem, wenn die Uhr für eine bestimmte Zeit steht. Vielleicht laufen wir ja alle hin und wieder einer Zeit hinterher oder auch vor ihr davon. Möglicherweise handelt es sich sogar um eine Zeit, in der ich vor mir selbst davongelaufen bin, oder mir hinterher – je nachdem, wie man es betrachtet. Mich hat es also vor allem deshalb an *Alice im Wunderland* erinnert, weil die Zeitreise irgendwie passt … dann aber wohl eher an das Erdloch und den Fall in eine andere Welt. Eine, in die ich gefallen bin – oder in der ich gefallen bin –, die mir aber gar nicht gefallen hat. Ich habe mich winzig klein gefühlt … und alles um mich herum war viel zu groß.«

»Hast du etwas gesehen, als du die Augen geschlossen hast? Sind Bilder gekommen?«

»Ja. Und ich wollte rasch wieder zurück. Es ist keine schöne Erinnerung, auch wenn es nach außen hin so banal scheint.

Damals hat auch niemand etwas davon mitbekommen. Ich habe es zu Hause nicht erzählt und in der Schule geschwiegen.«

Lukas sah mich an. Ich hatte ihm noch nie davon erzählt. Die Geschichte war auch für ihn neu, und er schien überrascht, wobei er doch erst am Vortag gemeint hatte, dass wir niemanden je wirklich kannten. Besonders nicht die Geschichten in uns, über die wir bei anderen schwiegen.

»Ich weiß nicht mehr, wann genau es passierte. Aber ich war etwa dreizehn, vielleicht vierzehn. Ein ganz normales Mädchen – immer schon ein wenig in mich gekehrt, aber nach außen doch offen und aufgeweckt. Ich hatte damals eine beste Freundin, und zusammen waren wir insgesamt fünf Mädchen in unserem Freundeskreis. Es war keine einfache Konstellation, weil fünf eben keine gerade Zahl ist und immer irgendwie eine zu viel, aber es funktionierte für uns. Zumindest für eine Zeit. Wir waren alle sehr unterschiedlich, aber hatten trotzdem jede Menge Spaß zusammen. Natürlich hatte auch jede von uns einen Schwarm, den wir anhimmelten, und wenn man die angekreuzten Zettel, die wir uns gegenseitig über die Schulbänke zuschoben, berücksichtigte, dann lief es eigentlich ziemlich gut. Die *Willst du mit mir gehen*-Frage war bereits erfolgreich geklärt, ohne dass es weitere Aktionen nach sich zog, außer dass wir einander hin und wieder schüchtern zulächelten. Es reichte aus und fühlte sich richtig an. Alles lief so weit nach Plan, als ich im Frühjahr mein Referat vorbereitete. Ich wählte ein Buch von der Liste aus, das mir schon beim ersten Blick förmlich entgegensprang. Ich fühlte mich irgendwie davon angezogen, obwohl es ein sehr trauriges Thema war, was schon aufgrund des Titels deutlich wurde. *Als Hitler das rosa Kaninchen stahl* würde eine Schwere mit sich bringen, die sich aber auch genau so zugetragen hatte, deshalb hielt ich es für wichtig, mehr darüber zu erfahren. Damals ahnte ich nicht, dass dieses Buch noch eine größere Auswirkung auf mein eigenes Leben haben würde, als mir bewusst war. Als ich zu lesen begann, legte sich bereits ein bedrückendes Gefühl um meine Brust, das mich daran erinnerte, wie tragisch diese Zeit gewesen war und welche Auswirkungen sie für so viele Menschen nach sich zog. Kein Wunder, denn der Name des wohl toxischsten Menschen dieser Zeit fiel bereits auf den ersten Seiten und wurde zum Schicksal der neunjährigen Anna und ihrer Familie, die aufgrund ihrer Herkunft und des vorherrschenden Antisemitismus von einem Tag auf den anderen ihre Heimat verlassen mussten. Obwohl ich ein paar Jahre älter als die Protagonistin im Buch – rückblickend aber trotzdem noch sehr jung – gewesen war, wurde mir damals trotzdem rasch bewusst, welche Ungerechtigkeit sich zu dieser Zeit zugetragen hatte und wie privilegiert ich war. Es fühlte sich an, als könnte ich einen Teil des Schmerzes dieses Mädchens, vielleicht sogar den Schmerz dieser Zeit, zwischen den Zeilen des Buches spüren. Ich tauchte mit jeder Zeile tiefer in ihr Leben ein und wurde von dem Gefühl mitgerissen, was sie alles durchgemacht haben musste. Das junge Mädchen wusste nicht, wie ihre Geschichte enden würde, und diese Unsicherheit begleitete sie und ihre Familie, während sie von einem Land zum nächsten zogen, um endlich anzukommen, dabei aber immer wieder auf Ablehnung stießen. All das wühlte so viel in mir auf, dass ich begann, mir Fragen über das Leben zu stellen: über das der neunjährigen Anna aus dem Buch, das sich plötzlich verändert hatte. Über ihre verlorene Leichtigkeit, die Ausgrenzung und die Ungerechtigkeit, die ihrer und so vielen anderen jüdischen Familien in dieser Zeit widerfahren war. Es berührte mich so tief, dass ich begann, all meine Gedanken aufzuschreiben, um später darüber in meinem Referat zu erzählen. Ich fand es wichtig, darüber zu sprechen, wie sich die kleine Anna gefühlt haben musste, als sie ihren rosa Stoffhasen in Berlin zurücklassen musste, oder als die Bücher ihres Vaters, der Schriftsteller war, verbrannt wurden und er damit nicht nur um sich und seine Familie, sondern auch um seine Träume bangte. Obwohl er damals flüchten musste, ließ er sie niemals los. Selbst wenn er und seine Familie gar nichts mehr besitzen würden, glaubte er weiterhin an seine Träume, denn die konnte ihm keiner nehmen. Das rosa Kaninchen, das Anna auf der Flucht von Berlin zurücklassen musste, stand aber nicht nur für den Teil ihrer Kindheit, sondern auch für ihre kleine, große Welt, die sie plötzlich aufgeben musste, obwohl sie ihr so am Herzen lag. Das Wertvollste hatte sie aber immer noch bei sich: ihre Familie und den Teil in ihr, der nicht aufgab, die Leichtigkeit zu leben, die man ihr zu nehmen versuchte. Ich begann, darüber zu schreiben, und ich hörte nicht auf. An dem Tag, an dem ich mein Referat hielt, wünschte ich mir vor allem eines: Ich wollte aufrütteln, und in gewissem Maße tat ich das auch. Jedoch ganz anders, als ich dachte. An diesem Donnerstag hatte ich all meine Zettel mitgenommen, auf denen ich meine Gedanken niedergeschrieben hatte. Ich hielt sie fest in der Hand, als ich vor der gesamten Klasse stand und mein Atem stockte, denn wie den meisten meines Alters fiel es mir nicht leicht, vor anderen zu reden. Meine schweißnassen Hände klammerten sich fest um meine Zettel. Ich hätte sie gar nicht gebraucht, da mich die Worte des Buches immer noch im Innersten bewegten, und nach einem tiefen Atemzug fing ich an zu erzählen: Über das Jahr 1933, Hitlers Machtergreifung und die kleine Anna, die erst ihr rosa Plüschkaninchen und dann ihre Heimat zurücklassen musste und damit vielleicht ein Stück weit den Glauben an das Gute oder die Menschheit ganz generell verlor. Ich versank geradezu in ihrer Welt – eine, die mir zwar fremd war, aber in dem Moment beängstigend nahe erschien. Als ich fertig war, wurde es so mucksmäuschenstill im Klassenzimmer, dass es sich unbehaglich, schon fast bedrohlich anfühlte.

Ich erinnere mich, dass meine Deutschlehrerin ein paar abschließende Worte sagte und plötzlich die Pausenglocke schrillte. Als ich langsam zurück zu meinem Platz ging und mich vorsichtig hinsetzte, vernahm ich ein dumpfes Raunen im Raum. Es war eine beklemmende Mischung aus Verächtlichkeit und Hohn, die plötzlich immer lauter wurde. Sobald Frau Rüdiger die Tür hinter sich geschlossen hatte, meldete sich der Klassenclown und Rädelsführer als Erstes und rief zu mir hinüber: ›*Wie alt bist du? Neuuuuun?!!*‹ Er lachte. Viel zu laut. ›*Wer hat das rosa Kaninchen gestohlen? Weeeeeeer!*‹ Dabei holte er seinen Turnsack hervor, kramte darin und zog sich seine Turnhose wie eine Mütze auf den Kopf und grinste hämisch dabei. Sie war nicht mal rosa, sondern schwarz, aber er tat so, als wären die kurzen Hosenbeine Kaninchenohren, und tanzte dabei über seinem Stuhl auf und ab. Ich verstand nicht, was daran lustig sein sollte. Aber gleich darauf holte auch schon der Zweite seine Hose hervor und zog sie sich auf. So ging es weiter, bis letztendlich alle Jungs auf den hinteren Plätzen ihre bunten Turnhosen nicht im Schritt, sondern am Kopf trugen und sich über das rosa Kaninchen, das Buch, mein Referat und – am Ende vor allem – über mich lustig machten. Noch konnte ich nicht zuordnen, was genau sie damit bezweckten. Die Frage war, ob sie das selbst überhaupt so genau wussten. Auch Tobias, der Junge, dem ich eben noch meine Liebe auf einem Zettel gestanden hatte, machte sich lustig über mich. Sie schrien und lachten, äfften mich nach und zogen alles ins Lächerliche, was ich eben von mir gegeben hatte, obwohl es mir so am Herzen lag. Ich sagte kein Wort, sondern saß einfach nur da – fassungslos und vollkommen erstarrt. Ich weiß noch, wie ich Hilfe suchend zu meinen Freundinnen blickte, die im nächsten Augenblick ebenfalls in schallendes Gelächter ausbrachen und in die Tirade mit einstimmten. Noch nie hatte ich mich zuvor so beschämt, alleine und völlig getrennt von allen anderen gefühlt. Am liebsten wäre ich mitsamt meines Stuhls in den Boden versunken. Stattdessen nahm ich ein letztes Mal all meinen Mut zusammen und rief: ›Hört auuuuuuf! Hört endlich auf damit!‹ Es war mein Versuch, mich zur Wehr zu setzen und für die Ungerechtigkeit einzustehen. Denn es fühlte sich nicht nur wie ein Angriff gegen mich an, sondern auch gegen diese Zeit, gegen Anna, das Kaninchen und alles, was damals passiert war. ›*Das roooooosa Kaninchen! Das roooooosa Kaninchen! Was machen wir nur ohne das roooooosa Kaninchen?*‹, riefen sie stattdessen weiter und hörten nicht auf. Ich kämpfte mit den Tränen und lief aus dem Klassenzimmer weiter zum Klo, sperrte mich ein und kam erst wieder heraus, als die nächste Schulstunde eingeläutet wurde. Als ich völlig verheult und sehr verunsichert wieder das Klassenzimmer betrat, war alles anders. Plötzlich hatte sich etwas verändert. Die Stimmung im Raum, die immer noch aufgeheizt von all dem Spott war, der mir wie eine Welle völlig überraschend entgegenschwappte, hatte sich gegen mich gerichtet. Ich hatte das Gefühl, in einem Meer aus Ablehnung zu ertrinken. Von dem Moment an brach mit der Welle auch etwas in mir. Ich weiß nicht, ob es das Vertrauen war, das ich anderen gegenüber zuvor ganz selbstverständlich entgegengebracht hatte, oder das Gefühl, den Halt zu verlieren, weil mich die Welle der Verachtung aus meiner eigenen Woge der Sicherheit riss. Ich fühlte mich, als könnte ich mich auf niemanden mehr verlassen, und schlimmer noch: Es fühlte sich an, als hätten mich alle verlassen. Und so kam es auch. Meine engsten Freunde stellten sich plötzlich gegen mich. Ich hatte niemanden mehr an meiner Seite. Ob es sich anders entwickelt hätte, wenn ich damals mit Leichtigkeit über den Dingen gestanden wäre und es mir nicht so zu Herzen genommen hätte, kann ich im Nachhinein nicht sagen. Vielleicht führte aber auch erst die Tatsache meines innerlichen Rückzugs dazu, dass sich plötzlich alle von mir abwandten. Ich frage mich heute, ob es anders gekommen wäre, wenn ich dem Vorfall keine so große Bedeutung geschenkt und mit in ihr Lachen eingestimmt hätte. Damals fühlte es sich aber falsch an. Die Bedeutung, die ich ihrem vielleicht unbedachten Verhalten beigemessen hatte, war vermutlich trotzdem zu hoch, und die Dynamik, die daraufhin entstand, war beinahe unerträglich und ungemein belastend. Ich verlor kein Wort mehr über den Vorfall, aber ab diesem Moment gehörte ich trotzdem nirgends mehr dazu. Ich wurde nur noch *das Mädchen mit dem rosa Kaninchen* genannt. Alle lachten, wenn ich die Klasse betrat, und schlossen mich überall aus. Niemand wollte mich mehr dabeihaben, wenn sie sich nach der Schule trafen. Und der Typ, der eben noch das Kreuz auf meinem Zettel gesetzt hatte, interessierte sich plötzlich für ein anderes Mädchen. Auch alle Freundinnen, die bis dahin noch an meiner Seite gewesen waren, wandten sich von mir ab. Statt sie um ein Gespräch zu bitten, zog ich mich immer mehr zurück. Es dauerte über ein Dreivierteljahr. Und es kam mir wie eine Ewigkeit vor. In dieser Zeit flüchtete ich innerlich in ein anderes Land, das weit weg von allen anderen, aber auch weit weg von mir selbst war, weil ein rosa Kaninchen mir plötzlich alles genommen hatte. Es wäre mir damals nie in den Sinn gekommen und auch heute fände ich es falsch, eine Parallele zwischen Annas Geschichte und meiner zu ziehen, denn ich musste weder um mein Leben noch das meiner Familie bangen. Auch die Umstände waren nicht einmal im Ansatz zu vergleichen. Umso trauriger finde ich es aber bis heute, dass gerade ein Buch über Ausgrenzung und die Thematisierung der Hetze und Flucht einer so schwierigen Zeit etwas ins Rollen gebracht hatte, das mich selbst dazu veranlasste, die Flucht anzutreten, auch wenn sie nur innerlich war. Ich frage mich seitdem, warum Menschen überhaupt anfangen, andere auszugrenzen. Warum es immer noch

Vorfälle gibt, bei denen über die Herkunft, den Glauben, die Hautfarbe, Sexualität, das Aussehen, Denken oder die Meinung anderer Menschen gewertet wird, wenn wir es doch schon aufgrund aller geschichtlichen Ereignisse längst besser wissen sollten. Es spaltet uns und führt zu nichts außer Ausschluss, Stigmatisierung und Diskriminierung – im schlimmsten Fall sogar zu Krieg. Und das, obwohl es niemanden gibt, der besser oder schlechter ist, weil wir alle so sind, wie wir gedacht sind, sonst wären wir nicht genau so auf diese Welt gekommen. Manchmal frage ich mich, ob wir nicht schon im Kleinen mit der Ausgrenzung beginnen, wenn wir anderer Meinung sind oder andere Ansichten haben und nur unsere gelten lassen. Vielleicht lernen wir schon als Kinder, dass es besser ist dazuzugehören, obwohl es Sinn machen würde, für uns und unsere Meinung einzustehen, selbst wenn sie nicht gerne gehört wird. Das sollte doch möglich sein, ohne andere dabei auszugrenzen. Warum können wir nicht Verschiedenheit einfach so stehen lassen und als das sehen, was sie ist? Ein Geschenk. Manchmal *wundere* ich mich, wie hart wir miteinander umgehen, obwohl wir uns doch im Grunde alle von Herzen wünschen, angenommen zu werden. Und dieses *Wunderland,* das sich damals mit dem Buch in all seiner Wucht vor mir ausbreitete, hat mich bis heute geprägt. Wenn wir den Vergleich mit Alice also hinzuziehen, dann habe ich damals davon geträumt, mit diesem Referat etwas Gutes zu bewirken. Dabei habe ich vergessen, dass es nicht immer bequem ist, wenn wir aufstehen, um genau das zu tun. Das macht es aber nicht weniger richtig. Vielleicht haben mich andere in das Loch gestoßen, oder ich bin selbst hineingefallen, weil ich durch ihre Ablehnung gefallen bin. Jedenfalls habe ich mich an den Ecken gestoßen und letztlich daran verletzt, bis ich draufgekommen bin, dass die eigene Größe nichts damit zu tun hat, wie andere uns sehen.«

NIEMAND
BESTIMMT
DEINEN
WERT,
AUSSER
DU *selbst.*

DIE LAUTEN

Ich schob meinen Ziegelstein nach vorne und meine Gedanken mit ihm weiter. »Ich frage mich seit damals: Werden die Lauten immer am deutlichsten gehört? Bleiben sie uns deshalb im Gedächtnis, eben weil sie so laut sind? Vielleicht rückt der Inhalt oft in den Hintergrund, weil sich die laute Schreierei in den Vordergrund drängt. Das finde ich schade, weil reine Lautstärke doch meistens nur anstrengend ist. Hinterher dröhnt allen der Kopf, aber weitergebracht hat es niemanden. Und was den Keramikhasen anbelangt, steht er vermutlich für das rosa Kaninchen, auch wenn es in diesem Fall weiß ist. Vielleicht verkörpert es aber auch die Angst, die sich damals in mir und meiner Welt ausgebreitet hat.«

»Dann handelt es sich sozusagen um den Angsthasen? Weißt du, welche Angst genau dahintersteckt?«, fragte mich Paul.

»Menschen zu verlieren, die mir wichtig sind. Und genau das ist ja passiert. Also, ich denke, es geht um die Verlustangst.«

»So viel kann ich dir sagen: Mit diesem Hasen sitzt du nicht alleine im Raum.«, erklärte Paul und schaffte wieder mal die richtige Mischung aus Verständnis und Mitgefühl. »Verlustangst ist für sehr viele Menschen ein Thema und häufig der Ursprung für Glaubenssätze wie *›Ich bin nicht gut genug‹*, *›Ich darf niemanden enttäuschen‹*, *›Ich habe nichts Besseres verdient‹* oder auch ganz generell für das Gefühl, sich nie ganz sicher zu fühlen.«

»Ahhh ja!« Marie hob die Hand und grinste. »Kommt mir bekannt vor!«

»Mir auch«, schloss sich Isa an.

»Und mir erst!«, stimmte auch Charly mit ein und lächelte mir verständnisvoll zu. Es war schön, wie wir uns alle verletzlich und ehrlich mit unseren Wunden der Vergangenheit zeigten. Es schuf ein Gefühl der Verbundenheit und des Verständnisses, weil uns dadurch allen klar wurde, dass wir mit all dem nicht alleine waren. Ich fand den Gedanken beruhigend, dass wir alle unsere Geschichten und Ängste hatten, aber dass es mitten am Weg eine Kreuzung gab und mit ihr einen Ausweg, indem wir sie auflösen und loslassen konnten.

»Die Verlustangst betrifft sogar meistens die am stärksten, die sich ihrer Angst gar nicht bewusst sind und deshalb irgendwann ganz zugemacht haben.«

Ich hätte schwören können, dass Paul seinen Blick kurz zu Adrian schweifen ließ. Er machte eine kurze Pause. »Was steht denn auf deinem Ziegelstein?«, fragte er weiter und sah dabei in meine Richtung.

»Die Lauten«, antwortete ich leise. Ich räusperte mich, weil sich ein Funken Wut in mir meldete und ich das Gefühl hatte, dass sie auch etwas dazu zu sagen hatte. »Ich kann einfach nicht verstehen, warum sie so oft gewinnen.«

»Hast du denn das Gefühl, dass die Lauten damals gewonnen haben?«

»Ja! Schließlich habe ich jede Menge verloren: Menschen, die mir viel bedeuteten. Meine beste Freundin ... die anderen Mädchen ... mich! Ich stand damals plötzlich ganz alleine da.«

»Aber haben sie denn wirklich gewonnen?«

»Vielleicht nicht. Aber für mich hat es sich so angefühlt. Sie wurden einfach immer lauter, bis ihnen alle zugehört haben, und sie blieben so lange laut, bis alle auf ihrer Seite waren – auch wenn es objektiv gesehen doch gar keine Seiten gab. Aber durch ihre Lautstärke haben sie die Aufmerksamkeit auf sich gezogen.«

»Und was hast du getan?«

»Ich bin immer stiller geworden. Bis mich niemand mehr gehört hat. Vielleicht ich mich nicht mal mehr selbst. Ich habe an mir gezweifelt – und möglicherweise nur deshalb, weil sie einfach lauter waren als ich. Ich weiß, du meinst, es gäbe kein Richtig oder Falsch, aber es kommt mir trotzdem nicht richtig vor, dass denen, die am lautesten schreien, auch am häufigsten zugehört wird und dabei vielleicht all jene überhört werden, die wirklich etwas zu sagen haben und etwas Gutes bewirken wollen ... die nicht einfach nur nach Bestätigung suchen. Um die ging es mir damals nicht. Ich hatte aber das Gefühl, sie hätten so laut gebrüllt, dass sie mich übertönt haben. Dabei wurde alles still in mir.«

»Oh ja, ich weiß genau, was du meinst mit den Lauten!«, rief Charly. »Ich denke mir das so oft im Netz! Besonders auf Social Media sind es doch gerade die Menschen, die eigentlich am allerwenigsten zu sagen haben, die sich am lautesten melden! Dabei stellen sie sich und vielleicht sogar noch ihre Kinder zur Schau, werfen wild mit irgendwelchem inhaltsleeren Schwachsinn um sich und bekommen am Ende dafür noch die meisten Likes. Als wäre ihre Selbstinszenierung das, was der Menschheit am meisten gefällt. Ich verstehe es einfach nicht!«

»Vielleicht fasziniert es sie, weil sie selbst gerne lauter wären«, meinte Paul, und ich fand seinen Gedanken bemerkenswert. »Möglicherweise ist es ihre größte Sehnsucht, auch endlich gesehen und gehört zu werden. Und wahrscheinlich handelt es sich dabei sogar um denselben Wunsch der Stillen *und* der Lauten. Die Stillen erinnert es daran, dass sie sich nicht trauen, sich zu zeigen oder zu Wort zu melden, obwohl sie es vielleicht gerne täten. Und die Lauten wundern sich, warum sie sich nicht wertvoller fühlen, obwohl sie doch schon so laut schreien. Hinter beiden Varianten könnte dasselbe Thema stecken: und zwar die Angst, nicht gut genug zu sein. Die Auflösung dafür wäre dann in beiden Fällen, sich selbst mehr Beachtung zu schenken. Daher nicht andere dafür zu bewundern oder zu bewerten oder – im Fall der Selbstdarstellung – weniger Aufmerksamkeit im Außen zu suchen und zu lernen, sie sich selbst zu geben.«

Er wandte sich wieder zu mir. »Was wäre denn passiert, wenn du damals nicht verstummt wärst, sondern dir mehr vertraut und dir Gehör verschafft hättest?«

»Ich hätte ihnen wahrscheinlich erklärt, worum es mir ging.«

»Hätte das geheißen, dass es dann auch alle verstanden hätten?«

»Wahrscheinlich nicht.«

»Genau. Weil es gar nicht möglich ist, dass alle Menschen verstehen, worum es uns geht. Wichtig ist, dass wir es selbst verstehen und uns unsere Stimme nicht nehmen lassen, wenn andere lauter brüllen. Nur weil dich jemand nicht versteht, heißt es nicht, dass du dir selbst nicht mehr sicher sein sollst.«

Der Satz traf mich mitten in mein zusammengeflicktes Herz.

»Ja, und wohl gar nicht so leicht, das mit dreizehn zu verstehen«, erwiderte ich nachdenklich.

»Richtig. Aber heute kannst du dir diesen Gedanken herholen und lernen, dich besser zu verstehen. Denn die Unsicherheit, die damals entstanden ist, zeigt sich wahrscheinlich an manchen Tagen immer noch. So ist das meistens bei Erlebnissen, die uns prägen. Wir schleppen sie oft ein Leben lang mit uns mit. Dabei handelt es sich um schweres Gepäck, das wir aber trotzdem irgendwann hinter uns lassen können, und zwar immer dann, wenn wir begreifen, dass es viel weniger mit uns zu tun hat, als wir dachten. Dann können wir es loslassen. Die Jungs waren damals wahrscheinlich noch nicht so weit zu verstehen, dass es nicht um das rosa Kaninchen ging, sondern um die Botschaft dahinter. Sie fühlten sich vielleicht stark in der Gruppe und lechzten nach Aufmerksamkeit. Vielleicht hatten sie sogar einfach den Wunsch, dich und die anderen Mädchen zu beeindrucken. Die Auswirkung war ihnen bestimmt nicht bewusst, auch wenn es das natürlich in der Situation oder der Zeit danach für dich nicht leichter gemacht hat. Gab es denn einen Punkt, an dem sie wieder auf dich zugekommen sind?«

»Nein. Ich wurde nach dem Vorfall ein Dreivierteljahr lang verspottet und hatte nur wenig Kontakt mit allen. In der Zeit konzentrierte ich mich vor allem auf mich und die Menschen, die ich außerhalb der Schule in meinem Leben hatte.«

Ich blickte zu Lukas, und er zwinkerte mir mit leicht geneigtem Kopf zu. Ich sah ihm an, wie leid es ihm für mich tat, dass ich es damals so schwer hatte.

»Obwohl ich außerhalb der Schule ganz großartige Menschen an meiner Seite hatte, war es in dieser Zeit eine Qual für mich, jeden Tag weiter dahin zu gehen und nirgends mehr dazuzugehören. Ich fühlte mich jeden Tag als Außenseiterin, bis ich ein klärendes Gespräch mit meiner besten Freundin hatte. Ich habe damals allen Mut zusammengenommen und bin auf sie zugegangen. Wir sprachen uns aus, und es schien ihr leidzutun, wie sich die Dinge entwickelt hatten. Ab da drehte sich wieder alles, und nach außen wirkte es vermutlich so, als wäre nichts gewesen. Aber für mich war nichts mehr wie vorher. Ich gewann zwar wieder Vertrauen in meine beste Freundin, und auch alle anderen suchten plötzlich wieder Kontakt zu mir, aber ich konnte die Sache nie ganz vergessen. Das Vertrauen in sie, aber vor allem in mich selbst war in diesem knappen Jahr in viele Teile zerbrochen, und es dauerte lange, bis ich die Scherben wieder zusammenfügen konnte. Manchmal erwische ich mich heute noch dabei, kleine Reste aufzuklauben und in die Ecken zu kleben, wo sie lange Zeit gefehlt haben.« Ich musste schlucken. Sich an schmerzhafte Erlebnisse aus der Vergangenheit zu erinnern, fühlte sich an, als legte ich die Hand erneut auf die glühende Herdplatte und alles brannte. Der Schmerz in mir. Es war wohl Zeit, den Herd abzuschalten.

»Gibt es neben den Verletzungen und dem Schmerz noch etwas, was du aus dieser Zeit, für dich mitnehmen konntest? Eine besondere Stärke, die du dabei entwickelt hast, oder ein Gefühl, das dir heute noch hilfreich ist?«, fragte Paul.

Ich überlegte. Da war tatsächlich etwas. Vielleicht sogar mehr, als mir bis jetzt bewusst war. »Ich schätze mal, ich habe gelernt, für mich selbst da zu sein, meine eigene Stärke zu entwickeln, und den Glauben daran, alles schaffen zu können – auch wenn es sich noch so aussichtslos in dem Moment anfühlt. Ich denke, mir ist damals klar geworden, dass ich mich nicht unterkriegen lasse, egal, was andere sagen, und ich meinen eigenen Weg gehe.«

»Kann es sein, dass dieses Ereignis, das sich damals so furchtbar für dich angefühlt hat, etwas in dir entwickelt hat, das heute zu deiner größten Stärke geworden ist?«

Ich nickte. »Ich glaube tatsächlich, dass es mich genau zu dem Menschen gemacht hat, der ich heute bin, und ich in diesem Jahr gelernt habe, was in mir steckt. Wer weiß, ob ich heute nicht ganz anders denken oder woanders stehen würde, wenn ich nicht gelernt hätte, den Mut zu haben, mir selbst zu vertrauen und meine eigene Stütze zu sein. Meine Liebe zum Schreiben ist in dieser Zeit jedenfalls noch stärker geworden. Das Schreiben war mein Weg, damit umzugehen, meinen Frieden in der Situation, aber auch in mir zu finden. Ich glaube, ich möchte gar nicht wie die Lauten sein. Und trotzdem kann ich wahrscheinlich noch etwas von ihnen lernen.« Ich überlegte einen Moment, um meine Gedanken zu sammeln. »Wahrscheinlich, mich mehr zu zeigen und keine Scheu davor zu haben.« Ich nahm das Keramikhäschen wieder in meine

Hand und umfasste es schützend mit meinen Fingern. »Das hieße, meine Angst vor der Enttäuschung, andere zu verlieren, nicht zu groß werden zu lassen und auf mich und meinen Weg zu vertrauen. Einfach ich zu sein: offen, ehrlich und verletzlich.« Ich öffnete meine Hand wieder. »Und vielleicht darf die Angst einfach ein Teil meiner Geschichte sein.«

Paul stimmte mir zu. Das alles auszusprechen, hatte bereits etwas Erleichterndes. Letztlich geht es doch immer darum, nicht so viel von anderen zu erwarten, sondern sich selbst mehr zu vertrauen, weil den Weg, den wir gehen, schließlich niemand außer uns geht. Vielleicht gehen andere an unserer Seite. Vielleicht biegen sie auch irgendwann ab und verlassen ihn und dadurch auch uns. Wichtig ist, dass wir bei uns bleiben. Denn es liegt an uns, wie wir diesen Weg gehen. Ob wir ihn genießen oder ihn durch die Angst vor Verlust oder der Meinung anderer aus den Augen verlieren. Wenn Menschen beschließen, den Weg nicht mehr mit uns zu gehen, hilft es nicht, uns in Verzweiflung am Wegrand fallen zu lassen oder stehenzubleiben. Viel besser ist es, in Zuversicht und Vertrauen weiterzugehen. Dann begegnen wir wieder neuen Menschen, die sich entscheiden, mit Liebe und Freude an unserer Seite zu sein und bestenfalls auch zu bleiben.

Vielleicht
spiegelt sich
in den Scherben
ein *ganz*
neues Bild.

INNERER LÄRM

»Apropos, ich hätte noch etwas zum Thema *die Lauten* zu sagen«, meldete sich nun auch Daniel zu Wort. Ebenfalls lauter als sonst. »Ich hasse meine Nachbarn! Und zwar aus tiefstem Herzen. Vielleicht geht es sogar noch tiefer. Ich könnte mir vorstellen, dass sie mittlerweile schon meine Leber angreifen, so sehr regen sie mich auf. Und ich bin nicht stolz drauf, weil man doch niemanden hassen sollte – aber es wäre schlicht und einfach gelogen, würde ich etwas anderes behaupten. Es fühlt sich aber auch irgendwie befreiend an, das auszusprechen, also sage ich es am besten noch mal: I c h h a s s e s i e.«

Alle lachten, nur Daniel nicht, und Isa nickte stumm. Anscheinend war die Lage zu Hause ernst, denn auch ihr kam dabei nicht einmal ein Lächeln über die Lippen.

»Ich weiß schon, dass es wichtig ist, sich auf seinen eigenen Weg zu konzentrieren«, erklärte Daniel weiter und spielte auf meine Aussage von eben an. »Aber wie soll ich mich auf *mich* konzentrieren, wenn sie offenbar mit Betonschuhen über uns die Treppen rauf und runter laufen oder mich anbrüllen und mir die Tür vor der Nase zuknallen, wenn ich sie in Frieden bitte, es nicht mehr zu tun?! Man kann mit diesen Menschen einfach nicht reden! Dafür sind sie umso gesprächiger beim Sex. Da schreien sie dann nämlich so laut, dass Isa und ich nachts um drei aus dem Bett hochschrecken. Wie kommen wir bitte dazu, uns ihr Sexleben als Audio-Liveporno reinzuziehen? Der Sex scheint übrigens nur mittelmäßig gut zu sein, weil tagsüber bekommen wir dann wieder die Schreierei mit ihren Eheproblemen um die Ohren gefeuert, da kann das nächtliche Versöhnungsprogramm doch nicht allzu viel geholfen haben! Ich würde ihnen wahnsinnig gerne eine Paartherapie vorschlagen, aber das kann ich nicht, weil sie – wenn sie sich nicht gerade gegenseitig anbrüllen – wenig gesprächsbereit sind. Deshalb brülle ich jetzt jedes Mal von unten zurück, aber das gefällt ihnen auch nicht. Habe ich übrigens schon erwähnt, dass ich sie hasse …?!«

»Ich weiß nicht, möchtest du es dir vielleicht lieber noch mal von der Seele reden?« Paul lächelte. »Lass es gerne raus.« Irgendwie schien er der Dalai Lama unter den Therapeuten zu sein, der vielleicht sogar einem Serienkiller etwas Liebe in einem Lächeln dalassen würde, damit er verstünde, warum er so böse auf die Welt war. Nicht dass ich Daniel mit einem Serienkiller vergleichen wollte, ganz im Gegenteil – ich konnte seine Gefühle gegenüber benachbarten Nervensägen mehr als gut nachvollziehen. Unsere Nachbarn schienen ein ähnlich lautes Organ zu haben und zur selben Gattung der Betonfüßer zu zählen. Offensichtlich killten sie uns beide. Zumindest nervten sie mörderisch.

»Da dürfte sich einiges an Wut angestaut haben, und hier ist viel Raum, um sie loszuwerden«, ermunterte ihn Paul, und ich fühlte mich mit angesprochen. Dieser Mann schaffte es irgendwie immer, uns das Gefühl zu geben, dass alles sein durfte. Er verurteilte niemanden für seine Worte, nicht mal für ein paar böse Gedanken. Er ermutigte uns sogar, sie auszusprechen – vermutlich deshalb, weil sie dann an Kraft verloren. Jene der zerstörerischen Sorte, die einen von innen zerfraß. Es tat jedenfalls gut, sich alleine durch Pauls Ermutigung ein wenig davon zu befreien. Es beruhigte mich tatsächlich ein wenig.

»Ich kann die Rücksichtslosigkeit mancher Menschen einfach nicht verstehen!«, rief Daniel noch nicht ganz so ruhig. »Als wären sie ganz alleine auf dieser Welt und nichts und niemand bewegt sie dazu, auch nur für einen Moment zu überlegen, wie sich ihr rücksichtsloses Verhalten auf andere und deren Seelenfrieden auswirkt. Bei uns gibt es nämlich keinen. Sie lassen uns einfach nie in Frieden! Denn wisst ihr, was es dafür benötigt? Genau: S t i l l e ! Das weiß doch jeder. Und dass ich mit diesen Gefühlen nicht alleine dastehe, ist mir erst letztens klar geworden, als ich zufällig diese Seite im Internet entdeckt habe. Da zeigen sie Fotos von Zetteln an Hausmauern, in Stiegenhäusern oder an Eingangstüren, auf denen sich Menschen wüste und manchmal auch sehr witzige Nachrichten hinterlassen. Insgesamt ist es aber eher zum Kopfschütteln. Ich frage mich dann immer, in welcher Welt wir da eigentlich leben! Wir sind doch keine Neandertaler, also warum verhalten sich dann manche so?!«

Ich hatte Daniel gar nicht so ein hitziges Temperament zugetraut. Bisher wirkte er auf mich eher diplomatisch, besonnen und sogar ein wenig in sich gekehrt. Es war schon bemerkenswert, was manche Menschen aus uns herausholten.

»Ist das so? Denkst du, es braucht Stille für den inneren Frieden?«, stellte Paul wieder eine seiner schlauen Fragen.

»Ja, natürlich! Ich bin wirklich ein sehr friedsamer Mensch, und ich möchte einfach nur meine Ruhe. Manchmal arbeite ich bis spätnachts, weil ich wissenschaftliche Vorträge für die Uni vorbereite, und mir würde auch nicht im Traum einfallen, dann die Musik laut aufzudrehen, wild herumzuschreien oder mit den Türen zu knallen. Ich weiß schließlich, dass andere zu dieser Zeit schlafen. Aber ratet mal, wer das alles vergisst und zu den verrücktesten Zeiten trotzdem macht?«

Ich riet. »*Meine* Nachbarn vielleicht?«, fragte ich. »Die lieben es nämlich, am Wochenende um sechs Uhr früh laut am Gang zu brüllen? Meinst du etwa die?«

Daniel sah mich nur gedankenversunken an. Es war wohl noch nicht die richtige Zeit für Humor – zum Lachen war ihm nicht zumute. Dafür war er anscheinend zu wütend. »Wir scheinen dieselben Arschlöcher als Nachbarn zu haben«, schoss er nach einer kurzen Pause hinterher und warf sich zurück gegen die Lehne seines Stuhls. So wild, dass ich Angst hatte, es könnte ihm Rückenschmerzen bereiten. Die Nachbarschaftsschmerzen schienen allerdings stärker zu sein. »Womit wir wieder beim Thema Arschloch-Detox wären«, fügte er noch hinzu und sah Adrian an. »Aber was ist die Lösung? Ausziehen?! Wir haben doch gerade erst den Mietvertrag unterschrieben!«

»Wir hatten ja bereits darüber gesprochen, dass es manchmal eine gute Lösung sein kann, den Ort zu wechseln, wenn wir erkennen, dass wir von Menschen umgeben sind, die uns nicht guttun«, erklärte Paul weiter. »Das kann tatsächlich hilfreich sein. Wenn wir beispielsweise jemandem auf der Straße begegnen, der uns – aus welchen Gründen auch immer – anbrüllt, dann können wir die Straßenseite wechseln und einfach weitergehen, weil es uns nicht weiterbringen würde zurückzubrüllen. Die Frage ist aber, ob wir das Brüllen nicht trotzdem mit uns mitschleppen und uns vielleicht noch abends, womöglich sogar die ganze Woche weiter darüber ärgern. Das geschieht vor allem dann, wenn wir anderen aufgebracht davon erzählen, uns darüber beschweren und damit noch mal in dieselbe Wut einsteigen. Manchmal fühlt sich das für einen Moment befreiend an, aber oft übernimmt diese Wut dann die Führung, und wir lassen uns von ihr steuern und tragen den Ärger über einen wildfremden Menschen immer weiter mit uns mit. Selbst das Wechseln der Straßenseite hätte dann nichts geholfen. Ähnlich verhält es sich im Straßenverkehr. Nehmen wir an, jemand streckt uns aus Zorn wütend den Mittelfinger entgegen. Selbst wenn diese Person gar nicht mehr in unserer Sichtweite ist, hält der

Ärger trotzdem noch an, wenn wir ihn nicht loslassen. Wir können dann unzählige böse Grimassen schneiden, ebenfalls wild mit dem Mittelfinger in der Luft herumwirbeln oder laut im Auto schreien – aber die einzigen Menschen, die wir damit wirklich verstören, sind am Ende nur wir selbst. Die andere Person ist irgendwann gar nicht mehr da, weil sie längst weitergefahren ist. Aber was machen wir? Wir fahren weiter mit unserer Wut spazieren. Es hilft also nicht immer, lediglich den Ort zu wechseln. Vor allem dann nicht, wenn wir innerlich an der Wut festhalten. Was eure Wohnungssituation anbelangt, dann liebt ihr diese Wohnung wahrscheinlich, sonst hättet ihr euch nicht dafür entschieden. Vielleicht genießt ihr die Vorzüge der Gegend und habt euch schön eingerichtet. Außerdem weiß niemand, ob die Nachbarn in einer anderen Wohnung nicht noch lauter wären. Die Frage ist, worauf du den Fokus lenkst. Ist es dieser eine Moment, in dem dich deine Nachbarn mit ihrem Lärm zur Weißglut bringen oder sind es die vielen anderen, in denen du eine schöne Zeit in dieser Wohnung hast? Was davon rufst du dir in dem Moment des Lärms in Erinnerung? Ich behaupte nicht, dass es nicht eine Lösung sein kann, die Quelle des Ärgers zu verlassen. Aber der raschere und weitaus unkompliziertere Weg führt meist direkt zu uns selbst. Da, wo wir fernab vom äußeren Lärm unseren eigenen Frieden finden können. Denn niemand anderer außer uns kann dafür sorgen. Das können wir immer nur für uns selbst erledigen. Wenn es im Außen besonders laut ist, dann sollten wir uns immer fragen, welchen inneren Lärm wir vielleicht schon länger mit uns mitschleppen und was wir davon loslassen können, um Ruhe in uns zu finden. Mir ist bewusst, dass das erst mal irritierend klingt – denn gerade wenn wir wütend sind, wollen wir als Allerletztes hören, dass wir womöglich auch noch selbst etwas tun sollen, wenn es doch die anderen sind, die sich so unglaublich rücksichtslos verhalten. Vielleicht ist die Wut aber eine Erinnerung, dass wir schon länger selbst rücksichtslos mit uns umgehen und nicht liebevoll für uns da sind. Möglicherweise ist es an der Zeit, ein paar tiefe Atemzüge zu nehmen und sich zu fragen, womit wir uns selbst in dem Moment etwas Gutes tun können. Gerade in solchen Momenten ist es besonders wichtig, gut für uns zu sorgen. Wenn wir das tun, sollten wir die Wut zuerst annehmen und fühlen – erst dann können wir sie loslassen. Im nächsten Schritt könnten wir versuchen, die Lautstärke der anderen nicht als absolut zu sehen und zu überlegen, welche Idee hinter ihrem Verhalten stecken könnte, das uns in diesem Augenblick so rücksichtslos erscheint. Vielleicht ist es gar keine böse Absicht, sondern reine Unüberlegtheit. Vielleicht ist der Streit ein Ausdruck ihrer Ohnmacht, und die Nachbarn hatten selbst einen schwierigen Tag, einen furchtbaren Chef, fordernde Kundschaft oder belastende Gedanken, die sie in dem Moment vergessen haben lassen, dass andere an ihrem Lärm leiden könnten, weil sie mit ihren eigenen Problemen beschäftigt sind. Wir sind nicht alle Feinde. Könnten wir hin und wieder einen Blick hinter die Türen anderer werfen, würden wir erkennen, dass alle ihren eigenen Kampf führen. Jeder hat ein Paket – oder mehrere – in dem Rucksack, den wir im Laufe unseres Lebens immer mehr angefüllt haben und mit uns herumschleppen. Manchmal würden wir ihn so gerne anderen Menschen umhängen, die uns mit ihrem Verhalten in die Quere kommen. Die bessere und vor allem sinnvollere Methode ist es aber, sich stattdessen den eigenen Lärm im Inneren anzusehen, und in sich hineinzufühlen. Stellt euch in solchen Momenten die Frage, welcher innere Lärm sich hier meldet und wie ihr euch selbst ein wenig Ruhe schenken könnt, um wieder in Balance zu kommen. Wer sie in sich findet, ist viel gefestigter, und nichts bringt uns mehr so leicht zum Wackeln oder aus der Ruhe. Wenn wir innerlich still geworden sind, kann uns der Lärm im Außen nichts mehr anhaben.«

»Das heißt, ich freue mich dann und finde meine innere Balance, wenn sie um drei Uhr morgens Sex haben?«

»Warum nicht? Ändert es denn etwas an der Tatsache, dass sie gerade Sex haben, wenn du dich darüber ärgerst?«

Daniel blieb still. Ich konnte sehen, wie seine Anspannung sich langsam löste und er sich weg vom inneren Lärm hin zu seiner inneren Balance bewegte.

Ich fragte mich in dem Moment, wie oft wir den Ärger über das Verhalten anderer zu unserem eigenen machen, weil wir nicht aufhören, daran festzuhalten. Sollten wir uns nicht vielmehr im Loslassen üben, weil wir uns am Ende doch nur selbst damit schaden? Wenn wir das ganze Gebrüll der Nachbarn, aller Menschen im Straßenverkehr, im Internet, in der Politik oder vielleicht auch ganz generell die laute Meinung anderer Menschen ständig mit uns herumschleppen, ist es doch kein Wunder, warum uns die Welt so laut erscheint und wir so viele Gründe finden, uns darüber aufzuregen. Wir vergiften uns förmlich selbst damit und wundern uns, warum wir so aufgewühlt sind und nicht zur Ruhe kommen. Wäre es da nicht besser, immer dann, wenn wir merken, dass es laut im Außen wird, in uns zu gehen und dort für Ruhe zu sorgen? Genau das hatte Paul uns geraten, und ich fand bereits den Gedanken daran beruhigend.

»Gilt das nicht auch für alle Nörgler, Besserwisser, Schwurbler und Menschen aus dem Opferland?«, fragte Lukas. »Also alle, die lautstark ihre Ansichten verkünden, aber gar nichts Gutes dabei rauskommt? Ich meine, sollten wir uns nicht generell vor dem Lärm anderer schützen und uns nicht darüber aufregen, weil wir ihre Meinung ohnehin nicht ändern können?«

»Ein interessanter und wichtiger Punkt«, antwortete Paul. »Aufregen hat wenig Sinn. Ich halte es dennoch für wichtig, seine Meinung zu sagen, und je gefestigter wir sind, desto ruhiger können wir das tun. Dann können wir uns die Meinung anderer in Ruhe anhören und unseren Standpunkt klarmachen, oder uns für uns, jemand anderen oder eine Sache, die uns am Herzen liegt, einsetzen. Diskussionen sind wichtig und bieten die Chance, alle Beteiligten weiterzubringen, weil sie andere Perspektiven eröffnen, neue Gedanken anstoßen und damit auch etwas bewegen können. Für das eigene Seelenwohl ist es dabei wichtig, nicht die Erwartung in den Vordergrund zu stellen, andere überzeugen zu wollen. Ob und wie andere reagieren und was sie damit anfangen, können wir nicht beeinflussen. Sich darüber aufzuregen, wenn andere nicht so reagieren, wie wir uns das wünschen, ist verschwendete Energie, die wir nur gegen uns richten.«

Es gibt einen Ort,
an dem du *alles*
verändern kannst.
Das Laute in Stille.
Die Angst in *Liebe*.
Das Vorurteil in
neue *Möglichkeiten*.
Falls du nach
der Ortstafel suchst:
Herzlich willkommen!
Dieser Ort liegt in dir.

Nächster Halt:

SCHEISS
DRAUF!

PERFEKTE HEILE WELT

Ich mag Menschen generell nicht besonders«, meinte Lukas trocken. Alle lachten, obwohl ich wusste, dass es sich dabei um keinen Scherz handelte, weil Lukas die meisten Menschen eben tatsächlich nicht besonders mochte. »Deshalb führe ich auch keine Diskussionen«, fügte er noch hinzu. »Muss doch jeder selbst wissen.«

»Und wofür zieht der Ritter dann in den Kampf?«, fragte Paul und deutete auf die Figur, die Lukas auf dem Tisch vor sich liegen hatte. Der Playmobil-Ritter lag seitlich auf der Schulter am Tisch, das Schwert nach unten zur Holzplatte gerichtet und mit der anderen Hand streckte er sein Schild in die Höhe.

»Ach, der liegt da nur so rum.«

»Tut er das? Dafür liegt er aber ganz schön vorsichtig mit Schild und Rüstung rum. Wovor muss er sich denn schützen?«

Lukas sagte nichts. Die Frage schien ihn aber zu beschäftigen, das konnte ich ihm ansehen.

»Darf ich vorstellen: Das ist Sir Lancelot, Ritter der Tafelrunde«, antwortete ich stattdessen. »War der nicht auf der Suche nach dem Heiligen Gral?«

»Sind wir das nicht alle?«, erwiderte Charly und grinste.

»Kommt drauf an, was wir als Gral ansehen«, ergänzte Paul. »Aber lassen wir Lukas erst mal erzählen, warum er sich für den Ritter entschieden hat und was auf seinem Ziegelstein steht.«

»Die Liebe zu Guinevere war es wohl kaum«, meinte er und lachte.

»Aber gab es da nicht einen klitzekleinen Eklat in der Tafelrunde? Wurde Lancelot nicht wegen dieser Frau verstoßen?«, fragte ich nach.

Lukas sah mich überrascht an. »Das stimmt! Da seht ihr, wie viel Sinn das gleich alles macht, dass ich mich für diesen kleinen, harmlos wirkenden Playmobil-Ritter entschieden habe. Ich dachte jedenfalls an eine ganz ähnliche Tafelrunde ... allerdings bestand sie nicht nur aus Rittern, sondern auch Ritterinnen ... genauer gesagt war es der Freundeskreis meiner ersten und – ja, ich verkünde es hiermit ganz ritterlich – auch letzten festen Freundin.« Dass sich Lukas seit geraumer Zeit ausschließlich zu Männern hingezogen fühlte, war kein Geheimnis. Damals war es allerdings noch eines. Seine Freundin wusste nämlich nichts davon, und so, wie sich die Dinge entwickelten, würde sie auch seine Letzte bleiben. Immerhin führt er seit vielen Jahren eine glückliche Ehe mit seinem Mann Michael.

»Jedenfalls hatte ich damals die glorreiche Idee, eine Beziehung mit einer Frau einzugehen, weil ich aus irgendwelchen – im Nachhinein völlig absurden Gründen – annahm, ich würde dadurch endlich dazugehören. Dafür dachte ich, mich für Frauen interessieren zu müssen. In der Tanzschule lernte ich dann also Katharina kennen. Die Tatsache, dass mir Standardtänze wie ein unlösbares Rätsel vorkamen und ich in etwa genauso talentiert dafür war, spiegelt den Startschuss für meine erste und letzte Heterobeziehung vermutlich perfekt wider. Das hielt mich allerdings leider nicht davon ab. Als ich Katharina beim Tanzen mehrmals auf die Füße stieg, kamen wir uns allein aus diesem Grund schon näher und wenig später dann auch ins Gespräch. Sie verkörperte ziemlich exakt Bree Van de Kamp aus der Serie *Desperate Housewives*, nur dass sie nicht vierzig, sondern siebzehn Jahre alt war. Jedenfalls war sie ähnlich spießig und wirkte schon deshalb irgendwie perfekt. Ihre glänzenden Haare formten sich zu einer Welle in den Spitzen, die direkt von ihrem Kaschmirpullover zu ihren teuren Perlenohrsteckern zeigten und sich passend dazu ihre glänzende Perlenkette adrett um ihren zarten Hals schmiegte. Katharina lebte in einer Nobelgegend am Rande von Wien, und wie man damals so sagte, kam sie aus gutem Haus. Ich verstehe bis heute nicht, was das eigentlich genau bedeuten soll, aber ich dachte mir, es könnte für die Familienplanung später vielleicht ganz hilfreich sein. Heute frage ich mich aber: Wann genau kommt man denn eigentlich aus gutem Haus? Sollte es sich dabei um ein spießbürgerliches Haus mit gepflegtem Rollrasen handeln, das genau genommen den unheimlich reichen, dafür überaus gefühlsarmen Eltern gehörte, dann kam sie wohl aus gutem Haus. Wie es sich allerdings mit den guten Manieren verhielt, haben wir ja bereits in *Desperate Housewives* gelernt: Verzweifelte Menschen machen verzweifelte Dinge, und Charakter trägt man eben nicht als Perlenkette um den Hals. Wie sähe die denn auch aus? Machte das dann je einer Perle für jede gute Eigenschaft? Es wäre eine kurze Kette geworden. Vermutlich aus Blutstein: tiefschwarz und nicht echt. Aber dazu später mehr. Genau wie Bree und Katharina wollte auch ich damals die Kontrolle behalten. Ich wusste schon mein Leben lang, dass mich Frauen nicht mehr als freundschaftlich interessierten. Ich sah ihnen weder hinterher noch waren sie Teil meiner blühenden Vorstellung, wenn ich abends zu Bett ging oder mich tagsüber in meinen Träumen verlor. Und wenn wir schon von Blühen sprechen, dann entsprachen die Bilder in meiner Fantasie wohl eher dem Gärtner aus der Serie, solltet ihr euch an den noch erinnern.« Lukas zwinkerte mir zu, als kannte ich ihn persönlich, was leider nicht stimmte, aber natürlich erinnerte ich mich.

»Es kam nun mal so, dass Katharina sich für mich interessierte, daher entschied ich, mich auch für Katharina zu interessieren.

Ich kann nicht sagen, wann genau der Zeitpunkt kam, aber es fühlte sich plötzlich an, als könnte ich bei diesem Spiel, das alle spielten, endlich auch mitspielen. Ich erinnere mich noch daran, wie ich dachte, dass doch alles so einfach sein könnte. Und ich entschied mich daher, es nicht kompliziert zu machen. Der Gedanke, am Ende vielleicht Vater-Mutter-Kind zu spielen, fühlte sich weit weniger beängstigend an, als der ganzen Welt verkünden zu müssen, was ich wirklich wollte. Und das war nicht Katharina. Also spielte ich eine Rolle. Die des vorbildlichen Freundes, der seiner Holden alles bot. Nur eines nicht: Die körperliche Nähe erschien mir wie ein Regelverstoß, und diese Grenze konnte ich nicht übertreten. Alles andere bereitete mir keine Schwierigkeiten, weil es im Gegenzug viel Erfreuliches für mich bot. Ich war endlich Teil eines Freundeskreises. Aus irgendeinem Grund hatte sich das in der Schule nie ergeben. Mädchen interessierten mich zu wenig und Jungs zu sehr … deshalb gehörte ich nirgends so richtig dazu. Außerhalb der Schule gab es dann noch meine Freundschaft mit Andrea, und das reichte mir. Mit Katharina ergaben sich aber weitere Möglichkeiten. Sie stellte mich ihren Freunden vor, und sie akzeptierten mich. Plötzlich gab es da diesen Kreis, und ich stand nicht wie immer draußen, sondern war ein Teil davon. Wir trafen uns wöchentlich mehrmals in einem Lokal zum Spieleabend, und hätte es nur uns beide gegeben, wäre es mir vermutlich zu viel geworden. Aber in der Gruppe fühlte ich mich wohl. Ich war zwar nicht in Katharina verliebt, dafür in ihren Freundeskreis. Es tat so gut, endlich dazuzugehören und mich völlig normal und nicht wie ein Außenseiter zu fühlen. Ich genoss es so sehr und hätte dieses Spiel noch ewig weiterführen können, wenn Katharina nicht mit der Zeit stutzig geworden wäre. Die paar Male, die sie mich zu sich nach Hause eingeladen hatte und wir es uns in ihrem wunderschönen Haus gemütlich gemacht hatten, bewunderte ich eher ihr perfekt dekoriertes Zimmer als sie, und so richtig näherkommen wollte ich ihr auch nicht. Statt sie anzufassen, war ich vielmehr fasziniert von ihrer Welt, in der Geld keine Rolle spielte und alles vom glänzenden Schmuck bis zum teuren Cabrio nur so funkelte und nach teurem Parfum und dem perfekten Leben roch. Ihr ganzer Freundeskreis lebte in dieser perfekten Welt, und durch meine bloße Anwesenheit dachte ich, vielleicht ein Teil davon zu werden. Plötzlich gab es allerdings eine Wendung. Katharina wollte immer weniger Zeit mit mir verbringen, und nach ein paar Wochen unterbreitete sie mir, dass sie jemand Neuen kennengelernt hatte. Sie machte Schluss. Auf gewisse Weise freute ich mich sogar für sie, denn ich hoffte, dass es jemand war, der nicht nur ihre Hand hielt, sondern sie auch in den Arm nehmen würde und sie mit echter Leidenschaft beglückte. Dieser Jemand konnte ich nicht sein, das spürten wir zu diesem Zeitpunkt wohl beide. Ich gönnte es ihr daher von ganzem Herzen, und alles wäre vielleicht noch perfekter gewesen, wäre ich nicht mit meiner Ehrlichkeit um die Ecke gebogen. Da wir uns entschieden hatten, weiterhin Freunde zu bleiben und mich auch ihr neuer Freund aus erwähnten Gründen nicht als Bedrohung sah, hätten wir glücklich bis an unser Lebensende in freundschaftlicher Harmonie leben können. Doch dann geschah etwas, das mir einen gehörigen Strich durch meine Freundschaftsrechnung machte. Und den Stift dazu hielt ich wohl selbst. Eines Abends waren Katharina und ich jedenfalls gemeinsam auf einer Party gewesen, die gegen zwei Uhr für uns alle endete, weil irgendein lustiger Typ es für eine grandiose Idee hielt, den hauseigenen Weinschrank vom Vater des Gastgebers umzuwerfen und ein paar verblüffend echt wirkende Gemälde an der Wand zu zerschlitzen, sodass sich jemand bemüßigt fühlte, die Polizei zu rufen, die dann den ganzen Spaß stoppte. Katharina und ich waren zu dem Zeitpunkt draußen am Pool gewesen und hatten von dem ganzen Fiasko gar nichts mitbekommen, bis wir von Männern in dunklen Uniformen gebeten wurden, das Haus mit allen anderen umgehend zu verlassen. Anschließend fuhr ich Katharina in meinem schäbigen alten Fiat nach Hause. Ihr neuer Freund mit dem Mercedes konnte das nicht übernehmen, da er zu dem Zeitpunkt mit gebrochener Achillesferse vom letzten Fußballmatch im Krankenhaus lag. Und obwohl ich noch froh darüber gewesen war, mich keinem gefährlichen Sport verschrieben zu haben, hielt ich es plötzlich trotzdem für eine gute Idee, die Karten sportlich auf den Tisch zu legen. Wie sich bald herausstellte, würde mir Katharina allerdings die Rote zurückspielen. Bevor sie also aussteigen wollte, bat ich Katharina noch, kurz sitzen zu bleiben, und öffnete ihr zum ersten Mal so richtig mein Herz. Ich nahm all meinen Mut zusammen und gestand ihr, wie zerrissen ich mich die ganze Zeit gefühlt hatte und wie dankbar ich war, dass wir nun diese Freundschaft führten, die mir wirklich am Herzen lag. Es fiel mir nicht leicht, mich zu outen, aber es fühlte sich so befreiend an, endlich mit der ganzen Wahrheit herauszurücken. Ich erklärte ihr, wie viel glücklicher ich jetzt war als in der Zeit davor, als sich alles hinter dem Glanz nach außen wie eine fahle Lüge angefühlt hatte, und dass ich mich für sie und ihre neue Beziehung freute. Ich betonte immer wieder, wie unglaublich dankbar ich dafür war, weiterhin mit ihr und den anderen befreundet zu sein. Rückblickend betrachtet sah ich ihre Freundschaft als Privileg, und ich denke, dieser Gedanke war schon falsch. So falsch, wie sich danach auch alles Weitere erwies. Katharina beispielsweise, die mich plötzlich anschrie, wie ich ihr das nur antun konnte, wutentbrannt aus dem Auto stürmte und die Tür aufgebracht hinter sich zuknallte. Als hätte ich es mir ausgesucht, mich mehr zu Männern als zu ihr hingezogen zu fühlen und wäre nur deshalb schwul, um ihr persönlich damit zu schaden! Ich fühlte mich plötzlich, als wäre *ich* der Schaden. Und es schmerzte ungemein. Auf der Rückfahrt überlegte ich, wie ich alles wieder ins Reine bringen konnte, und ahnte noch nicht, dass es gerade erst begonnen hatte, richtig schmutzig zu werden. Ich schlief kaum in dieser Nacht. Am nächsten Tag erhielt ich einen Anruf von Katharinas bester Freundin, die ebenfalls zum Freundeskreis gehörte und mindestens genauso wütend schien wie Katharina. Während ich noch überlegte, was wohl passiert sein konnte, schrie sie mir bereits entsetzt durchs Telefon, was mir überhaupt einfiel und wie ich Katharina nur so verletzen konnte! Sie teilte mir daraufhin mehr als deutlich mit, dass sie ab jetzt alle nichts mehr mit mir zu tun haben wollten. Es sei ja wohl mehr als verständlich, dass sie mich nicht mehr dabeihaben könnten. Ich nickte nur, was sie durchs Telefon natürlich nicht sehen konnte, und sagte kein Wort. Sie legte auf. Auch wenn sie es für mehr als verständlich hielt – ich verstand es nicht. Zu Recht, wie ich immer noch finde. Danach ging ich wie ferngesteuert zurück in mein Zimmer, setzte meine Kopfhörer auf und fühlte langsam diese enorme Wut in mir aufsteigen. Trotz der Musik in meinen Ohren hörte ich plötzlich meine eigene Stimme in mir laut werden, die klar und deutlich zu mir sprach. *›So verletzt dich niemand mehr … nie wieder!‹* Ich wusste in dem Moment, dass auch ich mit solchen Menschen keine Zeit mehr verbringen wollte. Nicht mal eine lausige Sekunde hätte ich ihre perfekte Erscheinung mehr ertragen, die in ihrem Inneren nicht ansatzweise so perfekt war, wie sie nach außen vorgaben zu sein. Ich sah mich um. Ich hatte zwar kein eigenes Zimmer wie sie und da stand nur ein Elektropiano und kein ganzer Klavierflügel, aber ich war zumindest nicht so pseudoperfekt, wie sie sich darstellten. Als ich meinen Blick weiterschweifen ließ und den Schrank erblickte, wurde mir mit einem Mal klar, dass das, was sich im Englischen ›Coming out of the closet‹ nennt, plötzlich zu meiner Realität geworden war. Ich war so stolz, mich nicht länger ›Im Schrank zu verstecken‹ und dass ich mit diesem mutigen Schritt zu mir selbst und damit auch zu meiner eigenen Wahrheit stand. Dass ich daraufhin gleich einen emotionalen Schlag in die Magengrube erhalten hatte und sich mein ganzer Freundeskreis von mir abwandte, war keine schöne erste Erfahrung in diesem neuen Raum – aber zumindest besaß ich das Rückgrat, nun ich selbst zu sein und mich nicht hinter einer perfekten heilen Welt zu verstecken. Es hatte sich ohnehin nur um eine Scheinwelt gehandelt, und trotzdem verbannten sie alle, die ihrem perfekten Bild nicht entsprachen. Ihr Verhalten löste solchen Brechreiz in mir aus, dass ich zur Toilette lief und mich übergab. Es kotzt mich heute noch an, wenn ich daran denke, aber ich beschloss, ihnen keine Macht mehr zu geben, über mich und mein Glück zu entscheiden. Mit solchen Menschen wollte ich nichts mehr zu tun haben! Denn was waren das auch für Menschen, die sich verhielten, als wäre ich nicht gut genug für sie? Nie mehr wollte ich so fremdbestimmt sein, und deshalb entschied ich, den Spieß umzudrehen. Ich begriff, dass sie nicht gut genug für *mich* waren und ich ohne sie viel besser dran war. Mit bebenden Lippen sprach ich mir an diesem Tag zu, dass ich es genau so wollte, und ließ sie los. In dem Moment wurde mir klar, dass es ›perfekt‹ gar nicht gab und dass sie noch viel weniger perfekt waren als ich und vor allem, dass ich es gar nicht sein wollte. Als ich damals vor meinem Schrank stand, entschied ich, mich nicht länger in diesen engen Raum zu zwängen und diesem Versteckspiel ein Ende zu bereiten. Sowohl vor allen anderen als auch vor mir selbst. Ich hörte auf, dem perfekten Bild hinterherzulaufen und mich dabei in fremde Welten einsperren zu lassen. Ich war endlich frei von dem Wunsch, so sein zu müssen wie sie, nur um dazuzugehören. Und noch mehr: Ich wollte es auch gar nicht mehr. Letztendlich entschied ich, diese beschissene Perfektion aus meinem Leben zu entlassen, und erkannte, dass mir Menschen am liebsten waren, die gar nicht perfekt sein wollten. Ich entdeckte die Schönheit in Ecken und Kanten, und mir wurde klar, dass sie um so vieles stärker waren als das unechte Konstrukt der Vollkommenheit. Perfektion ist eine Illusion. Und ich wollte keine Illusion mehr. Ich wollte echt sein und nicht perfekt.«

DIE *beste*
Rache IST
WEITER-
ZUZIEHEN
UND
glücklich
ZU SEIN.

FENSTER IN DER RÜSTUNG

Während Lukas vollkommen gefestigt auf seinem Stuhl saß und keine Miene verzog, saß ich für ein paar Minuten fassungslos da und kämpfte mit den Tränen. Obwohl ich die Geschichte bereits kannte, machte sie mich immer noch unglaublich traurig. Wie musste es *ihm* da erst ergangen sein? Auch wenn er so gefasst wirkte, musste ihn der Schmerz doch damals wie eine spitze Lanze ins Herz getroffen haben. Vermutlich hatte er sich deshalb danach seine Rüstung zugelegt. Ich wusste außerdem, wie wertvoll er als Mensch ist, und konnte einfach nicht verstehen, warum diese Menschen damals freiwillig auf seine Freundschaft verzichten wollten. Ganz offensichtlich aus den völlig falschen Gründen. Ich wüsste gerne, wie sie wohl heute darüber dachten und ob sie überhaupt noch einen Gedanken daran verschwendeten, was sie damals damit angerichtet hatten. Wie so oft im Leben war es vermutlich nicht ihre Absicht, aber ich stellte mir die Frage, ob das allein reichte, um sie freizusprechen. Im Grunde ging es dabei nicht um Schuld, weil es meistens gar niemandem hilft, nach Schuldigen zu suchen, aber ging es nicht letztlich um Verantwortung? Der sollten wir uns immer bewusst sein. Wir alle tragen sie. Ich bin zwar sicher, dass die meisten Menschen andere nicht mit Absicht verletzen, sondern in den meisten Fällen aus einer eigenen Verletzung heraus agieren.

Das macht es aber trotzdem nicht besser und vor allem nicht weniger verletzend. Sollten wir uns nicht immer Gedanken machen, welche Auswirkungen unsere Handlungen auf andere Menschen haben? Wie sehr wir damit ihr Leben beeinflussen und ob wir ihnen damit schaden, selbst wenn es nicht unsere Absicht ist?

»Wie sagt man doch gleich? Verletzte Menschen verletzen Menschen«, fing ich an, meine Gedanken laut auszusprechen. »Aber in Ordnung ist es deshalb trotzdem nicht. Sie wissen anscheinend nicht, was sie in all den Jahren verpasst haben. Nämlich dich! Sie tun mir leid.« Ich lächelte zu Lukas hinüber.

Paul blickte ebenfalls zu ihm. »Stimmt. Es wäre wohl für euch alle besser gewesen, wenn sie erklärt hätten, welche Ängste dein mutiges Geständnis in ihnen ausgelöst hat. Aber das war ihnen wahrscheinlich nicht bewusst. Statt genauer hinzusehen, warum sie sich so unwohl damit fühlten, haben sie lieber dich abgelehnt, um sich nicht eingestehen zu müssen, wie groß ihre Angst war, selbst auf Ablehnung zu stoßen. Wenn die Angst so übermächtig ist, abgelehnt zu werden, steckt aber oft auch die eigene Ablehnung sich selbst gegenüber dahinter. Menschen, die sich selbst annehmen, wie sie sind, müssen andere nicht ablehnen. Stell dir vor, wie groß ihre Angst gewesen sein muss, dass jemand sie für etwas verurteilen könnte. Denn genau um diese Angst ging es ihnen vermutlich: nicht mehr dem perfekten Bild zu entsprechen, das sie so gerne nach außen zeigen wollten. In dieser starren Vorstellung gibt es wenig bis gar keinen Raum für Entwicklung. Weder für andere noch für sich selbst. Das echte Leben bleibt immer auf der Strecke, wenn wir dem Bild der Perfektion hinterherjagen. Einer völlig abstrakten und verkehrten Vorstellung von Vollkommenheit, die nichts mit der Realität zu tun hat und auch nicht erstrebenswert ist.«

»Mehrere Studien haben ergeben, dass Menschen gar keine Laktose brauchen, um intolerant zu sein!«, scherzte Adrian. Er brachte uns damit nicht nur zum Lachen, er hatte auch noch recht damit.

»Stimmt! Und es gibt ihnen nicht das Recht, sich vollkommen daneben zu verhalten und aus Angst dann andere zu verurteilen!« Charly war gar nicht mehr zum Lachen zumute.

»Ja, das ist das Paradoxe daran. Je unvollkommener Menschen sich tief drinnen selbst empfinden, desto mehr Unvollkommenheit sehen sie in anderen. Natürlich völlig zu Unrecht. Denn alle Menschen sind vollkommen. Genau so, wie sie sind.«

»Aber macht sie dieses Verhalten, mit dem sie andere schlechtmachen, dann nicht unvollkommen?«

»Die Frage ist, wie lange wir den Kreislauf der Ablehnung weiterspielen und das Gift somit immer weiterreichen und dabei selbst daran festhalten, wenn wir es anderen verabreichen. Es ist in jedem Fall empfehlenswerter, den toxischen Kreis zu unterbrechen und auszusteigen, so, wie Lukas es getan hat. Hätte er daran festgehalten und versucht, sie zu überzeugen, es wert zu sein, hätte er sich nur selbst damit verletzt. Weil: Warum hätte er ihnen etwas beweisen sollen, das er ohnehin schon ist?«

Er sah Lukas an: »Was den eigenen Wert anbelangt, gibt es nichts zu beweisen. Sobald wir anderen Menschen unseren Wert erklären müssen, stehen wir auf verlorenem Posten, denn dann glauben wir im Grunde selbst nicht daran. Andere sehen und erkennen unseren Wert oder nicht. Das gilt für Freundschaften, Partnerschaften, aber auch für alle anderen zwischenmenschlichen Verbindungen. Wenn sie es nicht tun, dann möchte ich mich Andrea anschließen: schade für sie.«

Lukas nickte.

»Gehen wir mal davon aus, dass du die Menschen, die dich damals verurteilt haben, tatsächlich losgelassen hast, dann habe ich dennoch die Vermutung, dass du weiterhin an etwas festgehalten hast. Ich möchte also noch einmal zu meiner Frage von vorhin zurückkommen: Wovor muss er sich denn schützen?« Paul deutete auf den Playmobil-Ritter mit Rüstung und Schild, der immer noch regungslos vor Lukas auf dem Tisch lag.

»Vor dummen Menschen vielleicht?«, meinte er. »Ich finde Dummheit ungemein anstrengend. Wenn man da keine Rüstung trägt, dann ballert einem die Menschheit den ganzen Schwachsinn um die Ohren, den sie für die Wahrheit halten. Leider gibt es kein Nahrungsergänzungsmittel bei Mangel an Intelligenz.« Adrian und Lukas schienen nicht nur ihren Kaffee, sondern auch ihren Humor auf dieselbe Art zu genießen: tiefschwarz und ohne Zucker.

»Vielleicht magst du uns erklären, was du unter Dummheit verstehst? Ich nehme an, du meinst keinen konkreten unterdurchschnittlichen IQ-Wert, von dem du dich bedroht fühlst?«, fragte Paul nach.

»Das würde ich so nicht sagen. Ich halte Dummheit durchaus für bedrohlich. Vor allem dummes Verhalten. Die Sache ist aber, dass es sich nur schwer messen lässt. Und wer würde es dann messen? Das wären wiederum nur dumme Menschen. Solche, die denken, sie wären das Maß aller Dinge. Und um genau diese Sorte geht es mir. Ich rede von jenen, die über ihre Überheblichkeit zu definieren versuchen, was richtig und was falsch ist. Es sind all die Menschen, die Vorurteile in diese Welt hinaustragen: die Haterinnen und Hater, Kritikerinnen und Kritiker, Heuchlerinnen und Heuchler. Alle, die sich über andere stellen und denken, perfekt zu sein. Denn genau das sagen sie mit ihrem Urteil. Und sind es schon deshalb nicht. Und wenn das bedeutet, dass ich zugemacht habe, dann ja, vielleicht. Ich frage mich aber, ob es nicht besser ist, sich eine Rüstung

Du brauchst
deinen Wert
nicht zu beweisen.
DU *bist*
DER WERT.

anzuziehen, um sich vor diesen Menschen zu schützen, oder immer wieder verletzt zu werden, weil sie einem ihr Vorurteil frontal und spitz in die Mitte rammen? Das wäre doch auch nicht gesund.«

»Fürs Herz, meinst du?«

»Für alles. Den ganzen Körper. Mir wurde damals so übel, dass ich mich übergeben musste. Aber es ist bestimmt auch nicht gut fürs Herz. Also ja, möglicherweise auch das Herz.«

»Hast du es hinter der Rüstung verschlossen, damit es dir niemand mehr brechen kann?«

»Keiner von ihnen zumindest. Mein Herz gehört den Menschen, die es wert sind, einen Platz darin zu bekommen. Wahrscheinlich habe ich ein kleines Fenster in meine Rüstung gebaut, über das ich manchen Menschen über eine kleine Leiter Einlass gewährt habe. Schließlich gibt es hier ja welche. Aber es sind eben ausgewählte Menschen ... und erst nachdem ich sicher war, dass es auch Sinn macht. Das ist doch eine gute Sache, oder etwa nicht? Würde man der ganzen Welt freien Eintritt in sein Herz gewähren, dann könnten sie einem alle darauf herumtrampeln, und irgendwann wäre es kaputt. Da braucht man sich dann nicht wundern, warum die Herzinfarktrate so hoch ist. Vielleicht sterben die Menschen in Wahrheit an gebrochenem Herzen. Ist es da nicht besser, gut darauf aufzupassen?«

»Es kommt drauf an. Müssen sie denn zahlen?«

»Was meinst du?«

»Weil du dich gegen freien Eintritt ausgesprochen hast.«

»Ja, natürlich. Die Währung heißt Vertrauen, und das müssen sie sich verdienen. Ist doch umgekehrt auch so. Wieso sollte ich der ganzen Welt vertrauen? So vertrauenswürdig ist die doch auch nicht. Und das liegt in erster Linie an den Menschen.«

»Aber vielleicht verpasst du dann welche, die dein Leben bereichern könnten?«, warf Marie ein.

»Oder du verpasst gar nichts, weil die meisten Menschen gar keine guten Absichten haben, sondern einfach nur egoistisch sind«, meldete sich Adrian wieder in gewohnt kritischem Ton. »Speziell die, die vorgeben, besonders gut zu sein. Das sind die Allerschlimmsten, weil sie andere dazu benutzen, um ihren eigenen Wert zu polieren. Sie wollen um jeden Preis geliebt werden.«

»Und genau darauf will ich hinaus«, erklärte Paul. »Die Frage ist, aus welcher Intention ihr euer Herz entweder weit offen oder völlig verschlossen haltet.« Er sah zuerst zu Charly und Marie und blickte dann weiter zu Adrian und Lukas. »Wir haben schon darüber gesprochen, wie ihr Schranken setzen könnt, wenn ihr merkt, dass euch das Verhalten anderer nicht guttut. Aber was passiert, wenn etwas in der Vergangenheit geschehen ist und ihr euer Herz daraufhin so gut versteckt, dass die Suche nach dem Heiligen Gral im Gegensatz dazu wie eine läppische Schnitzeljagd erscheint? Wenn es dann gar niemand mehr dahinein schafft, weil das Herz so verschlossen ist und es damit für andere unerreichbar geworden ist? Vielleicht versuchen Außenstehende, das Herz zu retten, und machen sich auf den leidvollen Weg durch dichtes Gestrüpp voller spitzer Dornen und verletzen sich nur selbst dabei.« Paul blickte wieder zurück zu Marie. »Es wieder zu öffnen, liegt aber immer nur an dem Menschen, der es verschlossen hält.« Er sah weiter zu Lukas und Adrian.

»Noch einmal: ich erkenne keinen Sinn darin, mir von anderen auf der Nase herumtanzen zu lassen«, hielt Lukas dagegen, und Adrian schloss sich ihm an, als fühlte er sich ebenfalls angesprochen: »Und ich verstehe nicht, warum ich mich unbedingt binden soll. Warum sieht die ganze Welt einen Vorteil darin, sich selbst in Fesseln zu legen und so zu tun, als wären es Geschenkbänder? Es sind und bleiben Fesseln! Endlose Einschränkungen, Rücksichtnahme und mühsame Verantwortung! Wer tut sich denn so etwas freiwillig an? Nur um am Ende doch ohnehin nur wieder enttäuscht zu werden, weil nichts für die Ewigkeit hält!«

»Na toll, genau da bin ich jetzt auch gelandet«, erkannte Charly. »Jetzt bin ich ein A… Adrian geworden!«

»Wolltest du etwa gerade Arschloch sagen?!«, fragte Adrian. Sein Tonfall verriet, dass er es witzig fand und vielleicht sogar ein wenig stolz darauf war.

»Ich will damit sagen, dass mein Herz jetzt auch zu ist, weil irgendwelche Adrians in mein Leben getreten sind, mit dem Rasenmäher über meinen Herzrasen gefahren sind und eine ausgetrocknete Steppe zurückgelassen haben, auf der rein gar nichts mehr blüht, weil niemand mehr zum Gießen hereindarf.«

»Gießen solltest du den Rasen aber immer selbst«, bemerkte Paul. »Und die Tür befindet sich innen, weil es ja dein Herz ist. Es liegt also an dir, wann du beschließt, die Sprenkelanlage anzuwerfen und die Pforten wieder zu öffnen.«

»Da ist was dran.« Charly wirkte nachdenklich. Ich konnte ihre Gedanken förmlich wachsen sehen. »Ich glaube, Philipp steht die ganze Zeit mit der Gießkanne vor der Tür, um sie mir zu reichen, und ich frage mich, warum hier alles so dürr ist«, sprach sie weiter. »Natürlich kann da nichts wachsen, wenn ich wie erstarrt dastehe und mich vor dem nächsten Sturm fürchte, der womöglich alles wieder zerstört, und ich erneut vor den Trümmern stehe. Ich will das einfach nicht mehr! Nicht zum tausendsten Mal!«

Paul nickte. »Die Angst, verletzt zu werden, ist ganz schön tückisch. Sich davon zu lösen, zahlt sich aber auf jeden Fall aus. Wir können nie wissen, wie etwas endet, und natürlich gibt es immer die Möglichkeit, dass ein Sturm aufzieht, der über unser Leben fegt, und wir dabei jemanden verlieren. Aber auch Stürme gehen vorüber. Die Frage ist eher, wie wir damit umgehen. Wenn wir uns erst gar nicht auf den Moment einlassen, weil wir Angst vor der Zukunft haben, dann verpassen wir alles, was jetzt gerade möglich ist. All die glücklichen Momente, die auf uns warten, wenn wir nicht immer den Schatten des Verlusts darauf werfen. Wir sperren uns damit in unsere selbst gebaute Zelle, und da kann zwar vielleicht kein Sturm aufziehen, aber auch nichts blühen. Dort sitzen wir in einer Rüstung in unserem eigenen Gefängnis und wundern uns, warum es so dunkel und unbequem ist. Dabei wird es so viel heller, wenn wir endlich die Kerkertür öffnen.« Er sah Charly ermutigend an. »Statt in Angst zu erstarren, könntest du dir daher folgende Fragen stellen: Hast du es das letzte Mal überlebt? Und: Was ist danach alles besser geworden? Finde diese Antworten für dich, und du wirst sehen, dass der Verlust dich im Endeffekt sogar weitergebracht hat. Du hast zwar jemanden verloren, aber du hast auch etwas gewonnen: eine bessere Version von dir selbst. Du bist an der Erfahrung gewachsen, hast unglaublich viel gelernt und bist so viel stärker geworden. Du hast andere Perspektiven kennengelernt, bist neue Wege gegangen und konntest über dein altes Ich hinauswachsen. Das alles hast du geschafft. Ganz ohne den Menschen, ohne den du dachtest, nie wieder glücklich sein zu können. Sieh dich an, wie weit du gekommen bist! Und dann sei stolz auf dich.« Paul nickte Charly zustimmend zu, bevor er weitersprach: »Das Gras ist immer da grüner, wo wir es bewässern. Worauf möchtest du also deinen Strahl richten? Auf die Vergangenheit und die Angst, wieder verletzt zu werden, oder auf das Hier und Jetzt und all das, was du dir wirklich wünschst?«

Pauls Worte berührten etwas in mir und ich fand, dass wir sie uns alle immer wieder ins Gedächtnis rufen sollten. Statt unsere Aufmerksamkeit dahin zu richten, wo unserer größte Angst liegt, empfand ich es als willkommene Alternative, öfter auf all das zu blicken, was wir auf unserem Weg bisher bereits geschafft hatten und was noch alles möglich war. Das nahm der Verlustangst sofort an Kraft, und es stimmte: Es lässt die Hoffnung wachsen, dass all das, was wir erlebt haben, uns genau dahin gebracht hat, wo wir sind, und nur von da können wir auch dorthin kommen, wo wir hinwollen.

Paul wandte sich wieder Lukas zu und blickte ihm direkt in die Augen. »Wer sagt denn, dass uns andere auf der Nase herumtanzen? Müssen wir ihnen das nicht erst erlauben? Schließlich ist es unsere Nase. Niemand kann darauf herumtanzen, wenn wir es nicht zulassen. Warum stoppen wir nicht den Tanz, drehen die Musik ab und stimmen unsere eigene Melodie an? Solange wir so tun, als dürften andere über unser Leben bestimmen, geben wir ihnen die Macht, genau das zu tun. Wenn wir aber keine Angst mehr davor haben, ziehen wir die Energie ab, und die ganze Kraft liegt dann bei uns. Was das Vertrauen anbelangt, gebe ich dir recht: Es wächst und entwickelt sich erst mit der Zeit. Wenn wir aber genauer hinsehen, steckt in dem Wort *Vertrauen* aber auch *trauen*. Das bedeutet: Wenn wir uns selbst ver*trauen*, dann können wir uns auch trauen, unser Herz offenzuhalten. Sollten wir bemerken, dass es jemand nicht gut mit uns meint, dann können wir immer noch Schranken setzen oder unsere Tür schließen. Das ist dann sogar eine sehr gute Idee. Aber bis dahin muss sich niemand völlig erstarrt hinter einer Rüstung verstecken und alles dichtmachen. Und um jetzt noch einmal auf das zurückzukommen, was Andrea vorhin meinte: Ja, verletzte Menschen verletzen Menschen. Wie schön wäre es da, wenn wir die Wunden freilegen und heilen lassen? Am Ende müssen wir weder uns noch unsere Verletzung verschließen, sondern gehen sogar gestärkt daraus hervor. Der Spruch lautet dann: Gestärkte Menschen bestärken Menschen. Wir sehen andere dann nicht mehr als Gefahr, sondern können sie unterstützen, ohne dabei selbst an Kraft zu verlieren. Ganz im Gegenteil – es macht uns noch stärker.

VERLETZTE
MENSCHEN
verletzen
MENSCHEN.

GESTÄRKTE
MENSCHEN
bestärken
MENSCHEN.

FLUCH DER AKRIBIK

Deine Geschichte hat etwas unheimlich Heilendes, Lukas«, sagte Isa leise, und ihre Augen wurden dabei ganz glasig. »Ich glaube, es sind dein Mut und deine Stärke, die mir gerade etwas gezeigt haben.« Lukas sah Isa fragend an, als sie weitersprach.

»Und was genau?«, fragte er nach.

»Ich habe mein Leben lang versucht, perfekt zu sein, weil ich dachte, dass ich es sein müsste, um geliebt zu werden. Und zum ersten Mal wird mir klar, wie falsch das ist und dass es nichts Gutes mit mir und den Menschen um mich macht. Ich übe damit so unglaublich viel Druck aus. Auf mich und alle um mich, denen ich damit das Gefühl gebe, es auch sein zu müssen. Und gerade habe ich mich gefragt: Was ist denn überhaupt *perfekt*? Oder wer ist es? Also ich bin es bestimmt nicht! Wie kann ich es dann von anderen erwarten? Warum stelle ich nur so hohe Ansprüche an mich und andere? Nichts und niemand ist perfekt – auch dann nicht, wenn ich versuche, Dinge gerade zu rücken. Sei es das Geschirr im Schrank, Daniels Hemdkragen oder die Beziehung mit meiner Mutter.

»Wer sagt denn, dass *gerade* immer das Beste für alle Beteiligten ist?», merkte Lukas an.

»Das stimmt! Ich hetze doch in Wahrheit immer nur dem Wunsch hinterher, dass alles endlich gut wird. Aber woher weiß ich denn überhaupt, was gut ist? Was ich eigentlich damit meine, ist, dass *ich* nie gut genug sein werde. Ja, verdammt, vielleicht war ich es nie für sie! Aber das Schlimmste ist: Ich war es auch nie für mich! Und dieser Wettlauf mit ihren und meinen hohen Ansprüchen ist zum Marathon geworden. Ich bin erschöpft. Mir geht die Puste aus! Ich will nicht mein Leben lang irgendeiner Vorstellung hinterherlaufen, wie ich, andere oder die Dinge zu sein haben. Es richtet so viel an! Ich verurteile mich jeden Tag, diesem eigenen hohen Maßstab nicht gerecht zu werden. Und wie du vorher schon erwähnt hast: Es ist reine Dummheit. Es lässt mich dumme Sachen machen! Versteh mich nicht falsch, um nichts auf dieser Welt möchte ich ihr Verhalten dir gegenüber rechtfertigen. Sie haben dich verletzt, und das zu Unrecht. Ich hatte nur plötzlich diesen unglaublich schmerzhaften Gedanken, dass das auch ich hätte sein können. Ich, die immer darauf bedacht ist, wie andere über sie denken, und dadurch vielleicht andere verletzt. Die so große Angst hat, von anderen abgelehnt oder verurteilt zu werden, dass ich es selbst tue. Ich versuche, dieser gute Mensch zu sein, und tappe immer wieder in die Falle. Nur weil mir ihre Meinung so wichtig ist, bin ich im Job zu ihrem Opfer geworden. Sonst wäre ich doch längst gegangen! Oder ich hätte klare Grenzen gesetzt. Aber weil ich tief drinnen immer denke, sie könnten recht haben, lasse ich es mit mir machen. Und was noch viel schlimmer daran ist: Ich spinne das Rad weiter. Wenn ich abends nach Hause komme, muss alles perfekt sein: unsere Wohnung, der Haushalt, das Essen und … natürlich auch Daniel! Es tut mir leid, dass ich ihm das antue, was ich mir antue. Ich nörgle an ihm herum, werfe ihm ständig Dinge vor und kritisiere ihn. Es macht mich nicht besser als meine Chefin, die Schlangengrube oder deinen Freundeskreis damals. Und warum ich das erzähle? Weil ich dir sagen will: Es hat nichts mit dir zu tun! Sondern nur mit ihnen. Sie dachten wahrscheinlich, sie wären nicht gut genug, und deshalb schienen ihnen alle eine Bedrohung zu sein, die nicht in ihr perfektes Bild gepasst haben. Sie hatten vielleicht wie ich Angst, die Kontrolle zu verlieren. Denn dieser Scheißperfektionismus gab ihnen womöglich das Gefühl, einen kleinen Moment lang Sicherheit in ihrer Welt der Unsicherheit zu empfinden. Das macht es natürlich nicht besser, und ja, es stimmt, wir sollten uns alle unserer Verantwortung bewusst sein, dass alles, was wir tun, sich auch auf andere auswirkt. Ich dachte nur, es könnte dir helfen zu sehen, dass sie wahrscheinlich deine Stärke gefürchtet haben, weil sie tief drinnen Angst hatten, zu schwach zu sein.«

Lukas sah Isa an, ohne etwas darauf zu sagen. Es schien aber auch schon längst nicht mehr nur um ihn zu gehen. Durch seine Geschichte war offensichtlich etwas in ihr aufgebrochen. Und vielleicht durfte es dadurch wieder ganz werden. Sie stockte kurz, bevor sie weitersprach. »Ich wäre so gerne dieser starke Mensch, der andere bestärkt. Aber die traurige Wahrheit ist: Durch meine Schwäche schwäche ich auch andere. Besonders dich, Daniel. Das ist mir schon länger klar.« Sie blickte weiter zu ihm. »Aber auch in Freundschaften habe ich diese riesengroßen Ansprüche ... Ich habe sie eigentlich allen gegenüber, die mir begegnen. Im Supermarkt würde ich manchmal am liebsten ein paar Menschen mit dem Einkaufswagen über den Fuß fahren, so aggressiv macht mich ihr unperfektes Verhalten. Wie sie schon dastehen und einfach nichts auf die Reihe bekommen! Aber was ist das für eine Reihe? Eine, in die mich meine Mutter gepresst hat. In der ich denke, funktionieren zu müssen, und alle anderen gleich mit! Ich habe überhaupt das Gefühl, dass dieser Anspruch an Perfektion eine Aggression in mir schürt, die mit Gewalt aus mir heraustreten, ja manchmal förmlich hinausschreien will! Aber ich schreie nicht, denn das wäre nicht perfekt. Und ich fahre nicht aus der Haut, denn dazu bin ich zu kontrolliert. Die Gewalt richte ich also vor allem gegen mich. Aber ich spüre die Wut in mir. Da kocht sie vor sich hin – wie ein zischender Druckkochtopf, den es förmlich zerreißt. Und manchmal bricht die Wut wie Dampf kurz aus, bis ich sie wieder einsauge und mich zusammennehme, weil ich ... ihr ahnt es schon: perfekt sein möchte! Dabei weiß ich doch nur zu genau, dass ich gar nicht perfekt bin! Und wenn ich versuche, alles um mich herum perfekt zu halten oder andere anzuhalten, es zu sein, dann doch nur, um von mir abzulenken. Ich habe diese ständige Angst, dass andere bemerken könnten, wie unperfekt ich bin. Ich meine, seht mich doch an – ich bin weder besonders schön noch besonders talentiert noch besonders witzig. Da ist verdammt noch mal nichts Besonderes an mir! Und wenn ich an dir herumnörgle, Daniel, dann vor allem deshalb, weil ich dich und mich krampfhaft daran erinnern will, dass wir es beide nicht sind. Nicht perfekt. Das hat etwas Erleichterndes. Dann kann ich für einen kurzen Moment aufatmen. Denn die Kontrolle gibt mir Sicherheit. Aber an den meisten Tagen denke ich trotzdem, du würdest mich sofort verlassen, würdest du erkennen, dass ich gar nicht so bin, wie du denkst. Im Grunde frage ich mich tief drinnen jeden Tag, was du denn eigentlich mit mir willst und warum du überhaupt noch mit mir zusammen bist. Nicht mal *ich* möchte mit mir zusammen sein!«

Isa liefen dicke Tränen über ihre Wangen. Sie schien sie aber für den Moment weder kontrollieren noch sich ihnen hingeben zu wollen. Stattdessen machte sie einen tiefen Atemzug, als wolle sie sich selbst damit beruhigen. Sie wirkte jedoch immer noch genauso aufgewühlt wie vorher.

»Ich will dich doch gar nicht perfekt!«, antwortete Daniel, mit einer Klarheit in seiner Stimme, die für sie beide reichte. Es war herzerwärmend, ihn dabei zu beobachten, wie er wie ein Fels in der Brandung zu Isa stand. »Lass es mich anders formulieren: Für mich bist du schon perfekt, genau so, wie du bist! Ich möchte dich nicht anders. Es tut mir im Herzen weh, wie du dir selbst das Leben schwer machst! Und alles nur wegen deiner Mutter, die dir über all die Jahre eingeredet hat, dass es nicht reicht, einfach du selbst zu sein. So gerne würde ich dir dieses Gefühl nehmen und dir klarmachen, dass sie einfach nicht recht hat. Ich wünsche mir so sehr, dass du endlich wieder anfängst, an dich zu glauben! Und ich möchte nichts mehr als dir diese

Sicherheit geben, aber du kannst sie nicht annehmen. Im Grunde versuche ich, all das wiedergutzumachen, was sie bei dir versäumt hat ...«

»Und gelingt es?«, fragte Paul.

»Na ja ...«, antwortete Daniel und sah vorsichtig zu Isa. Die schüttelte den Kopf.

»Weil es auch gar nicht deine Aufgabe ist.«

Isa blickte zu Paul und dann wieder zu Daniel. »Ich glaube, ich vertraue niemandem. Nicht mal mir selbst!«

»Aber dieses Vertrauen lässt sich aufbauen«, erklärte Paul. »Vor allem dann, wenn du nicht so hart mit dir ins Gericht gehst. Das hat deine Mutter doch schon lange genug getan. Du könntest entscheiden, jetzt ein für alle Mal damit aufzuhören. Und Daniel, du kannst natürlich hinter Isa stehen und ihr den Rücken stärken, aber was du nicht für sie übernehmen kannst, ist, an sich zu glauben. Das muss sie schon selbst.«

»Und wie geht das?« Isa sah Paul ratlos an. »Wie glaube ich wieder an mich selbst?«

»Du bist doch sehr gut im Zweifeln. Ich denke sogar, du hast das Zweifeln über die Jahre perfektioniert. Mit den ständigen Zweifeln deiner Mutter, ob du alles richtig machst, hast du gelernt, wie du an dir zweifelst, stimmt das?«

»Ich denke, ja.« Isa wusste offensichtlich nicht, worauf Paul hinauswollte.

»Gut. Das ist also deine Stärke. Ich würde sagen, eine von vielen, die du dir angeeignet hast. Und die jetzt in dir steckt. Du kannst also hervorragend zweifeln. Also nutze den Zweifel! Fang an, daran zu zweifeln, was dir deine innere Stimme ständig zuruft. Kannst du das alles denn überhaupt noch hören? Das furchtbar laute Gebrüll? Was schreit deine innere Stimme denn da die ganze Zeit? Lass mich raten. So etwas wie: Ich kann das nicht! Ich sollte besser sein! Ich bin nicht gut genug! Oder: Das schaffe ich nie!«

»Du kennst meine innere Stimme ziemlich gut, muss ich sagen. Habt ihr euch denn schon kennengelernt?«

Paul lachte, und ich musste sofort an *Egon Schielte* aus *Der geile Scheiß vom Glücklichsein* denken. Den inneren Saboteur, der uns immer wieder streng über die Schulter schielt und uns die wüstesten Dinge zuruft, nur um uns zu verunsichern. Bei all den Verlustängsten, mit denen so viele Menschen zu kämpfen haben, gab es endlich jemanden, bei dem es ein echter Vorteil wäre, wenn er sich aus dem Staub machte. Aber ausgerechnet der hielt natürlich beständig die Stellung.

»Das sind die ewigen Zweifel, die ständig auf mich einhämmern«, erklärte Isa weiter. »Und ich glaube, die Perfektion ist meine Rüstung, die ich mir im Laufe der Jahre angezogen habe, damit sie mir zumindest ein wenig Sicherheit gibt. Ich möchte so gerne die Kontrolle behalten, damit mich diese Zweifel nicht zerstören, aber es ist so unheimlich kalt und einsam in der Rüstung. Ich will mich nicht mehr so starr und verloren fühlen ... nicht mehr so zerrissen ... sondern endlich wieder ganz! Sorglos, sicher und frei von dem dauernden Druck, perfekt sein zu müssen!« Isa kamen erneut die Tränen.

»Was hält dich davon ab?«

»Wie?«

»Was hält dich davon ab, dich so zu fühlen?«, fragte Paul weiter.

»Kann man sich denn einfach so anders fühlen?«

»Wenn man weiß, wie man sich fühlen möchte, ja. Und du hast es eben sehr gut erklärt. Du hast die kochende Wut und den Druck der Perfektion in dir gerade perfekt beschrieben. Wie wäre es stattdessen in eine andere Gefühlswelt einzutauchen? Stell dir vor, wie es sich anfühlen würde, sorglos, sicher und frei zu sein. Gab es denn schon mal einen Moment, in dem du dich so gefühlt hast?«

Isa überlegte, bevor ich plötzlich etwas in ihren Augen aufblitzen sah. »Ja! Tatsächlich! Ich erinnere mich an etwas. Einen magischen

Augenblick, in dem ich für einen kurzen Moment alles loslassen konnte und mich vollkommen eins mit allem, sicher, geborgen und richtig frei gefühlt habe. Ich war etwa acht oder neun Jahre alt, und meine Eltern waren in den großen Ferien mit mir nach Sardinien auf Urlaub ans Meer gefahren. Nach einem anstrengenden Vormittag, an dem meine Mutter wieder mal alles, was man an einem Hotel, dem Frühstücksbuffet, der bemühten Dame an der Rezeption, dem Mietauto und den Straßen Italiens aussetzen konnte, mit vollem Einsatz lautstark missbilligt hatte, waren wir endlich am Meer angekommen und hatten es uns auf unseren Handtüchern unter einem klapprigen Sonnenschirm gemütlich gemacht … also mein Vater und ich, denn meine Mutter hat es nie gemütlich, die ist zu aufgeregt dafür und darüber hinaus ständig mit ihrem Jammern beschäftigt. Jedenfalls gab ich ihr Bescheid, dass ich etwas näher zum Meer vor wollte, aber dennoch in Sichtweite blieb. Sie hatte also immer noch die Kontrolle und ließ mich deshalb machen. Ich hörte noch, wie sie zu meinem Vater sagte, dass ich ganz seine Tochter wäre, weil ich immer alleine sein wollte. Aber wer konnte mir das auch verübeln, wenn ich eben nur alleine meine Ruhe hatte? So ging es ihm anscheinend auch. Mit jedem Schritt durch den heißen Sand wurde ihre Stimme jedenfalls immer leiser, und ich merkte, wie sich etwas in mir zu entspannen begann. Kurz bevor sich die Wellen mit dem Sandstrand trafen und in wogenden Bewegungen vor und wieder zurückschoben, setze ich mich auf den Boden und grub mich mit meinem Po und den Füßen tief in den Sand. Da saß ich also und blickte auf die Wellen, als würden sie mich hinaus aufs Meer tragen. Ich folgte ihnen auf den schaukelnden Schaumkronen immer weiter hinaus zum Horizont, bis ich all das, was hinter mir lag, aus den Augen verlor und ich plötzlich ein Gefühl der Leichtigkeit verspürte. Sie tanzte auf den glitzernden Tropfen an der Oberfläche direkt auf mich zu und erfasste meinen ganzen Körper. Ich spürte, wie alles in mir aufatmete und ich diese Leichtigkeit zusammen mit der salzigen Luft in mich aufsog und gleichzeitig all die Schwere aus mir heraustrat und unter mir im feuchten Sand verschwand. Alles in mir war plötzlich frei und leicht, und ein rauschendes Gefühl der Glückseligkeit fuhr wie eine weitere Welle durch meinen ganzen Körper und fühlte sich an, als würde ich schweben. Jetzt, wo ich es erzähle, kommt es mir so vor, als säße ich wieder da. Als wäre inzwischen nichts passiert und die Erinnerung immer noch ein Teil von mir.« Isa hob ihren Blick. Sie wirkte, als säße sie tatsächlich an diesem Stück Strand. »Es klingt vielleicht, als wäre ich verrückt. Aber genau so fühlt es sich an: nur eben schön verrückt!«

»Oder zurechtgerückt. Dahin, wo du dich leicht fühlst. Du weißt also genau, wie sich diese Leichtigkeit, die Freiheit und die Sorglosigkeit anfühlen. Wir alle haben solche Momente irgendwann erlebt. Wenn wir uns wieder daran zurückerinnern, können wir darin eintauchen und sie uns zurückerobern. Nehmen wir das Beispiel von deinem Erlebnis am Meer. Gehen wir mit dir dahin zurück und stellen uns vor, du wärst ein Schiff. Es ist ein ganz wunderbares Schiff, also warum lässt du es so oft von irgendwelchen Piraten kapern? Sei es von deiner Mutter, anderen toxischen Menschen oder aber auch von deinem eigenen Perfektionismus. Du siehst ihnen zu, wie sie über dich bestimmen, und verlierst dabei deine Leichtigkeit, die sich irgendwo unten in der Kajüte versteckt hat. Du kannst sie aber wieder hervorholen, indem du die Eindringlinge nach und nach über Bord wirfst. Sie haben nichts auf deinem Schiff verloren – es ist dein Schiff, und du bestimmst die Fahrt! Durch deinen Perfektionismus stehst du aber mit einem viel zu eng geschnürten Korsett hinter dem Steuerrad, in dem du nicht mehr atmen kannst, das Gleichgewicht verlierst und kopfüber ins Meer stürzt. Dann gibt es da noch deine Mutter, die das Steuer immer wieder an sich reißt und unbedingt die Richtung vorgeben möchte, oder deine Chefin und Arbeitskolleginnen, die eine wilde Party auf deinem Boot feiern, alles verwüsten und anschließend dich dafür verantwortlich machen, warum dein Schiff in keinem guten Zustand ist. Sie hindern dich daran, den Blick aufs Meer zu richten und den Moment zu genießen. Du musst dir dein Gefühl aber von niemandem zerstören lassen. Weder von ihnen noch von deinem Perfektionismus.«

Isa starrte Paul an, als wäre sie selbst die Piratin. »Du hast so recht. Und weißt du was – ich fühle genau das, was Marie vorher meinte: Ich denke manchmal, dass ich dieser toxische Mensch bin. Vor allem für mich selbst.«

»Der Fluch der Akribik«, warf ich dazwischen, und wir lachten. Nicht über Isa oder über mich. Sondern vor allem darüber, was wir uns selbst immer wieder antaten oder uns manchmal auch antun ließen, statt das Leben als Meer voller Möglichkeiten zu betrachten und einfach ein paar Runden auf den Glückswellen zu kraulen.

»Ganz genau. Aber auch der Fluch der Akribik lässt sich loslassen, weil wir uns schließlich selbst damit verflucht haben«, ergänzte Paul. »Wir hatten vermutlich alle schon einmal so ein Erlebnis, wie Isa es vorher beschrieben hat. Vielleicht war es nicht am Meer oder in einem anderen Land. Aber egal, wann oder wo es geschehen ist – ihr habt alle schon gute Gefühle erlebt und könnt sie euch herholen, wenn es sich gerade schwer anfühlt. Wann immer jemand in Zukunft euer Boot kapern will, begrüßt ihn oder sie höflich, aber schickt sie dann wieder von Bord und holt euch eure guten Gefühle wieder zurück. Euer Boot, eure Regeln! Ihr bestimmt, mit welchen Gefühlen ihr durchs Leben gleitet. Und ihr wisst jetzt, wo ihr sie findet und wie ihr sie euch wieder zurückholt.«

Lass keine Menschen das Steuer deines Lebens übernehmen, die vielleicht selbst nicht auf dem richtigen Weg sind.

Paul machte eine kurze Pause, bevor er weitersprach: »Ich denke, das war ein würdiger Abschluss für heute. Wir wissen noch gar nicht, wer – außer den Nachbarn vermutlich – noch auf Daniels Stein steht, und von Adrian haben wir es bisher noch gar nicht erfahren. Damit würde ich gerne morgen weitermachen, genau wie mit dem bereits vorgeschlagenen Arschloch-Detox-Programm für Menschen, die euch nicht guttun. Wir werden daher Antworten auf die Frage finden, wie wir toxische Menschen und Gefühle loslassen können und was uns sonst noch alles abhält von unserem Glück. Danach habe ich auch noch eine kleine Überraschung, die passend zum heutigen Thema mit einem Boot und Loslassen zu tun hat. Ich denke, das wird euch gefallen. Mehr dazu erfahrt ihr dann morgen! Jetzt gönnt euch aber erst mal ein wunderbares Abendessen im Restaurant mit dem traumhaften Ausblick auf den See, und lasst den Tag noch schön ausklingen. Vergesst nur eure Steine nicht!« Paul grinste wie ein Schelm, und Lukas verdrehte die Augen. So unangenehm diese Übung auch war, ich wusste langsam, worauf Paul damit hinauswollte.

Es war gar nicht so einfach, die Zeit zu genießen, egal, wie schön sie auch sein mochte, wenn wir immer diese doofen Steine mit uns herumschleppten, die sich ganz schön schwer anfühlten. Es reichte doch schon der Ballast, den wir selbst im Leben angesammelt hatten. Da wollte man sich doch nicht länger noch mit zusätzlichem Gewicht beschweren. Es fing an zu nerven. So sehr, dass wir sie wohl alle schleunigst loswerden wollten und mir dämmerte, dass es genau das war, was Paul damit bezweckte.

Du verdienst es,
glücklich zu sein.
Du verdienst es,
ein *Leben* zu führen,
das dich mit
Begeisterung und
Leichtigkeit erfüllt.
Lass dich von niemand
anderem daran hindern.

FALSCHES SPIEL

Es wurde tatsächlich noch ein herrlicher Abend, bei dem wir alle gemütlich zusammensaßen, köstlich speisten und den Tag gemeinsam mit ein paar Gläsern Wein Revue passieren ließen. Ich fand es bemerkenswert, wie viel Paul schon in uns bewegt, aufgerüttelt, aber auch sortiert und bereinigt hatte. Als er und Charly anfangs vom inneren Aufräumen gesprochen hatten, wusste ich noch nicht, was sie genau damit meinten. Langsam hatte ich aber das Gefühl, dass bereits ein paar Gedanken ihre Ordnung gefunden hatten und wieder andere aus den Regalen geflogen waren, weil sie ausgedient hatten.

Nach dem Frühstück fanden wir uns alle wieder im *Raum am See* ein und vielleicht bildete ich es mir nur ein, aber die Stimmung kam mir um einiges leichter vor als die Tage zuvor. Und das, obwohl wir noch immer unsere Steine brav von A nach B weiter zu C und wieder zurück zu A brachten, was gar keinen Sinn ergab und daher hervorragend das echte Leben widerspiegelte, bei dem wir uns auch immer wieder völlig sinnlos mit mächtig schweren Sorgen, Gedanken oder anderen Menschen belasteten. Ich hoffte, dass wir den Ballast bald irgendwo loswerden würden, und war guter Dinge, da ich nicht davon ausging, dass Paul uns die Steine wieder vom See zurück nach Wien bringen ließ. Wobei – wer wusste das schon so genau? Schließlich trugen wir den unnötigen Gedankenballast sonst auch unablässig mit uns mit – sogar dann, wenn wir an andere Orte oder Länder reisten: Toxische Gedanken und Menschen begleiten uns überallhin, selbst wenn sie gar nicht wirklich in der Nähe sind.

»Ich hoffe, ihr hattet alle eine erholsame Nacht und habt nicht allzu viele Gedanken gewälzt. Dazu neigen wir Menschen ja manchmal. Dann machen wir uns abends Sorgen über Dinge, die vielleicht nie eintreten, und nehmen sogar Menschen mit ins Bett, die gar nicht neben uns liegen. Wer kennt es?«

»Hier! Ich!«, rief Marie, die ziemlich müde und gar nicht erholt aussah. »Ich habe mir die ganze Nacht den Kopf zerbrochen, warum Julius nicht mehr auf meine letzte Nachricht geantwortet hat und wie er die davor gemeint haben könnte.«

»Was hat er denn geschrieben ...?«, fragte ich, neugierig wie immer.

»Gute Nacht! Ich meine, er hat einfach nur *Gute Nacht!* geschrieben. Kein *Schatz,* keinen *Kuss*, kein *Wie war's?* oder *Ich vermisse dich*. Nichts!«

»Meine Güte! Was wollt ihr Frauen denn immer nur?« Adrian rollte demonstrativ mit den Augen. »Ganze Liebesabhandlungen in Romanform, oder wie?! Vielleicht war er einfach nur müde, wollte schlafen oder seine Ruhe!«

»Aber das ist doch komisch! Ich lese förmlich heraus, wie sehr es ihn nervt, dass ich ihn wieder gefragt habe, was er gemacht und wen er getroffen hat. Ich kenne ihn doch ganz genau! Und er hat noch nicht mal ein Emoji dazu getippt ... rein gar nichts! Nur ein nacktes Rufzeichen! Da hätte er doch gleich schreiben können, dass er die Beziehung gar nicht mehr möchte! Mit Rufzeichen! Ich spüre mit jedem Buchstaben, dass ihn das alles nervt und ich ihn am allermeisten. Er wollte einfach nicht weiterschreiben, weil er dann wieder etwas hätte erklären müssen. Und das wollte er nicht. Er gibt sich einfach keine Mühe! Es kommt überhaupt keine Liebe mehr von ihm!«

»Das ist mal eine intensive Interpretation von einem einfachen *Gute Nacht!*«, konnte ich mir nicht verkneifen.

»Diese wilden Interpretationen hab ich schon in der Schule nicht verstanden«, haute Adrian noch eins drauf. »Endlose Textanalysen mit ausführlicher Inhaltsangabe. Wen interessieren die?! Wer weiß denn schon, was sich jemand anderer gedacht hat? Vielleicht wusste Shakespeare selbst nicht, was er sich in dem Moment gedacht hat, und hat es einfach fließen lassen. Aber nein, da zerbrechen wir uns alle den Kopf, ob er mit diesem einen Wort nicht doch die Ablehnung der gesamten Welt gemeint haben könnte. Ich sag nur eines: Gute Nacht! Kriegen wir uns doch bitte alle mal wieder dezent ein!«

»Aber irgendetwas passt nicht. Ich kenne ihn! Ich weiß genau, wie er tickt!«

»Das glaub ich dir aufs Wort«, erwiderte Paul, »und genau das ist der Punkt. Deine Welt dreht sich nur um Julius und nie wirklich um dich. Das bedeutet, du verlagerst dein ganzes Glück auf ihn, und da entgleitet es dir ständig, weil Julius mit seinen Triumphen in der Hand ständig davonläuft und du leer ausgehst. Du denkst, er hätte alle Asse in der Hand, aber für ihn fühlt es sich an, als läge die ganze Verantwortung in seinem Blatt, weil du ihm ständig hinterherläufst oder vor ihm sitzt und über den Rand schielst, um herauszufinden, was er macht, statt neu abzuheben und dich um dein eigenes Spiel zu kümmern. So, wie ich Julius einschätze, liegt ihm diese Verantwortung aber nicht. Sie belastet ihn eher. Und dich belastet, dass dein Glück ständig mit der Rückseite zu dir in fremden Händen liegt. Denn so ist das, wenn du immer nur gibst und plötzlich gar nichts mehr in der Hand hast. Da sitzt du nun und starrst unaufhörlich auf das andere Blatt – sein Blatt wohlgemerkt, in das er dir keinen Einblick gewährt. Es wäre aber wichtig, die Karten sprichwörtlich auf den Tisch zu legen und darüber zu sprechen, worum es dir geht. Es gäbe dir die Chance, dich ehrlich und verletzlich zu zeigen und ihm zu erklären, dass du Angst hast, ihn zu verlieren, und dich dabei immer wieder selbst verlierst. Es ist aber mindestens genauso wichtig, ihm und vor allem dir selbst klarzumachen, dass es nicht seine Aufgabe ist, dir diese Sicherheit zu geben, sondern deine, und du dich ab jetzt besser um dich und dein Glück kümmern wirst. Und es sollten nicht nur Worte, sondern vor allem Taten sein. Mir ist schon klar, dass es dir vermutlich leichter fällt zu erklären, wie und weshalb du dich schlecht fühlst und wie die Angst dich zermürbt. Dieses Lied spielst du dir innerlich selbst seit Jahren wie eine Endlosplatte vor. Die Single ist aber längst überholt. Und die meiste Zeit hängt sie! Es macht dir vermutlich also auch gar keinen Spaß mehr. Daher ist es an der Zeit, die Nadel vom Vinyl zu nehmen und etwas zu verändern. Die Veränderung liegt in deinem Fall am anderen Ende von dem Ort, wo du bisher gesucht hast – nämlich weit weg von ihm. Sie liegt bei dir.«

»Aber …«, versuchte Marie anzusetzen, und auch wenn das sonst so gar nicht seine Art war, fiel Paul ihr ins Wort: »Genau dieses Aber ist das Problem. *Aber Julius macht dies … Aber Julius tut jenes … Aber wenn ich Julius davon überzeuge, dass …* Dieses Aber ist dein größter Feind. Mit jedem *Aber Julius …* gibst du deine Glückskarten aus der Hand und verlierst. Und auch wenn die Liebe kein Spiel ist, so ist sie ein Gewinn, wenn du erkennst, dass du dein Glück nie in andere Hände legen solltest. Bei dir ist es gut aufgehoben. Und nur da wirst du die Sicherheit auch fühlen können. Sollte dir also wirklich etwas an deiner Beziehung liegen, dann ist die einzige Lösung für dich die, dich ganz auf dich zu konzentrieren.«

»Aber ist das nicht egoistisch?«, zog Marie das nächste Aber aus der Tasche.

»Es ist egoistisch, es nicht zu tun, es aber von ihm zu erwarten.«

Marie sagte nichts mehr. Die Runde schien an Paul zu gehen.

Auch wenn die Liebe kein Spiel ist, so ist sie ein Gewinn, wenn du erkennst, dass du dein Glück nie in andere Hände legen solltest.

»Nehmen wir mal an, Julius wäre Adrian, dann wäre mein Rat an ihn ein anderer.«

Adrian blickte hoch. »Und welcher wäre das?«, wollte er wissen, schließlich ging es plötzlich um ihn.

»Ich würde ihm sagen, dass er sich im Gegensatz zu Marie sehr viel mit sich beschäftigt, aber dass das in seinem Fall nicht viel mit Selbstliebe zu tun hat. Dann würde ich ihm noch sagen, dass er aufhören könne davonzulaufen. Er dürfte für sich einstehen und auch mal Nein sagen, ohne dass er dabei gleich die Flucht nach vorne antreten müsse, weil er Angst hat, seine Freiheit zu verlieren. Gewissermaßen dürften also beide wieder lernen, sich zu spüren. Marie, indem sie aufhört, ständig herausfinden zu wollen, was Julius so große Angst bereitet, und anfängt, sich um ihre eigene Verlustangst zu kümmern, und Adrian, der versucht zu spüren, wo seine Grenzen sind, und lernt, sie klar zu kommunizieren, ohne sich dabei immer meilenweit von anderen distanzieren zu müssen. Dabei darf er sich ruhig auch Gedanken machen, wie es anderen damit geht. Das, was Marie zu viel macht, geschieht hier nämlich so gut wie gar nicht. Auch wenn dahinter dieselbe Angst steckt, nämlich die, nicht gut genug zu sein. Solange ihr euch aber beide mit einem Pokerface hinter euren Karten versteckt, statt sie euch wirklich anzusehen und anderen zu zeigen, handelt es sich um ein falsches Spiel. Eines, bei dem niemand wirklich gewinnen kann. Und jetzt bin ich neugierig: Was steht denn auf deinem Ziegelstein, Adrian? Möchtest du es uns verraten?«

Adrian mochte nicht wirklich, das war deutlich an seinem Blick zu erkennen. Er sah Paul widerwillig an und zögerte, als wollte er sein Blatt nicht zeigen – wahrscheinlich, weil er nicht verlieren wollte. Nach einer Weile hob er den Ziegelstein dann aber doch vom Boden auf und legte ihn vor sich auf den Tisch. »Also, hier steht: *Dies, das, Ananas.*« Selbst ich konnte mir das Lachen nicht verkneifen, auch wenn ich noch nicht wusste, worauf Adrian damit wohl hinauswollte.

»Du möchtest also *Dies, das, Ananas* loswerden?«, fragte Paul ruhig.

»Genau.«

»Jetzt wüssten wir natürlich gerne, wofür *Dies, das, Ananas* steht. Ich nehme an, du hast dir etwas dabei gedacht?«

»Ja, hab ich.«

»Und willst du es uns verraten?«

Adrian zögerte kurz. »An die Erwartung, die alle an mich haben ... eben über *Dies, das, Ananas!* Und müsste ich noch etwas auf die anderen Seiten schreiben, um es zu erklären, wäre das *die Erwartung der Gesellschaft, meiner Eltern* und *aller Frauen.* Ich will nämlich gar keine konkrete Person loswerden. Im Loswerden von Menschen bin ich schon ganz gut. Aber ihre Erwartungen machen mich fertig! Die braucht doch absolut niemand! Und ich am allerwenigsten!«

»Schon klar, dass du keine Menschen loswerden möchtest, dazu müsstest du dich ja erst mal auf sie einlassen«, schaltete sich Charly wieder ein.

»Vielleicht. Aber genau wegen dieser ständigen Erwartungen, die alle an mich haben, will ich mich wahrscheinlich nicht einlassen!«

»Und was erwarten sie von dir?«, wollte Paul wissen.

»Ach, einfach alles! Ständig und immer. ›Adrian, du bist wie geschaffen für dieses Studium. Aber wann bringst du es denn endlich fertig? Jetzt lern doch etwas, damit du später eine Familie gründen kannst! Warum musst du denn immer noch mit diesen

Klamotten herumlaufen, bist du denn nicht langsam zu alt dafür? Jetzt such dir doch mal ein nettes Mädchen und heirate endlich! Andere in deinem Alter ernähren schon eine fünfköpfige Familie! Du musst die richtigen Prioritäten setzen! Warum meldest du dich denn nie bei irgendwem? Oder bei uns? ...‹ *Dies, das, Ananas* eben! Und wisst ihr was? Nichts davon hat auch nur irgendwas mit dem zu tun, was *ich* möchte! Also um auf die Frage zurückzukommen, was sie erwarten, dann: dass ich so bin, wie sie mich haben wollen!«

»Zeigst du dich denn so, wie du wirklich bist, und sagst, was du möchtest?«

»Nein.«

»Und warum nicht?«

»Weil es ihnen nicht passen würde und sie ohnehin wieder nur enttäuscht wären!«

»Du denkst also, sie wären enttäuscht, wenn du ganz du selbst wärst?«

»Na ja ... ja! Ich entspreche eben nicht ihrer Vorstellung. Aber sie wollen mich mit allen Mitteln da hineinpressen.«

»Aber vielleicht haben sie diese konkrete Vorstellung von dir und deinem Leben, weil sie eigentlich das Beste für dich wollen – nur eben ohne zu wissen, dass es gar nicht das Beste für dich sein kann, wenn du es nicht willst. Wäre es da nicht besser, ihnen zu sagen, was du möchtest? Klar und ohne Umschweife. Weil es dein Leben ist und nur du es lebst?« Adrian sah verdutzt drein, blieb aber still. Paul sprach dafür ganz ruhig weiter: »Wichtig wäre, für dich herauszufinden, was du wirklich willst, und nicht einfach nur die Rolle des Rebellen zu leben, indem du immer genau das Gegenteil von dem tust, was andere von dir erwarten, und ständig auf der Flucht bist.«

»Vielleicht weiß ich aber gar nicht mehr, was ich will. Oder habe es nie gewusst!«

»Ich denke, da sind wir jetzt beim Kern angelangt. Kann es vielleicht sein, dass du beim ständigen Gegenhalten deine Handschuhe angezogen hast, um dich zu schützen, und jetzt gar nichts mehr spürst – weder dich noch jemand anderen? Dafür könnten deine Lederhandschuhe nämlich stehen. Wenn du dich und andere – natürlich im übertragenen Sinn – immer nur mit Handschuhen berührst, was meinst du, was du dann fühlst?«

»Nichts. Ich fühle nichts. Und ja, ich denke, das trifft es ganz gut. Und ich dachte noch, die Lederhandschuhe wären ein Symbol für alle, die mich eiskalt mit ihrer Erwartung erwürgen. Aber um ehrlich zu sein, ist es doch so: Wahrscheinlich bin *ich* dieses Arschloch, das alle loswerden wollen. Also langfristig. Kurzfristig suchen sie ja meine Nähe. Vor allem Frauen. Ich erzähle ihnen genau das, was sie hören wollen, um sie rumzukriegen ... und sie versuchen dann für den Moment zu glauben, dass sie es sind: einzigartig und wundervoll. Eben alles, was sie tief drinnen überhaupt nicht von sich glauben, sonst würden sie doch nicht auf mich hereinfallen! Und ja, ich tue es, weil ich mich besser fühle, wenn sie mich anhimmeln. Aber ist das verwerflich? So fühlen wir uns doch alle für einen Moment lang gut, bis es sich wieder leer anfühlt.«

»Vielleicht möchtest du aber auch von ihnen angehimmelt werden, weil du selbst nicht glaubst, dass du es bist.«

»Und was soll das sein?«

»Genug. Genau so, wie du bist. Ohne die ganze Show und das Spiel.«

Adrian schluckte, und auch wenn er es wahrscheinlich nicht zugeben wollte, wirkte es, als stimmte er zu. Immerhin schien auch ihm klar geworden zu sein, dass dieses Spiel ihn auf Dauer nicht glücklich machte.

»Hier würde ich gerne eine kleine Anmerkung machen«, sprach Paul weiter. »Über Adrians Verhalten zu urteilen, wäre der völlig falsche Weg. Die Frage, die sich Frauen an seiner Seite stellen können, ist, ob sie sich damit wirklich wohlfühlen und ihnen dieser Nähe-Distanz-Zirkus guttut, bei dem sie ständig darauf warten, dass er sich in der Ferne für ihre Nähe entscheidet. Denn so, wie Adrian es beschrieben hat, hält er sie eher auf Distanz, und zwischendurch wirft er ihnen ein paar kurze Momente der Nähe hin, bis es ihm wieder zu eng wird und er flüchtet. Für alle, die sich mehr Nähe wünschen, wäre es daher wichtig, sich selbst nichts vorzumachen und der Wahrheit ins Auge zu sehen. Eine, die vielleicht schmerzhaft ist. Aber wie viel schmerzhafter wäre es, sich über Monate, vielleicht auch Jahre etwas vorzumachen und auf die große Veränderung zu warten? Wenn sie bis dahin nicht geschehen ist, warum sollte sie denn dann plötzlich eintreten? Was aber vor allen Dingen gar nichts brächte, wäre ...« Paul stockte kurz und sah zu Marie hinüber: »... ihn retten zu wollen.« Er hielt für einen Moment inne. »Denn er muss gar nicht gerettet werden. Niemand kann und wird Adrian davon überzeugen, was das Beste für ihn ist und wann er beschließt, sich wirklich auf andere einzulassen. Er wird es dann tun, wenn er dazu bereit ist. Wenn er für sich erkennt, dass er nicht mehr weglaufen möchte, wird er ankommen. In erster Linie bei sich selbst und dann wird es auch mit anderen möglich sein. Das gilt natürlich nicht nur für Adrian, sondern für alle Menschen. Andere überreden oder überzeugen zu wollen anzukommen, ist, als würde man sich vor einen fahrenden Zug mit Autopilot werfen, der auf der Durchfahrt keinen Halt geplant hat, und man denke, er würde anhalten, nur weil man da liegt. Da sich gar kein Fahrer im Zug befindet, fährt er einfach weiter, und die Person, die sich auf die Gleise wirft und sich sehenden Auges überfahren lässt, erleidet erhebliche Verletzungen. Ich möchte es für dieses Bild nicht so dramatisch darstellen, dass es sie das Leben kostet. Aber schmerzhaft ist es allemal. Und wer sich freiwillig vor einen fahrenden Zug wirft, empfindet wenig Liebe für sich selbst.«

Du wirst Menschen nicht dazu bringen, dich zu *lieben*, indem du sie noch mehr liebst. *Du vergisst* dabei nur, dich selbst zu lieben.

AUF DEM ABSTELLGLEIS

Ich kenne so einen fahrenden Zug, und die Person, die sich ständig davorwirft, ist meine Schwester. Ich kann einfach nicht mehr zusehen!«, platzte es völlig unerwartet aus Daniel heraus. »Du wolltest doch wissen, wer noch auf meinem Stein steht.« Er blickte zu Paul. »Also hier stehen: *Das Schwiegermonster, die Betonfüßer* und *das Arschloch* – wie ich ihn liebevoll nenne. Im Übrigen auch vor meiner Schwester. Aber das scheint sie nicht davon abzuhalten, seit Monaten eine Affäre mit diesem Typen zu führen. Sie wirft sich immer wieder vor den Hochgeschwindigkeitszug, und danach heult sie, weil es wehtut. Das Schlimmste daran ist aber, dass er ganz genau weiß, was er tut und wie sehr sie leidet. Aber es ist ihm egal! Wenn er mal für einen kurzen Moment an der Station einfährt, holt er sich, was er braucht, und zieht dann wieder weiter. Ich kann einfach nicht mehr mit ansehen, wie sie sich unter ihrem Wert verkauft!«

»Sieht sie das denn genauso? Seid ihr einer Meinung, dass ihr diese Affäre nicht guttut?«

»Eine gute Frage ... da bin ich mir gar nicht so sicher! Wenn ich ehrlich bin, befürchte ich sogar, dass sie es in ihrer blinden Verliebtheit gar nicht sieht. Ich denke aber, sie spürt es, weil es sehr schmerzhaft ist. Aber sie spricht ständig davon, dass sich bestimmt noch alles ändert. Als stünde sie vor einer schwarzen Wand und rede sich ein, dass sie sonnengelb ist. Und eine Tür hat, obwohl da keine ist! Sie denkt also, sie kommt da einfach durch und stößt sich ständig den Kopf und das Herz noch dazu. Natürlich schmerzt das! Jetzt frage ich euch: Warum sucht sie sich nicht einen Mann, der sie *nicht* immer dagegenrennen lässt? Einen, der nicht wie eine kalte Wand dasteht, weil er den Zugeingang einfach zugemauert hat, sondern einen mit einladender Schiebetür? Vielleicht sogar mit einem Willkommensschild und Erste-Klasse Abteil?! Wir hatten bisher schon endlose Gespräche, in denen ich auf sie eingeredet habe, sie solle diese Beziehung – die nicht einmal eine richtige Beziehung ist – endlich sein lassen, weil sie sich damit immer nur selbst verletzt. Sie weint dann immer, aber ändert nichts, denn sie leidet eben auch unter diese Aber-Krankheit. Ich habe bereits tausende Aber von ihr gehört, mit denen sie mir versucht zu erklären, dass sie ihn doch so sehr liebt, es etwas völlig anderes mit ihm wäre und ich es einfach nur nicht verstehen könne! Manchmal schleicht sich noch eine Schicksalserklärung mit ein, in der sie aus tiefster Überzeugung erzählt, dass sie füreinander bestimmt wären. Wenn sie schon nicht auf ihn sauer ist, dann frage ich mich, ob sie es nicht wenigstens dem Schicksal langsam übel nimmt, dass nichts weiter passiert. Es ändert sich nämlich gar nichts! Sie hockt da und wartet. Ab und zu springt sie zu ihm ins Abteil, wenn er pfeift, oder hüpft vor den Zug, wenn er davonfährt. Metaphorisch, Gott sei Dank. Aber ich weiß nicht, wie oft sie sich noch das Herz brechen lassen muss, um zu begreifen, dass sie diesen Arschloch-Zug endlich ziehen lassen muss!«

»Aber ist er wirklich ein Arschloch, wenn sie immer wieder einsteigt?«

Es war klar, dass dieses Argument nur von einem am Tisch kommen konnte. Demjenigen, der ebenfalls als Eilzug durch die Gegend raste.

»Natürlich ist er das! Er verletzt gleich zwei Frauen. Die Frau, der er ein Treueversprechen in einem Ehegelübde gegeben hat, und Anja, der er durch die Blume verspricht, sich irgendwann zu entscheiden, es aber nie tun wird.«

»Wie verspricht man etwas durch die Blume?« Paul war wohl nicht für Romantik. Klar, schließlich war er Therapeut und mehr an astreiner Kommunikation mit Lösungsanspruch als an blumigen Floskeln interessiert.

»Er faselt dann irgendetwas davon, dass er sich *im Moment noch nicht* trennen könne. Anja klammert sich genau an solche Aussagen und erklärt mir dann, dass im *Moment* nicht *nie* bedeute, und er *noch nicht* gesagt habe, was für sie anscheinend einer beglaubigten Urkunde gleichkommt, und das, obwohl er nicht nur nach wie vor auf dem Papier verheiratet ist, sondern sich auch immer noch das Ehebett mit einer – nämlich *seiner* – Frau teilt. Was denkt sie, was sie da machen? Kreuzworträtsel lösen? Jeden Abend ein paar Verse aus der Bibel poetryslammen oder sich die Hand geben, bevor sie sich schweigend in den Schlaf verabschieden?!«

Bis auf die Hand war ich nicht sicher, ob Letzteres nicht durchaus auf manche Paare zutraf. Die Bibelverse und Kreuzworträtsel fand ich aber eine bizarre Vorstellung. Ich fragte mich, wie er darauf kam. Isas Blick von der Seite verriet, dass sie nichts damit zu tun hatte.

»Worauf ich hinausmöchte, ist: Er hält sie hin und macht ihr was vor! Also ja, ich halte ihn für ein Arschloch, und ich frage mich, wie sich das langfristig auf sein Karmakonto niederschlägt. Positiv ja wohl kaum!«

»Oh, das frage ich mich bei ganz vielen Menschen!«, schoss Charly von gegenüber. »Aber auf dieses Karma scheint mir generell kein großer Verlass zu sein. Müsste ich eine Bewertung auf Tripadvisor schreiben, dann wäre es: schlechter Service, Reklamationen werden nicht angenommen und schlechte Aussicht – kein Panoramablick! Aber jetzt mal ehrlich, dieses Karma macht ganz komische Sachen. Ich habe sogar das Gefühl, es haut den ganzen Dreck immer jenen um die Ohren, die sich besonders anstrengen, gute Menschen zu sein. Die Arschlöcher hingegen kommen gut weiter. Ist doch so! Im Job wie privat. Die Menschen, die über Leichen gehen, bringen es am weitesten.« Charly schien uns das Drehbuch des Lebens erläutern zu wollen, und das Genre stand bereits fest: Es handelte sich um einen Karmakrimi.

»Die Frage ist, was *am weitesten* in diesem Zusammenhang bedeutet, weil du meintest, sie brächten es am weitesten«, schaltete sich Paul wieder dazu.

»Na, beruflich an die Spitze der Karriereleiter und privat auf die Nasenspitze anderer, wo sie ein wenig Breakdancen und fröhlich vor sich hinträllern, während sie den Ton angeben. Kurz: Bei denen läuft es immer top! Und niemand kann ihnen etwas anhaben. Verletzte Arschlöcher gibt es nämlich selten! Und wenn doch, dann nur, wenn irgendjemand ihr Ego ankratzt ... aber selbst dann haut sie nichts richtig um! Wir sensiblen Persönchen hingegen sitzen am Ende immer da und leiden.«

»Wenn das am Ende tatsächlich so ist, dann wäre es wichtig, den Anfang zu überdenken. Also welche Entscheidungen wir da treffen. Ob wir uns von Anfang an auf eine aussichtslose Geschichte einlassen und uns am Ende wundern, verletzt zu werden. Das hat dann wenig mit Karma zu tun, sondern mit Selbstbestimmung und Eigenverantwortung. Und was die Karriereleiter anbelangt, ist es ähnlich wie im Privaten auch: Welche Jobs wir wählen, hängt maßgeblich davon ab, wovon wir denken, was uns zusteht. Menschen, die du vermutlich als Arschloch bezeichnen würdest, wissen oft sehr genau, was sie wollen. Sie trauen es sich nicht nur zu, sie fordern es auch ein. Natürlich ist es nicht erstrebenswert, dabei keine Rücksicht auf andere zu nehmen, aber was die Klarheit der eigenen Ziele anbelangt, kann man gut und gerne von ihnen lernen. Wir sollten uns alle mehr zutrauen und uns dadurch auch mehr gestatten. Das kann dann ein Job sein, der uns Freude macht und bei dem wir unser Potenzial voll leben und entfalten können, eine gute Freundschaft, in der wir geschätzt werden, und natürlich auch eine erfüllende Beziehung, die jeder Mensch verdient hat. Ausnahmslos. Das Problem ist, dass manche Menschen denken, sie hätten es nicht verdient, und sich deshalb immer wieder für den Leidensweg und ihr eigenes Unglück entscheiden. Wir akzeptieren das, was wir denken, verdient zu haben. Das gilt für die Liebe und alle anderen Bereiche. Wer sich bewusst ist, das Beste verdient zu haben, würde sich auf niemanden einlassen, der oder die nicht verfügbar ist, aus welchen Gründen auch immer das sein mag. Menschen, die ihren Wert kennen und wissen, was ihnen zusteht, lehnen dann dankend ab und sind dadurch offen für jemanden, der bereit ist. Nicht verfügbar sind übrigens nicht nur Menschen, die vergeben sind, es sind auch solche, die nicht bereit für eine Beziehung sind, sich nicht einlassen wollen oder können, die immer davonlaufen, wenn es ihnen zu eng wird, oder unsicher sind, was sie wollen. Wer sich absichtlich in die Warteposition begibt, hat genau das zu erwarten: ewig darauf zu warten, dass sich etwas ändert, obwohl es nie passiert. Sie geben sich der vermeintlichen Illusion hin, irgendwann in der Zukunft vielleicht auf den Zug aufspringen und mitfahren zu dürfen, und gehen davon aus, dann glücklich zu sein. Sie verlagern ihr Glück in eine Zukunft, die höchst fragwürdig ist und mit hoher Wahrscheinlichkeit so nie eintreten wird. Bis dahin sitzen sie an einsamen Bahnhöfen und warten auf einen Zug, der einfach durch die Station fährt und sie dort sitzen lässt. Es ist ein trostloser, sehr einsamer Ort, und nur die gewagte und sehr unwahrscheinliche Annahme, dass es irgendwann doch noch eine Chance auf eine bessere Zukunft gibt, treibt ihre Hoffnung an. Das ist übrigens derselbe Grund, warum sich auch Lottoscheine so gut verkaufen. Die Chance zu gewinnen steht dabei allerdings ähnlich schlecht. Warum also nicht sein Glück selbst in die Hand nehmen, diesen verdammt einsamen Bahnhof des Wartens verlassen, stattdessen den Bus des ›Neubeginns‹ in den anderen Stadtteil ›Vertrauen‹ nehmen und sich umsehen, welche Möglichkeiten das Leben sonst noch so zu bieten hat. Nein dazu zu sagen, an einem verlassenen Bahnhof zu warten, ermöglicht nämlich erst ein Ja für das Ticket zur Langstreckenfahrt mit einem anderen Zug auf einem neuen Bahnsteig, damit es endlich läuft und die Fahrt am Ende auch Freude macht.«

Wenn du auf dem
Abstellgleis stehst
und der Zug
abgefahren ist:
Ändere den Fahrplan
und nimm den nächsten.

WIR
AKZEPTIEREN
DAS, WAS
WIR DENKEN,
verdient
ZU HABEN.

»Wir können also noch etwas von Arschlöchern lernen! Die würden nämlich nie einfach dasitzen und warten, als stünden sie auf dem Abstellgleis«, merkte Adrian an.

»Das stimmt. Also so gesehen, ja. Allerdings ist es ganz allein im Abteil auch recht einsam, und da wäre die vorher erwähnte Offenheit von Vorteil, um das Leben auch mit netten Menschen an der Seite genießen zu können.« Paul ließ sich nicht abbringen und blieb auf Schiene. »Ich würde jetzt gerne noch einmal auf dein Symbol und deinen Stein zurückkommen, Daniel«, sprach er daher unbeeindruckt weiter. »Ich sehe hier ein Ruder neben dir liegen.« Paul deutete auf das Playmobil-Ruder, das rechts neben Daniel lag.

»Ja. Das hat mich irgendwie angesprochen. Ich dachte, wie wichtig es ist, das Ruder nicht aus der Hand zu geben – ganz besonders wenn andere Menschen sich ständig einmischen und es an sich reißen wollen. Wie Isas Mutter. Oder meine Schwester, die ihres ständig abgibt.«

»Und du möchtest es dann für sie übernehmen?«

Daniel nickte zaghaft und zuckte mit den Schultern. »Ja, ich denke schon. Wenn es hilft!«

»Das werden wir uns später noch genauer ansehen. Kommen wir jetzt erst mal zu deinem Ziegelstein. Du hast bereits erwähnt, dass du deine Schwiegermutter auch auf den Stein geschrieben hast. Wir haben ja schon einiges von Isa über sie erfahren. Da wäre es natürlich interessant, wie du zu ihr stehst und warum du sie draufgeschrieben hast.«

»Das Schwiegermonster? Ja! Da steht sie, und selbst der Stein würde von ihr zu hören bekommen, dass er kein richtig guter Stein ist und was er besser machen müsse, um überhaupt die Berechtigung zu haben, ein Stein sein zu dürfen. Ihr habt ja schon von Isa erfahren, was sie für eine herrschsüchtige Frau ist. Ihr passiv-aggressives Verhalten ist die reinste Qual, und alles an ihr ist unerträglich: dieses kapriziöse Auftreten, ihre spitzen Bemerkungen und ihre ständige Besserwisserei! Sie ist eben einfach nur anstrengend, und es tut mir weh, wenn ich dabei zusehen muss, wie sie Isa ständig heruntermacht, ihr Schuldgefühle einredet und sie mit Liebesentzug bestraft. Gleichzeitig hört sie aber nicht auf, ihr Druck zu machen, wie sie zu sein, und was sie zu tun hat. Sie lässt ihr keine Luft zum Atmen und hält sie bewusst in der Abhängigkeit! Was mich anbelangt, so hört sie mir erst gar nicht zu. Dazu müsste sie mich ernst nehmen, und das tut sie nicht. Ich glaube, sie traut mir gar nicht zu, irgendetwas im Leben auf die Reihe zu bekommen. Für sie sind alle Männer armselig und reines Mittel zum Zweck. Isas Vater hat überhaupt nichts zu sagen, und genau das erwartet sie auch von mir. Die meiste Zeit sage ich auch nichts, weil es ohnehin nichts bringt. Aber immer gelingt es dann auch nicht. Sie ist nun mal auch der Grund, warum Isa so schwer vertrauen kann. Weder sich selbst noch irgendjemand anderem und leider noch nicht mal mir! Das ist für uns beide sehr belastend. Aber vor allem tut es mir weh, wie Isa unter ihrer Mutter leidet! Ich würde ihr so gerne helfen, aber die meiste Zeit über bin ich einfach nur machtlos – und das ist furchtbar. Ich sehe dann hilflos zu und kann nichts dagegen tun.«

»Das heißt, – bis auf die Nachbarn, deren Verhalten dich selbst auch betrifft – willst du sowohl Isas Mutter als auch den liierten Freund deiner Schwester vor allem deshalb loswerden, weil es dir wehtut mitanzusehen, wie sie sich ihnen gegenüber verhalten, und du nicht helfen kannst. Habe ich das richtig verstanden?«

»Ja, genau.«

»Jetzt frage ich dich ganz provokant: Was hat das mit dir zu tun?«

»Wie, was hat das mit mir zu tun? Das ist doch klar! Das sind meine Frau und meine Schwester, und ich möchte nicht, dass man ihnen wehtut!«

PYGMALIONEFFEKT

Es hört sich für mich danach an, als hättest du den Anspruch, immer für andere da zu sein und ihnen helfen zu wollen, stimmt das?«

»Ja. Aber das ist doch eine gute Sache, oder etwa nicht?!«

»In gewisser Hinsicht: ja. Hilfsbereitschaft wird in unserer Gesellschaft als Tugend angesehen, und selbstverständlich ist es auch eine wunderbare Sache, für andere da zu sein und ihnen zu helfen, Alternativen zu sehen, die ihnen selbst vielleicht noch nicht bewusst sind.«

»Eben!«

»Allerdings ist mir bei deinen Erzählungen aufgefallen, dass du deinen Fokus stark auf die Probleme anderer lenkst und sie auch für sie lösen möchtest. Die Frage, die ich mir dabei stelle, ist, ob das erstens überhaupt möglich ist und ob du zweitens dabei nicht zu kurz kommst und dich selbst dabei vergisst. Hinter dem Antrieb, andere retten zu wollen, kann sich nämlich manchmal auch ein Gefühl der eigenen gefühlten Wertlosigkeit verstecken. Es ist daher wichtig, für sich herauszufinden, welche Motivation sich hinter dem Wunsch, anderen helfen zu wollen, tatsächlich verbirgt und ob sich nicht eventuell die Angst dahinter versteckt, nicht zu genügen und immer für andere da sein zu müssen, um geliebt zu werden. Es kann sogar sein, dass das Verhalten deiner Schwester und dein eigenes paradoxerweise einige Gemeinsamkeiten aufweisen. Darum regt dich ihr Verhalten vielleicht auch so auf. Während du sie dringend aus dem Schlamassel ihrer Affäre befreien möchtest oder Isa aus den Fängen ihrer Mutter retten willst, möchte deine Schwester unbedingt diesen Mann retten und ihm beweisen, dass alles gut wäre, wenn sie ihm nur helfen könnte, sich zu ändern. Was aber vermutlich wirklich bei ihr dahintersteckt, ist die Hoffnung, sich damit für ihn unentbehrlich zu machen und die Beziehung dadurch zu stärken. Aufgrund der Annahme, sich besonders anstrengen zu müssen und anderen helfen oder sie gar retten zu wollen, um geliebt zu werden, werden die eigenen Bedürfnisse völlig vergessen. Solche Hilfsaktionen bewirken meist sogar genau das Gegenteil. Sie lösen starke Frustration aus. Der Fokus wird auf ein Problem gelenkt, das nicht in der eigenen Verantwortung liegt und daher auch nicht selbst gelöst werden kann – was auf Dauer meistens sehr frustrierend ist. Bei anderen wiederum löst es dasselbe Gefühl aus: nämlich aufgrund des Problems, ebenfalls nicht gut genug zu sein. Wenn du deine Schwester aus der Affäre zu retten versuchst, fühlt sie sich vielleicht selbst als Problem und noch schlechter, weil sie denkt, es nicht mal mit deiner Hilfe hinzubekommen, und du fühlst dich schlecht, weil sie es nicht schafft loszulassen und sich dabei eventuell noch mehr von dir distanziert.«

»Aber soll ich denn einfach nur zusehen und gar nichts tun? Und was ist mit Isa? Schließlich sind wir verheiratet, und natürlich möchte ich ihr helfen!«

»Natürlich willst du das. Die Frage ist nur: wie? Es gibt einen Unterschied, ob du ihr helfen willst und sie schon alleine deshalb das Gefühl bekommt, hilfsbedürftig und dadurch minderwertig zu sein. Oder ob du ihr zuhörst, für sie da bist und ihr zutraust, es selbst hinzubekommen. So stärkst du ihren Selbstwert, weil du sie in die Verantwortung bringst und sie darin bestärkst, es schaffen zu können, aber du stärkst auch deinen eigenen, weil du nicht mehr an dem Irrglauben festhältst, nur geliebt zu werden, wenn du zu Hilfe eilst. Ich möchte an dieser Stelle gerne den englischen Begriff ›Empowerment‹ mit einbringen. In diesem Begriff steckt wortwörtlich sehr viel Kraft, und kaum etwas ist mächtiger, als in sich und anderen den Glauben an die Fähigkeit zu stärken, etwas aus eigenen Stücken schaffen zu können. Es ist das Gegenteil vom klassischen Helfersyndrom, bei dem wir in anderen unbewusst das Gefühl auslösen, sie würden nicht genügen und wären auf unsere Hilfe angewiesen. Hier darf natürlich unterschieden werden, ob sich jemand gerade tatsächlich in Gefahr oder einer akuten Not befindet – und daher Hilfeleistung benötigt – oder ob Empowerment die Lösung sein könnte. Also jedes Mal, wenn du in Zukunft denkst, jemand bräuchte deine Hilfe, der oder die andere sich aber nicht in Lebensgefahr befindet, kannst du diesem Menschen sagen: *Ich denke, du brauchst meine Hilfe gar nicht. Aber ich stehe hinter dir, weil ich weiß, dass du das schaffst!* Damit bestärkst du andere, in ihre eigene Kraft zu kommen, und nimmst dich aus der Rolle, alles für andere lösen zu müssen, um endlich geliebt zu werden, weil du erkannt hast, dass du gar nichts tun musst, um geliebt zu werden. Außerdem lässt du die Frustration los, dich ständig mit Problemen zu beschäftigen, die gar nicht deine sind. Dabei geht nämlich nur unheimlich viel Energie drauf, die du besser in dich selbst stecken könntest. Denn wie ich bereits erwähnt habe, kann sich jeder Mensch immer nur selbst retten.« Paul machte eine kurze Pause. »Die Empowerment-Lösung erinnert mich außerdem an den Pygmalioneffekt, von dem ich euch noch erzählen wollte«, fuhr er fort. »Habt ihr schon mal etwas davon gehört?«

Er blickte in die Runde. Ich erinnerte mich zwar dunkel, aber es schienen sich doch einige Fragezeichen in unseren Gesichtern widerzuspiegeln, denn Paul fing daraufhin an, ihn uns näherzubringen: »Der Ursprung des Pygmalioneffekts liegt einem Laborexperiment von Robert Rosenthal, einem deutsch-amerikanischen Professor der Psychologie, zugrunde, der in den Sechzigerjahren nachwies, dass Erwartungen von Versuchsleiterinnen und Versuchsleitern Einfluss auf den Ausgang eines Experiments haben. Später erweiterte er seine Theorie gemeinsam mit der amerikanischen Psychologin Lenore F. Jacobson, indem sie in einer Feldstudie an einer Grundschule nachwiesen, dass die Annahme von Lehrbeauftragten über die Begabung ihrer Schülerinnen und Schüler sich ebenfalls auf deren Leistung auswirkt. Das bedeutet, dass die jeweilige Person das Ereignis schon allein durch ihre Betrachtung und die einhergehende Erwartung beeinflusst. Nehmen wir als Beispiel wieder Daniels Schwester, dann macht es für das Ergebnis einen wesentlichen Unterschied, ob Daniel ihr helfen möchte, weil er im Grunde nicht daran glaubt, dass sie diese Affäre selbst beenden kann, oder ob er davon ausgeht, dass sie es schaffen wird und sich ihr dann auch dementsprechend gegenüber verhält – was sich wiederum auf das Verhalten seiner Schwester auswirkt. Das Schöne am Pygmalioneffekt ist, dass wir ihn sowohl für uns selbst als auch bei anderen anwenden können. Wir können lernen, uns selbst zuzutrauen, gewisse Eigenschaften zu entwickeln, die es für eine Situation benötigt – wie beispielsweise, sich im Job und anderen Menschen gegenüber gut abzugrenzen. Und wir können auch in Partnerschaften unserem Gegenüber zutrauen, sich weiterzuentwickeln. Wann, denkt ihr, wird eine positive Veränderung eher stattfinden? Wenn wir an uns oder der anderen Person zweifeln oder denken, dass etwas möglich ist?«

»Aber denkt Daniels Schwester nicht auch, dass der Typ seine Frau verlassen wird?«, fragte Lukas berechtigt.

»Würde sie das wirklich denken, hätte sich dann nicht schon etwas verändert?«, fragte Paul zurück.

»Aber wir haben doch keinen Einfluss auf die Entscheidung anderer!«

»Nein, aber wir verhalten uns anders, je nachdem, welches Ergebnis wir erwarten. Wenn wir sicher sind, dass wir eine glückliche Beziehung verdient haben, dann verhalten wir uns auch danach. Selbst wenn er sich dann nicht trennen würde, würde sich Daniels Schwester nicht mehr in derselben Situation befinden. Die Entscheidung träfe dann sie.«

»Und wie sieht das bei meiner Mutter, der boshaften Chefin oder den Schlangen in der Arbeitsgrube aus?«, fragte Isa neugierig.

»Stell dir für einen Moment vor, du hättest keinerlei Zweifel an dir selbst und wärst vollkommen überzeugt von dir. Du denkst, dass du so, wie du bist, richtig bist und hervorragende Arbeit leistest, egal, was andere denken. Du wärst dir deiner daher völlig sicher. Was glaubst du, würde passieren?«

»Ich würde mich nicht mehr so behandeln lassen.«

»Stimmt. Alleine deshalb würde sich schon etwas verändern. Denn wie wir bereits gelernt haben, macht es wenig Sinn, Pfeile auf jemanden zu feuern, wenn sich die Person nicht treffen lässt, oder Ziegelsteine nach jemandem zu werfen, der sie nicht fängt. Sie würden sich dann höchstwahrscheinlich ein anderes Opfer suchen, weil ohne Reaktion macht das ja keinen Spaß. Sagen wir aber mal rein hypothetisch, sie würden trotzdem nicht damit aufhören. Was würde dann geschehen?«

»Ich würde es mir nicht zu Herzen nehmen, diese Schranken, von denen du gesprochen hast, setzen und meine Zeit nicht mehr mit Menschen vergeuden, die mich kleinmachen, sondern mich auf solche konzentrieren, die mich bestärken.« Isa blickte Daniel an. »Vermutlich hieße das, ich würde mir einen neuen Job und eine neue Chefin suchen. Die Schlangen wäre ich dann auch los.

Eine neue Mutter kann ich mir zwar schlecht suchen – aber wahrscheinlich würde ich achtsamer entscheiden, wie viel Zeit und Aufmerksamkeit ich ihr in Zukunft widme.«

»Ganz genau. Und du kannst außerdem damit anfangen, dir selbst eine liebevolle Mutter zu sein und dir all das, was du immer versucht hast, von ihr zu bekommen, selbst zu geben. Wenn du diese Dinge für dich entscheidest, wozu macht es dich dann?«

»Zu einer Entscheiderin?«

»So ist es. Nur du entscheidest dann über dein Glück und niemand anderer.«

Du bist
der *wichtigste Mensch*
in deinem Leben.
Entscheide dich für dich.

ARSCHLOCH-DETOX

Jetzt sind wir mitten im Arschloch-Detox angelangt, stimmt's? Wegen dem Loswerden meine ich.« Adrian fuhr mit seiner flachen Hand durch seine blonden Surferlocken, als würde er gut dabei aussehen wollen, wenn es den Arschlöchern an den Kragen ging. Ob er sich selbst dazuzählte?

»Ja, sehr gut. Ich wäre dann so weit!«, stimmte ihm Charly zu. »Bei manchen Menschen helfen nämlich weder eine liebevolle Betrachtung noch Grenzen. Immerhin rennen die feinen Damen und Herren auf meinem Ziegel mit Anlauf und Vergnügen gegen meine Schranken und werfen sie immer wieder mit Begeisterung um.«

»Hast du denn überhaupt schon mal welche gesetzt?«, fragte Adrian.

»Na jaaa ... gut, das ist eine andere Geschichte ... aber ich fürchte, es hält sie trotzdem nicht davon ab!«

»Könnte es sein, dass du den Fokus zu stark auf die anderen richtest?«, fragte Paul. »Vielleicht versuchst du, die liebevolle Betrachtung des Pygmalioneffekts auch mal bei dir selbst anzuwenden, und traust dir zu, dass du etwas verändern kannst, weil du es verdient hast, glücklich in deiner Freundschaft, deinem Job und deiner Beziehung zu sein. Wenn du den Blick mehr auf dich als auf sie lenkst, dann ziehst du die Aufmerksamkeit vom Problem ab und bewegst dich auf die Lösung zu. Und für die gibt es wie gesagt mehrere Möglichkeiten: Du kannst dich aus der Verstrickung lösen, deine Betrachtung ändern, Schranken setzen, aus der Grube aussteigen, das Gift nicht mehr zu dir nehmen, keine Ziegel mehr fangen und dich von keinen Spitzen mehr treffen lassen ... Du kannst dir mehr wert sein, für dich einstehen, die Rolle des Sündenbocks ablegen, deine Meinung sagen, nicht reagieren, ihr Urteil ignorieren, dein Boot zurückerobern, dich aus dem Spiel rausnehmen, den Ort verlassen oder den Kontakt ganz abbrechen. Wichtig ist, dass *du* entscheidest, weil es dein Leben ist.« Paul wandte sich daraufhin uns allen zu. »Ich möchte dazu später noch ein paar Punkte aufzählen, die euch dabei unterstützen können.« Er machte eine kurze Pause, bevor er weitersprach. »Um aber jetzt auf das gewünschte Arschloch-Detox-Programm zurückzukommen, kann es manchmal zugunsten der Selbstliebe auch wichtig sein, sich von Menschen zu trennen, die es nicht gut mit euch meinen und euch langfristig eher an eurem Glück hindern, als euch dabei zu unterstützen. Wie eingangs erwähnt, gibt es tatsächlich Menschen, die aufgrund ihres eigenen großen Rucksacks dermaßen durchs Leben wanken, dass sie dabei andere umhauen und auch nicht daran interessiert sind, ihnen wieder aufzuhelfen. Vorwiegend deshalb, weil sie selbst gar nicht sicher stehen und immerzu die Balance verlieren. Sie klagen an, verurteilen, reden schlecht über andere, machen sie klein oder werten sie ab. Sich auf Dauer mit ihnen zu umgeben, wäre eine Entscheidung gegen euch. Niemand zwingt euch nämlich, eure Zeit mit solchen Menschen zu verbringen, oder sperrt euch in ein Gefängnis mit ihnen. Ihr könnt euch jederzeit dazu entscheiden, den Raum zu verlassen. Loslassen kommt in diesem Fall einer Befreiung gleich. Vielleicht braucht es manchmal auch ein Arschloch-Detox-Programm, mit dem ihr euch befreit – wie von lästigen Pfunden, die euch beschweren, um Raum für Leichtigkeit zu schaffen. Grundsätzlich halte ich zwar nichts von Diäten, aber das wäre doch mal eine sinnvolle, bei der ihr auf das Urteil anderer verzichtet und es euch regelrecht abgewöhnt. Wie bei einer Sucht. Denn genau um die handelt es sich: um die Sucht nach Liebe und Anerkennung, die sich im Deckmantel des Hinnehmens von toxischen Handlungen wie ein Dämon versteckt, weil ihr vergessen habt, sie euch selbst zu geben, und darauf wartet, sie von anderen zu bekommen. Sie breitet sich wie eine große schwarze Leere in euch aus, und niemand anderer kann sie stillen, außer ihr selbst. Erst wenn ihr euch unabhängig davon macht, anderen gefallen zu wollen, und aufhört, euch nach ihrer Zustimmung zu sehnen, schließt sich auch die Leere, die ihr zuvor noch wie ein riesiges Loch empfunden habt – in das ihr vielleicht immer wieder gefallen seid – aber aus dem ihr wieder heraustreten könnt, um in eure eigene Liebe und Anerkennung hineinzuwachsen. Ihr müsst dann nicht länger Dinge in den Krater werfen, die er ohnehin nur verschluckt, und auch keinen Mantel darüberlegen und so tun, als wärt ihr anders, als ihr seid. Ihr müsst nicht danach streben, besonders gut, klug, witzig, schön, talentiert, erfolgreich oder geliebt zu sein, weil ihr all das bereits seid. Ihr wart es immer und werdet es immer sein. Alle einzigartig auf eure Art und wertvoll für diese Welt. Über den Selbstwert solltet ihr nämlich vor allem eines wissen: Er ist der Anfang, nicht das Ziel. Euer Wert ist bereits da, wenn ihr auf die Welt kommt, bis ihr ihn irgendwann vergessen habt und denkt, all diese vielen Dinge tun oder sein zu müssen, um anderen zu gefallen, damit ihr ihn wieder spürt. Dabei war er nie fort, sondern immer in euch. Und ist es noch. Ihr müsst gar niemanden überzeugen, nichts Besonderes leisten oder um die Bestätigung anderer buhlen. Ihr bleibt immer ihr und genauso wertvoll, egal, ob ihr von anderen geliebt und anerkannt werdet oder nicht. Selbst wenn euch andere verurteilen, ihr euren Job, die ganze Anerkennung von außen, das Geld, den Erfolg oder die Beziehung verliert – ihr womöglich auf Ablehnung stoßt oder eure

Liebe nicht erwidert wird – es ändert nichts: Ihr seid wertvoll. Und bleibt es auch. Vielleicht sind es also in Wahrheit gar nicht die anderen, die euch zu schaffen machen.«

Obwohl Paul in Isas Richtung blickte, spürte ich deutlich, dass er seine Worte an die ganze Runde richtete. Sie galten uns allen.

»Vielleicht sind die anderen nur die Auslöser und das größte Arschloch ist ein Gefühl in dir: die Wut, die Sorge, die Angst, die Traurigkeit, die Ohnmacht, der Zweifel. Vor allem an dir selbst. Nicht zu wissen, was du tun oder wer du sein sollst. Vielleicht hast du innerlich längst resigniert und aufgegeben, für dich einzustehen. Vielleicht hörst du auf die Stimmen anderer, machst sie zu deiner und fängst an, ihnen zu glauben. Du denkst, sie hätten recht und du wärst einfach nicht genug. Vielleicht fühlt es sich furchtbar an, von anderen verurteilt zu werden, und am Ende tust du es selbst. Du fängst an, dich zu verurteilen, nicht all ihre Erwartungen erfüllen zu können oder ihren Vorstellungen zu entsprechen. Dabei erwartest du am allermeisten von dir selbst und vergisst vor allem eines: dich zu lieben. Irgendwann bemerkst du, dass du begonnen hast, dich noch mehr abzulehnen, als es andere je tun könnten. Verurteilung ist ein Arschloch. Das allergrößte, wenn du es selbst bist, die dich verurteilt – und daraufhin vielleicht auch andere. Es fühlt sich nie gut an, denn mit Liebe hat es nichts zu tun. Am Ende sind wir selbst immer unser härtestes Gericht, führen innere Akten darüber, was wir verbrochen haben könnten, und bestrafen uns mit dem Höchstmaß: lebenslänglich. Wenn wir nicht aufhören, dann sitzen wir ein Leben lang in diesem Gefängnis und zittern vor Angst, was andere über uns denken. Dann kauern wir in einer Ecke, aus Furcht über ihr Urteil, und verurteilen uns selbst. Wenn wir aber aufhören, uns nach der Bestätigung anderer zu sehnen, und uns frei machen von ihrem Urteil, dann haben wir das Arschloch besiegt. Wie bei jeder Abhängigkeit ist es wichtig, sich vor Augen zu halten, wie viel freier wir ohne sie sind. Und wenn wir den Tanz um die Liebe und den Beifall, aber auch die Angst vor Ablehnung loslassen, betreten wir einen neuen Raum. Den Raum der Freiheit. Sobald Menschen zu rauchen aufhören, klopfen wir ihnen anerkennend auf die Schulter – aber wenn wir uns Arschlöcher in unserem Leben abgewöhnen, ist das mindestens eine genauso große Leistung! Egal, ob es sich dabei um Menschen handelt, die uns nicht guttun, oder die zweifelnde Stimme in uns selbst. Vielleicht fühlt es sich zunächst wie ein Entzug an, uns von negativen Menschen und Gedanken zu lösen. Denn die Arschloch-Droge ist tückisch und schleicht sich immer wieder in das Belohnungszentrum unseres Gehirns ein. Es kann regelrecht süchtig machen, auf der ewigen Suche nach Bestätigung zu sein. Wir machen uns dabei abhängig von der Anerkennung anderer und brauchen immer mehr davon. Dabei wissen wir gar nicht mehr, wer wir ohne die Betrachtung anderer sind. Arschlöcher loszuwerden, ist nicht einfach. Aber ratsam. Ich rate euch deshalb: Hört auf, entsprechen zu wollen und eine Rolle zu spielen, die euch nicht glücklich macht. Fangt an, euch so zu lieben, wie ihr wirklich seid … mit allem, was dazugehört: den Ecken und Kanten, den liebenswürdigen Eigenheiten und den Stärken und Schwächen, die euch ausmachen. Wenn ihr euch daran erinnert, wer ihr seid, und zu euch steht, kann euch weder jemand von außen noch diese kritische Arschloch-Stimme in eurem Inneren etwas anhaben. Dann seid ihr frei von Arschloch-Meinungen, Arschloch-Gedanken und Arschloch-Aktionen. Sie können euch nichts mehr anhaben, weil ihr in eurer Mitte gefestigt seid. Was kann der Hagel den Wurzeln schon anhaben, wenn sie tief in der Erde verankert sind?«

Du willst an *Gewicht*
verlieren?

Dann *scheiß* auf
die Meinung anderer,
und du *fühlst* dich
so viel leichter.

Das 5-Schritte-Arschloch-Detox-Programm

VERZICHTE AUF:

- Menschen, die sich wie Arschlöcher verhalten.*
- Die Rolle, die du spielen musst, um anderen zu gefallen.
- Destruktive Meinungen, die dich vergiften.
- Den Wunsch nach Liebe und Anerkennung (weil das dein Job ist).
- Den Zweifel und das Urteil anderer über dich und dein Leben (weil es niemanden etwas angeht außer dich).

---

* Im Grunde sollten wir andere weder als Arschlöcher bezeichnen noch sie als solche betrachten. Wenn sie sich aber wie Arschlöcher verhalten, empfiehlt es sich, das eigene Leben einmal kräftig zu entgiften und dauerhaft auf ihre Anwesenheit zu verzichten.

ALLE GUTEN DINGE SIND FREI

»Ihr kennt sicher alle die Redewendung ›Aller guten Dinge sind drei‹?« Paul blickte neugierig in die Runde. Ein einheitliches Nicken folgte als Antwort. »Dieser geflügelte Satz kann uns daran erinnern, dass wir nicht immer so streng mit uns sein sollten und es durchaus ratsam sein kann, nicht gleich aufzugeben, wenn uns etwas nicht auf Anhieb gelingt. Vielleicht funktioniert es manchmal nicht beim ersten Mal, vielleicht auch nicht beim zweiten – aber wenn wir uns nicht unterkriegen lassen und es weiter versuchen, kann schon der dritte Versuch erfolgreich sein, und die Freude ist dann umso größer. Schade wäre nur, wenn wir zu früh aufgeben, weil wir denken, dass es gar nicht möglich sei, etwas zu verändern, nur weil es bisher vielleicht noch nicht geklappt hat. Manche Dinge brauchen eben Zeit und Wachstum. Und das ist okay. Möglicherweise müssen wir erst aus der Erfahrung in die Lösung hineinwachsen und lernen, uns dann von Menschen zu lösen, die uns nicht guttun. Dafür fühlen wir uns danach umso freier. Ich würde diese Redewendung daher gerne etwas umändern – und zwar auf: *Alle guten Dinge sind frei.* Denn genau das sind wir, wenn wir Dinge, Gedanken und Menschen loslassen, die uns nicht guttun, und uns dadurch für neue Möglichkeiten öffnen. Meine Frage an euch lautet daher: Stellt euch vor, ihr seid jetzt vollkommen frei. Wie fühlt sich das für euch an?«

»Unabhängig!«, rief Adrian als Erster. Kein Wunder, die Angst um seine Freiheit schien ein großes Thema für ihn zu sein.

»Gelöst?«, meinte Isa zaghaft, und auch das passte gut zu ihrem gordischen Knoten.

»Selbstbestimmt!«, ergänzte Marie, und Charly fügte noch ein »leicht« hinzu.

Es war interessant. Jede Antwort schien ihre ganze eigene Interpretation und Bedeutung in dem kleinen Wort »frei« zu offenbaren, je nachdem, in welcher Situation die jeweilige Person gerade steckte. Als ich überlegte, welche sie wohl für mich haben würde, und mich »grenzenlos« in die Gruppe sagen hörte, wartete Paul noch einen kurzen Augenblick, ob Lukas und Daniel noch etwas hinzuzufügen hatten. Aber sie verhielten sich still. Ob ihr Schweigen damit zusammenhing, dass sich Lukas vermutlich nicht ganz so frei in seiner Rüstung fühlen konnte und Daniel sich eher auf die Freiheit anderer als auf seine eigene konzentrierte?

»Sehr schön«, meinte Paul, obwohl die beiden weiterhin schwiegen. »Eure Antworten, meine ich. Sie haben alle ihre Gültigkeit, und die Bedeutung definiert ihr immer selbst. Frei vom Urteil, der Meinung, aber auch der Bestätigung und Anerkennung anderer zu sein, macht euch jedenfalls zu all dem, was ihr eben genannt habt: unabhängig, gelöst, leicht und grenzenlos, was eure eigenen Möglichkeiten anbelangt. Ich habe im Vorfeld ein paar bunte Karten für euch vorbereitet. Es sind 33 geworden. Manches davon haben wir bereits besprochen, anderes wiederum wird eine weitere Erinnerung für euch sein, was es dazu benötigt, euch von toxischen Menschen und Gedanken zu lösen und euch für euer eigenes Glück frei zu machen. Ich schlage vor, dass fünf von euch jeweils fünf Karten ziehen und zwei nur vier, so kommen wir insgesamt auf 33 Karten. Also greift zu – mehr, als wir hier haben, könnt ihr ja ohnehin nicht nehmen!« Paul lächelte, als er aufstand und die Karten als Stapel in die Mitte des Tisches legte, und dann mit der flachen Hand auf der Oberfläche verteilte. »Danach lest ihr bitte immer jeweils eine Karte laut vor und dann immer weiter im Uhrzeigersinn, bis wir alle durch haben.«

Die vielen Farben sahen nicht nur richtig schön auf dem Holztisch aus – es gestaltete sich noch dazu spannend, da die Karten mit der beschrifteten Seite zum Tisch lagen und wir nicht wussten, welche wir ziehen würden. Charly und Isa griffen als Erste zu und schnappten sich jeweils fünf, Marie zog nach und wühlte im Haufen, als würde sie sichergehen wollen, die richtigen auszuwählen, Adrian griff sich ebenfalls fünf, weil er vermutlich nicht weniger als alle anderen haben wollte, Daniel machte es ihm nach und Lukas und ich schnappten uns jeweils die restlichen vier Karten, weil es gar keinen Unterschied machte, wer welche Weisheiten zog, da wir sie uns ohnehin alle gegenseitig verraten und damit zuspielen würden.

»Charly, möchtest du beginnen?« Sie nickte und Paul ebenfalls. »Na dann! Los geht's: *Alle guten Dinge sind frei!*«

Charly begann als Erste, ihre Karte vorzulesen. Danach Isa, dann Daniel, es folgte Adrian, weiter ging's mit mir, danach mit Lukas, Marie und wieder von vorn mit Charly*. In knapp fünf Runden hatten wir alle Karten durch. Danach waren wir alle sprachlos. Zum einen, weil wir wahrscheinlich alle erst das Gelesene sacken und auf uns wirken lassen wollten, und zum anderen, weil es wirklich beeindruckend war, dass uns das Leben anscheinend genau die richtigen Karten zugespielt hatte. Zumindest kam es

---

* Karten Charly: 1, 8, 15, 22, 29
Karten Isa: 2, 9, 16, 23, 30
Karten Daniel: 3, 10, 17, 24
Karten Adrian: 4, 11,18, 25, 32
Karten Andrea: 5, 12, 19, 26
Karten Lukas: 6, 13, 20, 27, 31
Karten Marie: 7, 14, 21, 28, 33
Was auf den Karten steht, findest du auf S. 269-270.

mir so vor, dass jedes Mal, wenn wir den Text auf der Karte laut aussprachen, alle von uns ergrifffen waren, wie viel das, was da geschrieben stand, mit uns zu tun hatte. Ich fragte mich, ob es nicht immer so war und wir die Zeichen im Leben manchmal einfach übersahen, obwohl wir tief drinnen bereits wussten, was gut für uns war und was nicht. Das Wichtigste im Leben ist wohl, das eine vom anderen zu unterscheiden und dann danach zu handeln. Es schien ganz so, als hätten wir durch Pauls anschauliche Gedanken und Beispiele an diesem Wochenende zu neuen Lösungen und Perspektiven gefunden und auch das Gefühl dafür in uns gestärkt.

Als er uns in der darauffolgenden Woche den Inhalt der Karten als Liste per Mail zuschickte, freute ich mich ganz besonders, denn ich war sicher, sie mir immer wieder mal durchzulesen und in Erinnerung zu rufen, wenn mein Gefühl sich gerade nicht sicher war. Das alleine fühlte sich irgendwie schon frei an.

Du wartest noch immer auf den lebensverändernden Moment? Schon gemerkt, dass *du selbst* die Lösung bist?

33 Erinnerungen, um dich frei zu machen

1. Du ziehst immer das an, worauf du deine Aufmerksamkeit richtest – das gilt auch für negative Menschen.
2. Du kannst kein glückliches Leben führen, wenn du in negativen Gedankenschleifen feststeckst.
3. Mach den Schmerz und den Hass anderer nicht zu deinem.
4. Egal, wie viel Bestätigung du von außen bekommst – sie wird nie genug sein, wenn du dich selbst nicht magst.
5. Menschen ermutigen dich oder rauben dir Kraft. Wähle weise.
6. Scheiß drauf, was andere denken. Es ist dein Weg und dein Leben.
7. Lerne, dich selbst zu bejubeln. Du bist richtig. Genau so, wie du bist.
8. Wenn du dich kleinmachen lässt, dient das niemandem. Weder dir noch der Welt.
9. Hör auf, um andere zu kämpfen, du verlierst dich nur selbst dabei.
10. Du kannst nicht ändern, wie sich andere verhalten. Aber du bestimmst deine Reaktion darauf.
11. Du musst niemanden beeindrucken außer dich selbst.
12. Du bist nicht für das Glück anderer verantwortlich.
13. Löse dich von dem Wunsch nach der Anerkennung anderer, und befreie dich von ihrem Urteil.
14. Unterscheide zwischen Liebe und Selbstaufgabe.
15. Lerne, unangenehme Entscheidungen zu treffen, auch wenn sie anderen nicht gefallen.
16. Wenn du dich selbst nicht achtest, wird es auch niemand anderer tun.
17. Du musst niemanden retten. Jede:r kann sich nur selbst retten.

18. Lerne, den Mut zu haben, Dinge anzusprechen und einzufordern.
19. Halte nicht an Vergangenem fest, es beschwert nur deine Gegenwart.
20. Mach dir keine Sorgen um die Zukunft. Es bringt nichts, dich vor etwas zu fürchten, das noch gar nicht eingetreten ist.
21. Du solltest mehr Angst haben, dich selbst zu verlieren als jemand anderen.
22. Geh weg vom *Warum?* und hin zu: *Was kann ich tun?*
23. Lerne, Nein zu sagen und Grenzen zu setzen.
24. Suche nicht nach Schuldigen, so machst du dich zum Opfer und damit schwach.
25. Vergleiche dich nicht mit anderen und lass dich in keine Rolle pressen, der du nicht entsprichst.
26. Stell dir immer folgende Frage: Fühlt es sich richtig an und wie wirkt sich diese Entscheidung langfristig für mich aus?
27. Was andere über dich erzählen, sagt mehr über sie als über dich. Mach dich nicht abhängig davon.
28. Du wirst anderen erst dann vertrauen können, wenn du dir selbst vertraust.
29. Konzentriere dich auf die Lösung, nicht auf das Problem.
30. In das Gefängnis aus Angst vor Ablehnung sperrst du dich immer nur selbst. Niemand anderer kann das tun. Genauso verhält es sich mit toxischen Menschen. Du bestimmst, in welchen Raum du dich begibst und wem du deine Zeit schenkst.
31. Du musst nicht von allen gemocht werden. Die meisten Menschen mögen sich nicht mal selbst.
32. Wenn du dich abgelehnt fühlst, fang an, dich anzunehmen.
33. Du bist es wert, geliebt zu werden. Immer!

AUS DEM RUDER

»Wie bereits angekündigt, habe ich eine kleine Überraschung für euch.« Paul sah uns alle vielversprechend an und hielt die Spannung. »Damit wir nicht umsonst an diesen wunderbaren See gefahren sind und mehr als nur seine schöne Aussicht während all der Erkenntnisse hinter der Glasscheibe genießen, dachte ich mir, wir sollten die Gelegenheit nutzen. Ich möchte daher in einem kleinen Holzboot mit euch auf den See hinausfahren. Um genauer zu sein, hinausrudern – das passt dann auch gut zu deinem Symbol, Daniel.«

»Ohhh, wie in *Wie ein einziger Tag* – das ist mein absoluter Lieblingsfilm!«, rief Marie begeistert.

»Nur, dass wir dazu noch vierhundert Schwäne bräuchten«, schaltete sich Adrian wieder ein. »Aber es regnet zumindest schon mal. War übrigens klar, dass dir der Film gefällt. Warum ihr Frauen diese romantischen Liebesschnulzen nur immer so liebt?! Wahrscheinlich, weil ihr da endlich euer Happy End habt, nach dem ihr euch so sehr sehnt!« Adrian holte wieder den verbalen Hammer raus und schwang ihn durch Maries romantisches Bild.

»Wie man sieht, hast du den Film gar nicht zu Ende gesehen. Also lass gut sein, Ryan!«, rief Charly entrüstet und verglich Adrian anscheinend mit dem Hauptdarsteller Ryan Gosling, was ich als eine Beleidigung für Ryan Gosling empfand.

»Nein, weil ich eingeschlafen bin.« Er gähnte demonstrativ.

»Vierhundert Schwäne kann ich euch voraussichtlich nicht bieten, aber habt ihr alle feste Schuhe an und eure Jacken mit dabei?«, unterbrach Paul die beiden Streithähne. »Falls nicht, habt ihr später noch die Gelegenheit, euch umzuziehen. Die Temperaturen sind ja nicht gerade sommerlich, momentan nieselt es sogar ein wenig, was allerdings für November auch nicht anders zu erwarten war. Ich glaube, Charly hat euch in ihrem Ankündigungsbrief darum gebeten, Regenjacken mitzubringen, ich habe aber zur Sicherheit noch ein paar Capes zum Drüberziehen mitgenommen, damit niemand durchnässt zurückkehren muss. Wer sich aber noch seine eigene Jacke aus dem Zimmer holen möchte oder etwas Wärmeres anziehen will, kann das noch machen. Ansonsten nehmt euch gerne eine von diesen hier.« Er legte die dünnen Regenhäute auf den Tisch. Sie hatten genau wie die Karten zuvor unterschiedliche Farben und ergaben zusammen einen bunten Haufen, der gut zu unserer Runde passte. Verloren gehen würde durch die grellen Töne wohl auch niemand.

»Ich schlage daher vor, wir legen jetzt eine Mittagspause ein. Ihr könnt euch ein wenig stärken und umziehen, und wir treffen uns dann um 14 Uhr alle vorne am Steg. Ich lasse die Jacken hier liegen, ihr könnt sie euch auch gerne später holen. Ach ja, und wie immer: Vergesst eure Steine nicht!«

Ich hatte Pauls Grinsen beinahe schon vermisst, und er hatte sich wohl auch an unser kollektives Augenrollen gewöhnt.

Um Punkt 14 Uhr trafen wir alle wie vereinbart am Steg ein. Niemand war zu spät, und fast alle trugen Regenjacken oder wie Lukas, Isa und ich Pauls bunte Capes. Nur einer tanzte natürlich wieder aus der Reihe: Adrian stand wie Jimmy Lässig in seinem hellgrauen Kapuzensweater da und wollte augenscheinlich weiterhin der Styler sein. Vielleicht auch der Rebell. So genau konnte das niemand wissen – anstrengend war es allemal. Am meisten wahrscheinlich für ihn selbst. Auch wenn wir anderen aussahen wie überdimensionale XXL-Kondome oder etwas zu groß geratene Teletubbies, machten die Jacken durchaus Sinn, weil der Himmel den Nieselregen wie aus dem feinsten Strahl einer Regendusche auf uns sprühte. Nur, dass es sich um keinen tropischen Sommerregen, sondern um eine durchaus frische Angelegenheit handelte und der Regen sich – durchaus toxisch – entschied, uns horizontal direkt ins Gesicht zu sprühen. Das kam in etwa diesen furchtbar sinnlosen Evian-Spraydosen gleich, die man sich vor die Stirn hält und dort zerstäubt, bis einem das Wasser über die Nase und das Kinn perlt und von da aus weiter auf die Brust tropft. Stinknormales Wasser, wohlgemerkt. So was konnte auch nur Menschen einfallen. Oder dem Regen. Nur dass wir nicht teures Geld für ihn bezahlten. Gegen die Gesichtsattacke halfen die Regenjacken zwar auch nichts – da hatten wir alle dieselben Voraussetzungen – aber dafür hielten wir zumindest alle das Gleiche in unseren Händen. Bis auf Paul trugen wir nämlich alle gewissenhaft unsere Ziegelsteine vor uns. Sogar Adrian, und das sollte etwas heißen. Paul hatte stattdessen beide Hände frei. Dafür konnte er uns so besser in die richtige Richtung lotsen. Wahrscheinlich schleppte er auch ganz generell weniger Ballast mit sich herum als unsereins. Schließlich sollte er es schon berufsbedingt besser wissen.

»Wieso hast *du* eigentlich keinen Ziegelstein, Paul?«, fragte Charly, die schließlich zwei tragen musste, weil sie sich – wohlgemerkt selbst – dazu entschieden hatte. »Das ist doch irgendwie unfair, oder nicht?«

»Bist du neidisch?«, fragte Adrian.

»Ja, vielleicht!«

»Unfair empfinden wir etwas meist dann, wenn wir uns mit anderen vergleichen«, erklärte Paul. »Dabei kann es auch zu dem Gefühl von Neid kommen ... übrigens eine durchaus nachvollziehbare, sehr menschliche Reaktion, die wir nicht verurteilen sollten. Wann immer sich Neid bei uns meldet, dürfen wir uns aber Fragen stellen, was er uns lehren könnte. *Bin ich in dem Moment wirklich ganz bei mir? Gibt es Wünsche, die ich mir selbst noch nicht verwirklicht habe? Was kann ich loslassen, damit ich mich leichter fühle?*«

»... den Stein zum Beispiel?«, meinte Charly und grinste.

»Richtig. Es empfiehlt sich daher im ersten Schritt, den Blick vollkommen bei euch zu lassen, sonst stolpert ihr über eure eigenen Steine, weil ihr zu sehr darauf konzentriert seid, wie der Weg der anderen aussieht und welche Steine sie zu tragen haben.«

»Stimmt!«, erwiderte Charly. »Ich habe so oft das Gefühl, dass es anderen besser geht als mir und sie es um so vieles leichter haben. Und immer, wenn ich das denke, kommt mir mein eigener Mist noch viel schwerer vor.« Sie starrte währenddessen auf ihre beiden Ziegelsteine.

»Das geht nicht nur dir so. Aber genau wie du schon am Gefühl merkst, ist sich zu vergleichen selten eine gute Idee. Wir kennen weder die Umstände noch die Vorgeschichte anderer Menschen. Vielleicht hatten sie in der Vergangenheit noch viel schwerere Brocken zu bewältigen, oder es kommen noch welche auf sie zu. Wie auch immer ... ihre Geschichte hat nie etwas mit unserer zu tun, weil jede Geschichte einzigartig ist und an unterschiedlichen Punkten beginnt und dementsprechend auch anders weitergeht. Sich von anderen inspirieren zu lassen, ist eine gute Sache, der direkte Vergleich führt uns aber meistens nirgendwohin. Und wenn doch, dann höchstens in ein dunkles Loch voller negativer Gefühle mit sehr viel Gedankenschutt obendrauf. Das fühlt sich schwer an. Aber genau das wollen wir ja ändern. Deshalb schlage ich vor, dass wir jetzt loslegen. Seid ihr bereit? Wollen wir?« Paul schnappte sich die Leine des kleinen Holzbootes und löste die Schlinge, die um den Pflock am Steg gewickelt war, und hielt das Boot nun wie einen Hund an der Leine.

»Okay!«, rief Adrian und hüpfte mit einem Satz mit seinem Ziegelstein in der Hand ins Boot. Dabei landete er nicht ganz so cool, wie er vermutlich geplant hatte, und brachte das ganze Boot zum Wanken und folglich fast zum Kentern. Er selbst geriet dabei ebenfalls in Schieflage, verlor die Balance und setzte sich dann rasch mit seinem Stein auf eine der beiden Holzbretter in der Mitte, die gemeinsam mit zwei weiteren Sitzgelegenheiten am Bug und am Heck des Bootes angebracht waren. Selbstverständlich tat er so, als hätte er nie die Kontrolle verloren. Als Nächstes stieg Daniel vorsichtig mit seinem Stein ins Boot, legte ihn behutsam auf den Boden und wandte sich daraufhin gleich Isa am Steg zu, um ihr die Hand zu reichen und ihr beim Einsteigen zu helfen. Mit welchen von den beiden Männern wohl eher eine Beziehung erstrebenswert war?

Daniel versuchte kurz darauf, auch Charly ins Boot zu helfen, die aber schneller war und im Alleingang durchzog. Marie nahm Daniels Hand dafür dankend an. Danach bückte sich Lukas zum Boot hinunter, hievte zuerst seinen Ziegelstein hinein und stieg dann erst selbst ein. Anschließend half er mir wie ein Gentleman bei meinem eher uneleganten Einstieg, der meinem plumpen Ziegelstein gleichkam. Als ich endlich saß, beobachtete ich Paul dabei, wie er sich ebenfalls zu uns ins Boot gesellte, und ich bemerkte, dass er wieder einen seiner schwarzen Müllsäcke in der anderen Hand hielt, den er zusammen mit der Leine neben sich am Bug auf den Boden des Bootes legte.

»Und jetzt rudern wir hinaus, oder wie?«, fragte Adrian, der bereits mit einem der beiden Holzstiele auf seiner Seite spielte.

»Möchtest du wieder schnell weg, oder wie?«, wollte Charly wissen und lachte.

»Ja, na ja, es gibt doch ein Ziel, oder nicht?«

»Ja, wie ich schon sagte, werden wir gemeinsam auf den See hinausrudern. Wer möchte denn die beiden Ruder übernehmen?«

»Na, wenn ich schon mal hier sitze?«, meinte Adrian.

Daniel, der neben ihm auf der Holzbank saß, sah zuerst Adrian, dann Paul an: »Ich kann auch gerne! Mit dem hier kommen wir auch weiter als mit meinem kleinen Playmobil-Ruder.« Er deutete zu Isa, die sich neben dem Ruder hingesetzt hatte, und sie tauschten die Plätze. Lukas und ich blickten uns an. Da wir beide mit Marie auf der anderen Holzbank saßen, musste niemand von uns rudern. Auch Charly nicht, die ganz alleine auf dem dreieckigen Platz am Heck Platz genommen hatte und somit direkt gegenüber von Paul saß, der vorne am Bug saß und den Überblick bewahrte. »Ich hätte gerne geholfen, aber wenn ihr das übernehmen wollt, ist es natürlich auch in Ordnung«, meinte er und lächelte.

»Ach so, ich dachte, ich rudere alleine!« Adrian schien nicht viel von Teamwork zu halten. »Ein wenig Training hätte mir ohnehin nicht geschadet, nachdem wir die letzten Tage nur gesessen sind.«

»Das wird nicht funktionieren. Wo sollten die anderen beiden denn dann sitzen?«, klärte ihn Paul auf und blickte zu Daniel und Isa. »Gemeinsam ist es doch außerdem um einiges leichter. Du musst dann nicht im Alleingang rudern, das ist doch furchtbar anstrengend.«

Ich befürchtete, Adrian hatte die Metapher nicht ganz verstanden, denn er legte auch schon los, und wir knallten gleich mal gegen den Steg, weil Daniel noch gar nicht zu rudern begonnen hatte. Pflichtbewusst zog er aber gleich nach. Nun ruderten uns die beiden Herren ambitioniert zur Mitte des Sees hinaus. Es dauerte eine Weile, bis sie denselben Takt gefunden hatten und sich im Einklang miteinander bewegten, aber nach einer Weile klappte es ganz gut. Plötzlich deutete Paul Daniel, er solle sein Ruder stoppen – was er auch tat. Adrian bekam nichts davon mit und ruderte angestrengt weiter. Mit einem Mal drehten wir uns in relativ großer Geschwindigkeit im Kreis.

»Hey, Kollege!«, rief Adrian zu Daniel. »Was los?!«

Daniel schwieg.

»Ich habe ihn gebeten zu stoppen«, erklärte Paul.

»Warum?«, fragte Adrian und hielt nun ebenfalls an.

»Weil du es gewohnt bist, alleine zu rudern.«

»Ja, aber so funktioniert das nicht!«

»Eben.«

»Das kann man doch nicht vergleichen! Natürlich funktioniert es nicht, wenn Daniel aufhört zu rudern. Deshalb sollte man sich ja auch nicht auf andere verlassen, sondern sich in die Mitte setzen und beide Ruder selbst in die Hand nehmen. Das wollte ich ja von Anfang an so!«

»Aber war es nicht weniger anstrengend mit Daniels Hilfe? Und hat es nicht auch irgendwie mehr Freude gemacht, gemeinsam voranzukommen? Wenn sich beide Mühe geben, ist es doch noch dazu um einiges leichter.«

»Schon. Bis jemand dann einfach keine Hilfe mehr ist!«

»Aber zumindest war es bis dahin doch richtig gut.«

Adrian sah Paul an und sagte nichts mehr. Er schien aber eher genervt als überzeugt.

»Wenn ihr allerdings ständig jemanden neben euch sitzen habt, der nur Anweisungen gibt und selbst keinen Handgriff rührt – sich vielleicht sogar die ganze Zeit darüber beschwert, dass er ohnehin viel lieber alleine wäre und keinen Sinn darin sähe, warum ihr überhaupt da hinaus auf den See wollt, weil dieser Mensch gar keine Lust darauf hat – dann solltet ihr euch fragen, ob ihr mit der richtigen Person im Boot sitzt.« Paul blickte zu Marie. »Es hilft nicht, wenn ihr dann noch stärker rudert. Ihr dreht euch dabei, wie ihr gesehen habt, nur im Kreis.« Marie sagte ebenfalls nichts. Ihr Gesichtsausdruck verriet aber, dass sie innerlich nickte.

»Es gibt sogar Menschen, die euch immer wieder aus dem Boot werfen, weil sie da lieber alleine oder doch mit einer anderen

Person sein wollen.« Paul ließ seinen Blick zu Charly wandern. »Es wäre keine gute Idee, sich – nachdem man über Bord geworfen wurde – dann unter Wasser an das Boot zu klammern und dabei beinahe zu ertrinken. Die Heckwelle eines Bootes hat eine gefährliche Sogwirkung. Da hineinzugeraten ist sehr unangenehm und um sich über Wasser zu halten, benötigt es einen anstrengenden Kraftakt, der die davonziehende Person trotz allem nicht umstimmen wird.«

Wenn jemand
nicht mit dir
im selben *Boot*
sitzen will,
hilft es nicht,
stärker zu *rudern.*

Wenn dich dieser Mensch
ganz über Bord wirft,
hältst du das *Boot* nicht auf,
auch wenn du dich noch so
stark daran *klammerst.*

LEICHEN ÜBER BORD

Ja, ja. Das war ich: in der Heckwelle hinter Konstantins Boot, das stimmt!«, antwortete Charly. »Ich war so lange unter Wasser und konnte nicht atmen. Das Traurige ist aber: Ich wiederhole die Ex-Geschichte gerade. Momentan bin ich diejenige, die Philipp ständig aus dem Boot wirft.«

»Womöglich vor allem deshalb, weil du Angst hast, er könnte selbst irgendwann das Boot wieder verlassen wollen«, antwortete Paul. »Bevor es dazu kommt, wirfst du ihn lieber selbst hinaus. Wäre es da nicht besser, eher die Angst über Bord zu werfen als ihn?«

»Okay … wow. Da ist was dran!«

»Apropos über Bord werfen. Ich habe mir da eine Kleinigkeit für euch überlegt …«

»Oh! Gibt es eine Belohnung?!«, fragte Charly voller Vorfreude.

»Dazu komme ich gleich. Ihr habt bisher alle eure Steine so lange und gewissenhaft mit euch herumgeschleppt – und wisst ihr, welche Belohnung es dafür gibt?«

Charly sah Paul wie ein kleines Kind vor dem Weihnachtsbaum mit erwartungsvollen Augen an, als gäbe es gleich die Bescherung.

»Keine«, sagte er trocken.

Charlys Glanz in den Augen verlor sich plötzlich in ihrer Enttäuschung.

»Wie habt ihr euch denn mit den Ziegelsteinen gefühlt? Besonders gut oder belohnt? Ich schätze mal nicht.« Paul sah uns alle durch den Nieselregen an. »Seht ihr. Und so ist es auch im echten Leben. Es mag vielleicht enttäuschend sein, aber es gibt gar keine Belohnung dafür, wenn ihr euch für andere aufopfert, euch selbst und eure Bedürfnisse hinten anstellt oder darauf wartet, dass sich endlich jemand für euch entscheidet, ohne dass ihr es selbst tut. Ihr wartet dann ein Leben lang auf die Belohnung, die allerdings nie kommt.« Als ich schon dachte, das wäre es gewesen, und wir mit dieser ernüchternden Erkenntnis zurück ans Ufer rudern würden, kam er dann doch noch mit etwas Positivem um die Ecke.

»Eine Belohnung gibt es allerdings schon«, meinte er ganz unaufgeregt. »Und zwar immer dann, wenn ihr die Ziegelsteine loslasst. Denn manches ist die Kraft einfach nicht wert, die es euch kostet, daran festzuhalten. Und damit meine ich nicht nur alle Menschen, die euch beschweren, sondern auch all die dazugehörigen schweren Gedanken, die euch nicht guttun. Sobald ihr sie losgelassen habt, hört ihr auf, ihnen die Macht zu geben, und etwas Neues darf entstehen. Ihr holt euch damit eure Leichtigkeit zurück, und in dieser Leichtigkeit werden all die Dinge möglich, die bisher noch nicht möglich waren. Denn wenn ihr euch schwer fühlt, dann könnt ihr euch nicht auf eure Träume und Ziele konzentrieren – dann seid ihr zu sehr auf die belastenden Menschen um euch und den damit einhergehenden Schmerz in euch fokussiert. Wie Isa es euch schon von ihrer Karte vorgelesen hat: Ihr könnt nicht gleichzeitig negativ denken und positive Gefühle haben. Wenn ihr euch allerdings von diesen Menschen und den dazugehörigen negativen Gefühlen löst und Frieden in euch schließt, kommt ihr zurück in eure Leichtigkeit, und ratet mal, was ihr von da aus anziehen werdet? Genau: noch mehr Leichtigkeit. Und noch mehr davon. Ihr wundert euch sicher manchmal, warum sich im Gefühl der Schwere immer noch mehr Probleme anhäufen, und wenn ihr euch leicht fühlt, euch auch alles ganz leicht von der Hand geht und in eben dieser Leichtigkeit gelingt. Gleiches zieht Gleiches an. Das gilt für unsere Ängste genau wie für das Gefühl in uns. Wenn ihr Angst habt, jemand könnte euer Leben zur Hölle machen, wird genau das passieren. Wenn ihr Sorge tragt, ihr könntet verlassen werden, umgebt ihr euch eher mit Menschen, die auf der Flucht sind, und sie werden es tun. Wenn ihr Angst habt, zu versagen, wird auch das passieren. Sobald ihr aber wieder zurück in eure Leichtigkeit und euer Selbstvertrauen findet, fangt ihr an, dem Leben wieder zu vertrauen – und wenn ihr euch leichter fühlt, wird auch euer Leben leichter. Es hört dann auf, schwer zu sein, und plötzlich wird so viel mehr möglich.«

Wir saßen ganz gebannt in unseren XXL-Kondomen und dem grauen Kapuzensweater und wie bei einem spannenden Krimi wollten wir wissen, wie es weitergeht.

»Ich würde dazu jetzt gerne noch einmal einen Blick auf eure Steine werfen und das, was euch im Leben belastet, genauer ansehen, bevor ihr es dann loslasst«, fuhr Paul fort. »Dazu habe ich die dicken Marker eingepackt. Außerdem befinden sich hier drinnen kleine, edle und vor allem ganz leichte Steine für euch. Warum, werde ich noch erklären.« Paul packte die Marker aus. »Gott sei Dank sind sie wasserfest!«, ergänzte er noch, während er einen davon in die Luft hielt.

»Ihr müsst wissen: Zu jeder Geschichte und den dazugehörigen Menschen, die ihr auf euren Ziegelsteinen notiert habt, gibt es ein passendes Gegenstück in euch. Es handelt sich dabei um eine Angst, einen Mangel oder Zweifel, die euch im Weg stehen. Welche das genau sind, werden wir jetzt gemeinsam herausfinden und auf die Kehrseite der Steine schreiben, die wir dann im See versenken und endgültig loslassen. Dazu möchte ich erwähnen, dass es sich bei diesen Ziegelsteinen um nachhaltige und umweltfreundliche Naturprodukte handelt, die durch ein spezielles Verfahren gebrannt wurden und weder ihre Farbe noch sonstige giftige Stoff verlieren und für den See daher völlig unbedenklich sind.«

»Ganz natürlich also, wie unsere Zweifel und Ängste«, meinte ich und musste grinsen. Damit werfen wir dann sozusagen die eigenen Leichen im Keller über Bord«, fügte ich noch hinzu, und es fühlte sich mystisch und aufregend zugleich an. »Also doch ein richtiger Thriller!«

»Ja, so wie das Leben eben manchmal auch einer ist«, ergänzte Charly und nickte.

»Richtig. Sobald ihr diese mühsamen, großen und viel zu schweren Ziegelsteine über Bord geworfen habt, bekommt ihr einen dieser zauberhaften kleinen Steine von mir.« Er holte nun auch davon einen aus dem Plastiksack und hielt ihn im Nebel hoch.« Es war ein schöner, etwa fünf Zentimeter kleiner, hellgrau marmorierter Stein. »Ich habe auch dafür Stifte besorgt – diesmal mit ganz feiner Mine, die schnelltrocknend, abriebfest und ebenfalls wasserfest sind.« Er zog nun auch einen von ihnen heraus. Es schien, als hätte Paul eine magische Wundertüte für uns dabei. »Wir werden dann gemeinsam einen Satz finden, der zu euch passt, den ihr auf den Stein schreibt und immer mit euch mittragen könnt. Dieser kleine Stein passt im Gegensatz zu dem riesigen Ziegelstein in jede Hosentasche und wird euch demnach nicht beschweren, sondern vielmehr als Erinnerung dienen, was in euch steckt. Vielleicht legt ihr ihn aber auch später neben euer Bett und erinnert euch täglich beim Aufstehen oder Einschlafen daran. Wie auch immer ihr das handhaben wollt, er soll euch an ein Geschenk in euch erinnern.«

»Also beschenken wir uns quasi selbst«, antwortete Adrian.

»Ja, so könnte man es auch sagen. Ich würde vorschlagen, wir fangen wieder mit dir an, Charly. Ist das in Ordnung für dich? Schließlich haben wir diese schönen Tage hier dir zu verdanken.«

»Auch das Wetter?«, witzelte Adrian und wischte sich wie ein Scheibenwischer den Regen aus dem Gesicht.

»Bist du aus Zucker, Adrian? So süß bist du doch gar nicht ... Aber ja, gut, dann beginnen wir mit mir. Immerhin habe ich ja gleich zwei Steine zu versenken. Anscheinend habe ich auch gleich mehr Ängste oder Zweifel als alle anderen.«

»Oder es steckt dasselbe dahinter.«

»Oder das.«

»Am besten, du liest noch mal vor, was auf deinen beiden Steinen steht.«

»Joanna und Marc ... meine ehemals beste Freundin und mein narzisstischer Chef ... deren liebevolle Seiten ihr ja bereits kennengelernt habt. Und mein Ex Konstantin hat gleich einen eigenen Stein bekommen. Den hat er sich nach all dem monatelangen Fiasko und dem anschließenden Ghosting schließlich auch redlich verdient!«

»Was denkst du, welche eigene Angst dahinterstecken könnte, wenn du dir die Situation mit ihnen vor Augen hältst?«

Charly überlegte. »Die Angst zu verlieren, vielleicht? Mich. Meinen Job. Die Freundschaft. Meinen Ex. Gut, das hat sich dann später ganz von alleine gelöst.«

»Weil was passiert ist?«

»Weil er sich aus dem Staub gemacht hat!«

»Genau. Und sich damit deine größte Angst bewahrheitet hat. Die Angst, verlassen zu werden. Und deshalb akzeptierst du ihr Verhalten. Das deiner besten Freundin, auch wenn sie sich dir nicht wertschätzend gegenüber verhält. Das deines Chefs – über dessen Benehmen wir, denke ich, gar nicht erst sprechen müssen. Oder das deines Ex, der immer mal da und dann wieder weg war. Bei allen dachtest du, es ertragen zu müssen, weil ...? Magst du den Satz vielleicht selbst beenden?«

»... ich nicht mehr verdient habe?«

Ich war nicht sicher, ob Charly wirklich nur der Regen über die Wangen tropfte oder sich plötzlich auch ein paar Tränen dazumischten.

»Siehst du, und wenn du diesen Irrglauben über dich umkehrst, dann haben wir das wertvolle Gegenstück für den Satz, den du gleich auf deinen neuen Stein schreiben wirst. Aber bevor du das tust, würde ich dich bitten, auf eine freie Seite deines großen Ziegelsteins *Verlassensangst* zu schreiben und auf eine Seite deines anderen Steins *Die Angst, es nicht verdient zu haben.*« Er reichte Charly einen fetten Marker und sie fing an zu schreiben.

»Gut. Jetzt steht es da«, sprach Paul ruhig weiter. »Weil so war es schließlich auch die letzten Jahre. Das anzunehmen, ist erst mal eine gute Sache. Und jetzt ist es an der Zeit loszulassen. Also schlage ich vor, du nimmst die beiden Steine und wirfst sie zusammen mit deiner Angst in den See. Weil du sie dir angesehen und sie angenommen hast, aber sie jetzt nicht mehr brauchst. Wie fühlt sich der Gedanke an?«

»Gut«, rief Charly. Ich konnte plötzlich ihre Wut in ihren Augen aufflackern sehen, die mit einer enormen Kraft einherging. »Dann wollen wir mal!«

»Nicht wir. Du!«, sagte Paul und nickte ihr zu.

»Okay, ja ...«, stammelte sie. »Hier!«, schrie Charly dann plötzlich laut und stand wild entschlossen und voller Tatendrang auf. »Ich brauche euch verdammt noch mal nicht mehr! Verpiss dich, du Scheißangst! Natürlich hab ich es verdient!« Sie holte zuerst mit dem einen Stein aus und warf ihn mit voller Kraft in den See. »Und du dich auch!«, rief sie und warf ihren Konstantin-Stein mit der Verlassensangst gleich hinterher. Danach setzte sie sich ruckartig wieder hin und atmetet tief ein und aus, als wäre sie einen ganzen Marathon gelaufen.

»Wie fühlst du dich?«, fragte Paul nach einer Weile.

»Frei. Wirklich, so viel freier«, sagte sie nun ganz ruhig.

»Dann ist es jetzt Zeit für deinen neuen Satz. Wie könnte der lauten?«

Charly blickte ihn fragend an. »Ich weiß es nicht ...«

»Wie hast du dich denn in der Vergangenheit gefühlt?«

Sie überlegte. »Wertlos, schätze ich ...«.

»Und wie wäre die Umkehrung ohne die Verlassensangst und die Angst, es nicht verdient zu haben, die durch das Gefühl der Wertlosigkeit in dir entstanden sind?« Sie überlegte kurz. Dann blickte sie hinaus auf den See und sagte. *»Ich bin es wert.«*

»Wunderbar. Und genau das schreibst du jetzt auf deinen Wertstein.« Er reichte ihr den dünnen Stift und den neuen Stein. Charly schrieb ihren Satz darauf und lächelte dabei.

»Ich glaube, bei mir ist es die Angst, nicht gut genug zu sein«, sagte Isa plötzlich. »Und vermutlich auch, die Erwartungen anderer nicht erfüllen zu können.«

Paul nickte. »Und welches größte Hindernis ergibt sich dadurch in deinem Leben?«

»Dass ich weder mir, anderen noch dem Leben vertrauen kann! Ich gehe immer vom Schlechtesten aus.«

»Und bringt dich das weiter?«

»Nein. Es lässt mich auf der Stelle treten. Und ich habe die Stelle satt. Sie ist schon ganz eingetreten. Und genau so fühle ich mich auch. Ich habe das Gefühl, dass genau deshalb auch immer das Schlechteste passiert! Aber das will ich nicht mehr. Ich will endlich vorankommen und mich gut fühlen!«

»Na bitte. Da hast du es. Dann schreib doch auf eine der frei gebliebenen Seiten deines Steins die *Angst, nicht gut genug zu sein.* Ich kann mir gut vorstellen, dass du deshalb denkst, deine Mutter, deine Arbeitskolleginnen und auch deine Chefin ständig von dir überzeugen und in allem perfekt sein zu müssen. Vermutlich deshalb, weil du als Kind immer gehört hast, dass du es besser machen müssest, und nun denkst, immer außergewöhnliche Arbeit leisten und die Beste in allem sein zu müssen. Aber das musst du gar nicht. Das kannst du jetzt loslassen.«

»Oh ja«, sagte Isa leise. Sie schnappte sich ihren Ziegelstein, schrieb ihre Angst darauf und stand langsam auf. Danach schloss sie die Augen und ließ den Stein über den Rand des Bootes ganz undramatisch ins Wasser fallen, als würde die Angst sanft an ihr heruntergleiten und verschwinden. Sie geriet dabei ein wenig ins Wanken und öffnete rasch wieder ihre Augen.

»Es kann sich immer erst ein wenig unsicher anfühlen, wenn ihr einen oder mehrere Menschen und einen langjährigen Glaubenssatz loslasst«, meinte Paul daraufhin und wandte sich wieder Isa zu. »Immerhin hast du das Gewicht jahrelang mit dir mitgeschleppt. Das ist nun eine ganz neue Situation für dich, die dich aus dem Gleichgewicht bringen kann, bevor du lernst, ganz stabil auf deinen eigenen Beinen zu stehen, ohne dich dabei an eine alte Angst zu klammern. Aber vertrau darauf, dass du dich rasch daran gewöhnst und dich damit für neue Möglichkeiten öffnest.« Daniel reichte Isa die Hand und Paul lächelte. »Du wirst jetzt gleich beide Hände für dich benötigen, Daniel.« Er reichte währenddessen Isa ihren neuen Stein. »Was möchtest du daraufschreiben?«, fragte er zu ihr gewandt.

»Ich möchte wieder darauf vertrauen, dass alles gut wird«, antwortete sie und wirkte sentimental. »Wie wäre es mit: *Ich vertraue mir und dem Leben.*« Isa nickte zufrieden und schrieb.

»Kommen wir jetzt weiter zu dir, Daniel. Welche Angst könntest du denn über Bord werfen wollen – beziehungsweise welches Gefühl steckt hinter den Menschen, die du auf deinen Ziegelstein geschrieben hast? Ich erinnere mich an deine Schwiegermutter, die Nachbarn und den Freund deiner Schwester.«

»Ja, genau die und ... das Arschloch«, antwortete Daniel und grinste. »Du hast es ja vorher schon recht gut erklärt. Ich glaube, ich möchte ständig alle retten und versuche dabei immer, das Ruder in der Hand zu behalten. Wenn ich so überlege, denke ich, dass die Angst, die dahintersteckt, vor allem die sein könnte, andere nicht enttäuschen zu wollen. Also in erster Linie Isa nicht. Weil sie es ohnehin schon nicht leicht hat. Aber ich glaube auch immer, etwas tun und für andere da sein zu müssen. Vielleicht denke ich, unsichtbar zu sein, wenn ich mich nicht mit meiner Hilfe bemerkbar mache. Bei den Nachbarn ist es doch genauso. Sie behandeln mich wie Luft und nehmen überhaupt keine Rücksicht auf meine Bedürfnisse.«

»Vermutlich spiegeln sie dir diese Angst, und deshalb macht es dich so wütend«, erklärte Paul.

Daniel griff sich den Stift, den Paul ihm entgegenstreckte. »Ja, vielleicht ist es die Angst, nicht wichtig … also irgendwie immer zu wenig zu sein. Ich schreibe mal …« Das tat er dann auch und sprach laut dazu: *»Ich bin nicht wichtig.«*

»Das ist vermutlich der Grund, warum du denkst, immer helfen zu müssen. Um anderen zu beweisen, doch wichtig zu sein. Aber damit hilfst du dir selbst nicht.«

Daniel nickte. Nach einer Weile nahm er seinen Stein und warf ihn im Sitzen mit etwas Schwung neben sich in den See.

»Leichter?«

»Definitiv.«

»Um wen solltest du dich also in Zukunft kümmern?«

»Um mich?«

»Ganz genau.« Er reichte ihm den kleinen Stein und einen weiteren Stift. »Wie könnte daher dein Satz lauten?«

»Ich kümmere mich um mich.«

Paul und Daniel lächelten beide zufrieden.

WENN DU
DEIN LEBEN
VERÄNDERN
WILLST,
VERÄNDERE
DEINE
GEDANKEN.

ZWEIFEL VERSENKEN

»Lukas, möchtest du als Nächster?«, fragte Paul und ertappte ihn, wie er abwesend in die Ferne starrte. Viel konnte er da nicht sehen, weil sowohl der Regen als auch der Nebel ihm die Sicht versperrten.

»Ja, okay«, meinte er und griff sich seinen Ziegel. »Hab ich es schon erwähnt? Hier steht: *die Falschen, die Ungerechten und die Perfekten.*«

»Nein, hast du nicht, aber das dachte ich mir. Vermutlich hast du dir wegen ihnen damals deine Rüstung angelegt, um dich zu schützen. Welche Angst oder welcher Zweifel könnte denn dahinterstehen, dass du seither dichtgemacht hast und dich für andere verschlossen hast?«

»Na ja, ist doch klar! Ich möchte, dass das nicht mehr passiert. Ich bin eben vorsichtig geworden.«

»Also könnte sich die Angst dahinter verbergen, wieder verletzt zu werden?«

»Könnte sein, ja. Dabei waren die nur falsch und ungerecht und nicht mal perfekt. Hab ich auch erwähnt!«

»Stimmt, hast du. Und wenn du hinter deiner Rüstung steckst, kann das auch niemand mehr von dir behaupten, und dich beurteilen oder gar verurteilen. Ist das richtig?«

»Was meinst du?«

»Die Beurteilung anderer, darüber, ob du perfekt bist. Ich sage das immer wieder, und du hast es ebenfalls bereits erwähnt:

Perfektion ist eine Illusion. Weil Perfektion schließlich Stillstand bedeuten würde, da ein perfekter Zustand erreicht wäre. Wie auch immer der aussehen sollte und wer auch immer ihn definiert. Wenn möglich, sollte das jedenfalls niemand anderer außer euch selbst sein. Wenn wir also überhaupt davon ausgehen, dass *perfekt* existiert, dann sollte es bedeuten, dass alle es sind. Perfekt zu jedem Zeitpunkt, genau wie ihr seid. Also warst du es immer und wirst es auch immer sein, ganz egal, was andere sagen oder denken.«

»Okay …?« Lukas wusste offensichtlich nicht, worauf Paul hinauswollte.

»Möchtest du zuerst deine Angst auf den Ziegelstein schreiben?«

»Wieder verletzt zu werden?«, fragte Lukas.

»Genau.«

Ich wusste, dass er nicht wollte. Aber er tat es trotzdem, als ihm Paul den Marker reichte. Da er ganz außen am Boot saß, nahm er den Ziegelstein, legte ihn auf die Kante des Bootes und balancierte ihn da für kurze Zeit. Danach tippte er den Stein mit dem Zeigefinger an, und er plumpste in den See. »Adieu«, sagte er daraufhin ganz trocken, und ich musste lachen.

Paul reichte ihm den neuen Stein und einen filigranen Stift dazu.

»Ich schätze mal, da soll ich jetzt auch einen neuen Satz draufschreiben?«

Paul nickte. »Genau. Was wäre denn das Gegenteil von *der Angst, verletzt zu werden*?«

»Nicht verletzt zu werden?«

Paul schmunzelte. »Ja, sehr gut. Aber denk daran, was gerade passiert ist. Die Angst liegt jetzt am Boden des Sees, und da bleibt sie auch. Sie kann dir also nichts mehr anhaben. Du kannst daher aus deiner Rüstung heraustreten, weil du sie gar nicht mehr brauchst. Wie würdest du dich dann anderen und dem Leben gegenüber verhalten?«

»Offen?«

»Genau. Du kannst offen sein, weil dir niemand mehr etwas anhaben kann, da du weißt, dass du so, wie du bist, perfekt bist. Wie wäre es mit: *Ich bin genau so, wie ich bin, perfekt.*«

» Klingt gut«, antwortete Lukas und schrieb. »Jetzt du!«, sagte er und sah mich an.

»Mitgehangen, mitgefangen, oder wie?«, antwortete ich und lachte.

»Genau.« Paul und Lukas schienen sich einig zu sein.

»Na gut ... zu meiner Angst ... also, ich hab schon viel darüber nachgedacht, und ich denke, etwas in mir hat damals in dem Klassenzimmer zugemacht. Wahrscheinlich jener sehr verletzliche Teil, der anderen heillos ausgeliefert war. Da haben Lukas und ich anscheinend etwas gemeinsam, und vielleicht ist das auch der Grund, warum wir uns so gut verstehen und beste Freunde sind. Obwohl wir das schon waren, als das alles passiert ist ... Wie auch immer – es scheint ein ähnliches Thema zu sein, nur dass ich vielleicht keine Rüstung anhabe, aber mich seither lieber in den Hintergrund stelle und mir vielleicht nicht mehr erlaube, ganz nach vorne zu treten. Sie haben mich damals einfach zu sehr verletzt. Ihre Ablehnung, das harte Urteil und die Ausgrenzung haben mich hart getroffen, und das hat Spuren hinterlassen.«

»Und auf deinem Ziegelstein steht ...?«

»*Die Lauten.*«

»Welche Angst haben die Lauten in dir ausgelöst?«

»Nicht vorne stehen zu dürfen, weil sie mich steinigen, was sie letztendlich ja auch getan haben. Wenn auch nur emotional.«

»Also ihre *Ablehung und Verurteilung.*«

Ich nickte und schrieb die Angst auf meinen Ziegelstein. Danach stand ich auf, schloss meine Augen und fühlte in mich hinein. Wie Paul bereits erklärt hatte, war es nicht leicht, die Balance zu halten. Ich konnte den Schmerz von damals plötzlich spüren, und ich begriff, dass er mich nicht weiterbringen, sondern mich nur an allem Weiteren hindern würde. Ich atmete tief ein, öffnete meine Augen und warf meine Angst mitsamt dem Stein über Bord. Ich warf nicht weit. Aber das war auch nicht nötig. Wichtig war, sie endlich loszulassen und die Vergangenheit nicht meine Zukunft bestimmen zu lassen. Paul hatte recht gehabt. Es fühlte sich tatsächlich freier an. Was so ein kleines Ritual doch auslösen konnte. Es überraschte mich selbst. Nach diesem befreienden Kraftakt setzte auch ich mich wieder hin und fühlte plötzlich dasselbe Lächeln in mir, das ich zuvor in allen anderen entdeckt hatte. »Ich glaube, ich weiß jetzt auch meinen Satz«, sagte ich daraufhin.

»Und wie lautet er?«

»Ich zeige mich.«

»Das klingt schön«, meinte Marie, die diesen Teil von mir offensichtlich auch in sich spüren konnte. Unsere eigene Verletzlichkeit löste auch in den anderen etwas aus, das sie in ihre eigene Kraft brachte. Statt so zu tun, als wären wir alle unantastbar, war es so viel schöner, sich mit all den wunden Punkten zu zeigen, damit sie auch in anderen heilen durften.

»Das fühle ich so sehr«, sprach sie weiter. »Genau wie die Verlassensangst von Charly. Die dürfte wohl in der Familie liegen, und es ist auch kein besonders großes Rätsel, warum das so ist. Wenn einen der eigene Vater verlässt, fällt einem das Vertrauen später eben nicht so leicht, dass andere bleiben. Irgendwann habe ich mich dann anscheinend selbst verlassen. Und seitdem bin ich auf der Suche. Ich weiß, dass ich eigentlich auf der Suche nach mir bin und mir nur etwas vormache, indem ich denke, das alles in Julius oder irgendeinem anderen Mann zu finden. Eben in dem Einen! Ich möchte so gerne anfangen, diese Eine für mich selbst zu sein. Meine große Liebe sozusagen! Aber seitdem er damals gegangen ist, habe ich auch ständig diese *Angst, das alles nicht verdient zu haben und nicht gewollt zu sein.*«

»Hat dir die Angst denn geholfen?«

»Nein. Ich habe mich immer nur noch mehr verloren.«

»Wie wäre es dann damit, sie jetzt loszulassen?« Paul reichte auch Marie einen Stift, um die fette Angst mit dem fetten Marker aufzuschreiben und anschließend im See zu versenken. Als sie fertiggeschrieben hatte, nahm sie ihren Ziegelstein mit beiden Händen und hob ihn nach hinten über ihren Kopf. Als ich schon Sorge hatte, sie würde rücklings umkippen, holte sie aus und warf ihren Stein weit nach vorne in den See. Beim Aufprall schlug er an den Seiten Wellen, bevor er endgültig im Wasser versank.

»Viel besser«, sagte sie und seufzte nachdenklich, aber auch ein wenig zufrieden. »Ich will endlich bei mir selbst ankommen und nicht immer irgendjemand anderem hinterherjagen ...«

»Es liegt in deiner Hand. Bisher warst du immer auf der Suche nach einer glücklichen Beziehung mit anderen. Das könntest du umkehren. Kommt dir spontan ein Satz in den Sinn?«

»Ja! *Ich führe eine glückliche Beziehung mit mir selbst.*« Sie wartete gar nicht erst Pauls Antwort ab, sondern griff sich meinen Stift und schrieb. Mit einem Mal schien sie ganz deutlich zu wissen, was sie wollte und wie sie es bekommen würde.

»Die Letzten werden die Ersten sein«, meinte Adrian plötzlich und machte auf sich aufmerksam. Natürlich gefiel es ihm nicht, dass er noch nicht drangekommen war und somit einmal nicht an erster Stelle stand. Dabei bezweifelte ich, ob er sich tief drinnen wirklich als Nummer eins fühlte, weil er es doch sonst weder sich noch der Welt ständig beweisen müsste.

»Welche Angst könnte hinter *Dies, das, Ananas* – also der Erwartung anderer – stecken, die du auf deinen Stein geschrieben hast?«, tauchte Paul gleich ohne Umschweife mitten in die Materie ein.

Adrian starrte in den Nebel.

»Sie nie erfüllen zu können?«, beantwortete Paul die Frage für ihn. »Ähnlich wie bei Isa steckt dahinter vermutlich *die Angst, nicht zu genügen.*«

»Natürlich genüge ich! Ich bin super!«, rief Adrian wie aus der Pistole geschossen und grinste.

»Wärst du wirklich im Kern davon überzeugt, würde dich die Erwartung anderer aber nicht belasten. Wer seinen Wert kennt, hat keine Erwartung zu fürchten. Es gibt dann auch nichts zu beweisen.« Adrian wollte offensichtlich keine Antwort geben, denn er blieb still.

»Gut, bitte schön. Dann schreib ich das eben hier drauf«, meinte er nach einer Zeit. Paul reichte auch ihm einen Marker und Adrian kritzelte widerwillig auf seinen Stein. Als ich von der gegenüberliegenden Bank zu ihm hinüberschielte und mich im Spiegelverkehrtlesen übte, sah ich, dass er *Nicht genügend* darauf geschrieben hatte. Danach hob er den Ziegel wie ein Kugelstoßer auf seine rechte Schulter und stieß ihn mit einem knappen Wurf in den See. Selbst dieser Akt beinhaltete eine inszenierte Show der Extracoolness. Er tat jedenfalls so, als würde es ihn völlig kaltlassen.

»Gib doch zu, dass du gar nicht so hart bist, wie du immer tust, Adrian!«, rief Charly plötzlich. »Was willst du denn nur immer damit?!«

»Was soll ich denn wollen? Das, was ihr alle wollt? Diese unfassbar glückliche Beziehung? Oder überhaupt glücklich zu sein?! Vielleicht ... ja vielleicht kann ich das gar nicht!!« Mittlerweile schrie er. Ganz so kalt ließ es ihn also doch nicht mehr.

»Aber warum solltest du das denn nicht können?«, fragte Charly vorsichtig. Ihr Ton war auf einmal ganz sanft und voller Mitgefühl.

»Genau! Natürlich kannst du das!«, schloss sich Marie bestärkend an, aber Adrian schüttelte nur den Kopf.

»Ja, das glaubt ihr! Weil ihr daran glauben wollt! An die Liebe und das Glück! An all das! Aber die Wahrheit ist: Ich habe das noch nie empfunden. Nicht so, wie ihr es tut. Ich spüre das nicht. Nichts davon. Ich spüre nur den Drang weiterzumachen, und es ist anstrengend, aber es befriedigt mich. Zumindest für eine kurze Zeit. Aber glücklich? Was ist das schon? Die ganze Welt jagt diesem Gefühl hinterher, nur ich anscheinend nicht. Weil ich gar nicht glaube, dass es so etwas überhaupt gibt! Und an manchen Tagen frage ich mich, was falsch mit mir ist und ob ich der einzige Mensch auf dieser Welt bin, der es nicht empfindet und vielleicht auch nie haben kann! Weder Glück, noch das, was ihr Liebe nennt. Dann überspiele ich es mit meinem Sarkasmus. Aber ratet mal: Glücklich macht es mich nicht! Und natürlich wünsche ich mir irgendwo, dass es anders wäre. Oder glaubt ihr, es macht mir Freude, nach all diesen Nächten aufzustehen und wieder diese unglaubliche Leere zu spüren? Tief drinnen zu wissen, dass niemand bleibt. Und ich will es nicht mal! Weil ich ohnehin kein Interesse habe. Ich verliere es, sobald sie mehr wollen. Oder *mich* wollen. Dann will ich *sie* nicht mehr. Dann ziehe ich weiter und ja, natürlich muss irgendetwas nicht stimmen, das ist auch mir nicht entgangen. Irgendetwas stimmt einfach nicht mit mir! Und auch wenn ich immer denke, sie alle da draußen stimmen nicht, und mich immer irgendwas an ihnen stört, weiß ich am Ende doch recht genau, dass ich hier das Arschloch bin. Und eben etwas mit mir nicht stimmt. Ich schaffe es nicht! Ich schaffe es verdammt noch mal einfach nicht!«

»Das stimmt nicht«, meinte Paul knapp.

»Wie, d*as stimmt nicht*?!« Adrians Unmut war ihm deutlich anzusehen.

»Ich meine nicht mit *dir* stimmt etwas nicht, sondern mit deinen Gedanken, dass etwas nicht mit dir stimmt.«

»Ganz schön kompliziert ... und na ja ... ich weiß nicht. Es stimmt doch wirklich etwas nicht! Alles, was ich gesagt habe, entspricht der Wahrheit!«

»Das glaub ich dir. Und sie wird so lange stimmen, solange du sie für die Wahrheit hältst. Denn genau so verhält es sich mit der Wahrheit: Wir wiederholen die Dinge immer wieder, weil wir uns selbst oder auch andere uns einreden, dass es gar nicht anders sein kann. Bis wir irgendwann draufkommen, dass es auch anders sein darf und es plötzlich anders wird, weil wir es für möglich halten. Was ich sagen möchte, ist: Nicht alles, was wir für die Wahrheit halten, stimmt auch. Es wäre also besser, an ihr zu zweifeln als an dir.«

»Stimmt!«, scherzte Adrian wieder in gewohnter Manier. Vermutlich, um sich mit seinem Sarkasmus nicht eingestehen zu müssen, dass ihn das alles tatsächlich bewegte.

»Gab es denn Menschen, die dir eingeredet haben, dass etwas nicht mit dir stimmt?«

»Die Frage ist wohl eher, ob es Menschen gab, die es mir nicht eingeredet haben? Seit ich denken kann, höre ich Dinge wie: ›Adrian, hör auf damit! So verhält man sich nicht! Wieso bist du nur so?‹ Nie hat es auch nur irgendjemandem gefallen, wie ich war. Sie wollten mich alle anders haben. Deshalb hab ich mich von ihnen distanziert, und seitdem geht es mir besser. Irgendwann ist es mir egal geworden.«

»Hältst du das für die Wahrheit? Oder bist du seither der Rebell, der allen beweisen möchte, dass er es eben doch wert ist?«

Lass sie zweifeln.
Lass sie dich verurteilen.
Aber lass sie nicht
die Kontrolle gewinnen.
Wann immer sie zweifeln,
lass den Mut in dir
größer werden.
Wann immer sie
dich verurteilen,
lächle dir umso mehr zu.
Mach es für dich.
Und nur für dich.
Weil es dein Leben ist.
Mach du den *Anfang*
und verändere
dein Ende.

ENDE GELÄNDE

Und was ist die Wahrheit?«

»Die Wahrheit ist, dass du dein Leben so lange spiegelverkehrt lebst – und daher aus der Sicht und Erwartung aller anderen –, solange dein Augenmerk darauf liegt, was sie denken, und nicht darauf, was *dich* glücklich macht.«

»Aber ich habe doch schon gesagt, ich weiß gar nicht, was mich glücklich macht!«

»Aber wäre es nicht gut, das herauszufinden? Das wirst du dann, wenn du aufhörst, anderen etwas beweisen zu wollen, deine Maske des ewig Lockeren und Unverletzbaren abnimmst und anfängst, ganz du selbst zu sein. Auf der Flucht warst du bisher schließlich nur deshalb, weil du davon ausgehst, nicht der sein zu dürfen, der du bist, und denkst, den Erwartungen anderer entsprechen zu müssen. Wenn du aber lernst zu sagen, was du wirklich möchtest, musst du auch nicht mehr davonlaufen. Ende Gelände! Wie wäre es mal mit ganz neuem Terrain, auf dem du dich bewegst, indem du beschließt, bei dir selbst anzukommen? Das ist mit Sicherheit sehr viel weniger anstrengend als dieser ständige Marathon des Weglaufens oder der bunte Karneval des Verkleidens – der lässt sich nämlich nicht jeden Tag vierundzwanzig Stunden durchziehen. Genau deshalb stößt du sie alle weg. Denn sobald sie herausfinden könnten, dass hinter der Maske der echte, verletzliche Adrian steckt, der genauso unsicher ist wie alle anderen, hast du schon das Weite gesucht. Und das ist überall anders, nur nicht bei dir. Wenn du daran etwas verändern möchtest, dann könnte dein Satz für den neuen Stein daher lauten: *Ich darf ich selbst sein.*«

»Wer soll ich denn sonst sein? Der Joker?«, fragte er und lachte laut über seinen eigenen Scherz. Ich fragte mich, ob es Absicht war.

»Meinst du den Sohn einer psychisch erkrankten Mutter, der sich innerlich tot fühlt und irgendwann wie sie in der Psychiatrie landet?«, fragte Charly ernst und blickte Adrian durchdringend an.

Am Ufer kreischte plötzlich ein Schwan. Er flatterte wild mit seinen Flügeln und zog dann weiter.

»Und bitte nicht den Moderator erschießen«, ergänzte Paul, ohne zu urteilen.

Als wir zwar ein wenig durchnässt, aber um einiges leichter zurück Richtung Steg ruderten, fragte ich mich, ob wir nicht alle irgendwann schon mal unsere Masken der Unsicherheit getragen hatten, um uns der Welt mit einem eisernen Lächeln zu zeigen, obwohl wir dahinter eigentlich weinten. Es war so befreiend, die Zweifel und Ängste abzulegen und uns als die zu zeigen, die wir wirklich waren. Menschen mit Geschichten, die uns geprägt haben, mit Hürden, die wir gemeistert, und Fehlern, aus denen wir gelernt haben. Erst wenn wir begreifen, dass es gar nichts zu erfüllen gibt – keine Erwartung, vielleicht noch nicht mal ein Ziel –, sondern dass wir am Leben sind, um Erfahrungen zu machen, die uns zu den Menschen heranwachsen und manchmal auch über uns hinauswachsen lassen, dann fangen wir an, wir selbst zu sein. Ganz ohne all die Zweifel, die wir vielleicht wie schwere Steine auf unserem Weg aufklauben oder die uns andere immer wieder entgegenwerfen, weil sie ihre eigenen loswerden wollen. Wenn wir begreifen, dass wir das Beste verdient haben, fangen wir an, Menschen, die uns belasten, kein Gewicht mehr zu geben. Die Arschloch-Detox-Methode kann dabei sehr behilflich sein. Vielleicht lassen wir ein paar Menschen hinter uns, weil wir erkennen, dass sie gar nicht in dieselbe Richtung wollen und einen anderen Weg bevorzugen. Das ist okay, solange wir dabei nicht unseren eigenen infrage stellen oder sie davon überzeugen wollen, endlich unseren Wert zu sehen, der ohnehin immer da ist. Menschen, die gut für uns sind, werden ihn von ganz alleine erkennen und den Weg mit uns gehen. Immer. Sie stellen uns nicht infrage, sondern bestärken uns, wenn wir selbst gerade den Mut verlieren. Sie erinnern uns daran, wie viel in uns steckt, und stärken uns, wenn uns gerade die Kraft ausgeht. Am wichtigsten ist es aber, dieser Mensch auch für uns selbst zu sein.

Es gibt so viele Dinge, die wir im Leben nicht kontrollieren können. Was wir aber schon kontrollieren können, ist, mit wem wir unsere Zeit verbringen, welche toxischen Menschen wir loslassen und welche Entscheidungen wir treffen. Sobald wir unseren eigenen Wert sehen und erkennen, dass wir in jedem Moment gut genug und richtig sind, kann uns das toxische Verhalten anderer nichts mehr anhaben. Es trifft uns nicht mehr, weil wir wissen, dass nur ihre eigene Angst dahintersteckt. Machen wir sie nicht zu unserer. Lassen wir uns nicht von anderen vom Weg abbringen. Am wenigsten von uns selbst. Weil alles richtig ist, wie es ist, und so gut ist, wie wir es zulassen.

»Erkennst du die Belohnung, Charly?«, fragte Paul, weil sie ganz verträumt über den Bootsrand auf den See hinausblickte.

»Ich denke schon. Vielleicht wartet das Beste ja bereits auf uns!«

»Mit Sicherheit«, erwiderte Paul.

»Und was soll das sein?«, wollte Adrian wissen.

»Ich denke es ist die Freiheit, genau das Leben zu führen, das wir uns immer schon gewünscht haben. Mit all den Chancen und Möglichkeiten, die auf uns warten. Egal, was andere über uns denken.«

»Ganz genau«, antwortete Paul. »Weil es gar nicht mehr wichtig ist, was andere von dir denken, wenn du erkennst, dass das Wichtigste in deinem Leben du selbst bist.«

Als der Schwan vom Ufer weiterflog und knapp über unseren Köpfen ein paar Runden am Himmel zog, gesellten sich kurz darauf drei weitere dazu. Vielleicht hatten sie am Boden bemerkt, dass auch sie nichts mehr zurückhalten konnte, ihre Flügel auszubreiten und loszufliegen.

ÜBER DIE AUTORIN

Andrea Weidlich ist in Wien geboren. Sie arbeitet als Autorin, Texterin und Designerin im Bereich Lifestyle und Kommunikation. Mit den *SPIEGEL*-Bestsellern *Wo ein Fuck it, da ein Weg, Der geile Scheiß vom Glücklichsein* und *Liebesgedöns* begeisterte sie bereits zahlreiche Leserinnen und Leser.
Gemeinsam mit Anna Maria Rubas führt sie den Erfolgs-Podcast *gusch, baby.*

Auf ihrem Instagram-Account *guschbaby* teilt sie in Worten, Bildern und Geschichten, was sie und ihre Leser*innen und Hörer*innen bewegt und glücklich macht.

Ihr Podcast *gusch, baby* ist kostenlos zu hören auf Spotify, iTunes, Deezer und überall, wo es Podcasts gibt.

www.guschbaby.com

Andrea Weidlich

Der geile Scheiß vom Glücklichsein

Wie man das Glück nicht sucht und trotzdem findet

256 Seiten
16,99 € (D) | 17,50 € (A)
ISBN 978-3-7474-0053-1

Entschuldigung, wo geht's denn hier zum Glück? Für alle, die sich das oft fragen, gibt es gute Neuigkeiten: Es befindet sich gleich nach dem inneren Kreisverkehr an der ersten Ausfahrt rechts. Da wartet es auf uns, in der Hoffnung, dass wir erkennen, dass es die ganze Zeit schon da war. Sogar mitten im Alltagswahnsinn, bei lästigem Liebeskummer oder dem bösen Wetter. Und während wir eben noch ratlos im Regen standen, tropft uns die Wahrheit direkt ins Herz: Die Einzigen, die zwischen uns und dem Glück stehen, sind wir selbst. Dieses Buch ist eine Liebeserklärung an das echte Leben. Herrlich unkonventionell zeigt es uns, warum wir aufhören sollten andere zu glorifizieren, wie wir unser Glück erkennen und es endlich selbst in die Hand nehmen – genau so, wie wir sind. Denn irgendwann bemerken wir, es gibt nur zwei Zeiten: jetzt oder nie.

Andrea Weidlich

Liebesgedöns

Der geile Scheiß vom Suchen und Finden

256 Seiten
16,99 € (D) | 17,50 € (A)
ISBN 978-3-7474-0490-4

»Es gibt Zeiten im Leben, da glaubt man an die Liebe. Und es gibt andere, da ist man sich sicher, Teil einer Verschwörungstheorie zu sein.«

Wir alle wünschen uns Glück in der Liebe und dass sie bleibt. Aber wie? Drei Singles, drei Paare und ein Therapeut verbringen zusammen ein Wochenende auf engstem Raum. Jede ihrer Geschichten berührt uns da, wo unsere eigene beginnt, und liefert Antworten auf die Frage: Was ist das Geheimnis der Liebe? Dieses Buch entführt uns auf eine innere Reise, auf der wir uns wie in einem Spiegel immer wieder selbst erkennen. Ein faszinierender Rundumblick auf die Liebe, der ins Herz trifft, laut auflachen lässt und Stück für Stück entschlüsselt, wie man die glückliche Wendung herbeiführt.
Liebesgedöns ist emotional, echt und bewegend. Als sitze man selbst in Freuds Wohnzimmer und erfahre das Geheimnis über die Liebe. Eine unglaubliche Reise zu uns selbst.

mvgverlag